입시의 답,
합격 초중고 공부 로드맵

대치 1타 컨설턴트 오재성 소장의
실전 입시 전략서

입시의 답,
합격 초중고 공부 로드맵

오재성 지음

포르체

프롤로그

공부의 방향을 아는 부모가 이긴다

"성적의 차이는 정보에서 시작된다."

안타깝게도 실제로 많은 사례에서 보듯 엄마의 전략이 아이의 합격을 결정한다고 해도 과언이 아니다. 입시의 시작은 '고교 선택'부터라는 것을 명심해야 한다. 입시는 고3 한 해 동안의 벼락치기로 결판나지 않는다. 어릴 때부터 쌓아 온 과목별 공부 습관, 그리고 전략적인 고교 선택, 아이에게 유리한 전형과 지원 전략까지 초중고 12년을 관통하는 '입시 로드맵'의 결과라고 할 수 있다.

예전 부모 세대는 열심히 공부하는 것만으로도 좋은 결과를 얻을 수 있었지만 요즘의 입시는 완전히 다르다. 수많은 정보가 쏟아지고, 입시 제도는 해마다 변화한다. 성적만으로 명문대에 합격할 수 있는 시대도 지났다. 아이가 몇 년간 열심히 입시의 바다를

가로질렀는데도 결국 망망대해 한가운데에 머물고 있다면 그만큼 안타깝고 허무한 일이 없을 것이다.

그렇다고 부모가 아이 대신 가 줄 수는 없다. 부모는 아이를 위한 '엔진'이 아니라 나침반을 보고 방향을 조정하는 '조타수'가 되어야 한다. '얼마나 열심히 하느냐'를 고민하기에 앞서 공부의 나침반을 보고 '어디로 가야 하는지'를 안내해 주는 것이 더 중요하다.

그래서 입시의 관문 앞에서 무엇보다 선행되어야 하는 건 '정보를 읽는 눈'을 갖는 것이다. 인터넷만 들어가도 입시에 대한 정보는 지나칠 만큼 충분하다. 그러나 누군가는 정보의 홍수 속에서 혼란에 빠질 뿐이고, 누군가는 그 안에서 꼭 필요한 치트키를 찾아낸다. 그 차이는 곧 '정보를 읽고, 해석하는 부모'의 차이이기도 하다.

특히나 SKY, 의치한약수 등의 최상위권 합격을 위해서는 데이터를 읽고 분석하는 능력이 무엇보다 필수적이다. 복잡한 수시 전형과 입결표 분석을 바탕으로 아이의 상황에 맞춘 가장 유리한 방향을 설계하는 것은 현 입시에서 성적만큼, 아니 그 이상으로 중요하다. 이는 합격에 강력한 힘을 실어 주는 필수 전략이기도 하다.

"불안한 교육 시장 속, 흔들리지 않는 공부의 나침반."

매년 입시 제도의 변화 속에서 부모는 막막하고 두려워진다. 선행은 충분한지, 뭔가 놓친 것이 없는지, 다른 아이들은 앞서가는 와중에 우리 아이만 뒤처지고 있는 건 아닌지. 실제로 요즘 고등학교 입시는 상당히 복잡해졌다. 학종도 챙겨야 하고, 수행평가, 세특, 비교과, 고교학점제하에 진로 연계 과목에 대한 고민까지…… 실제로 아무것도 모른 채 덜컥 고교에 입학은 했는데 그 시기에 꼭 해야 할 일을 놓치는 일이 발생할 수 있다.

불안은 결국 정보의 부재에서 오는 것이다. "미래는 정보를 가진 자의 것이 된다"는 앨빈 토플러의 말처럼, 입시에서도 정보가 곧 기회가 되고 있다. 실제 현장과 데이터를 기반으로 우리 아이에게 맞춤 전략을 수립한다면 불안이 확신으로 바뀌고, 더 이상 흔들림 없이 나아갈 수 있을 것이다.

이 책에서는 대치 1타 컨설턴트로서 현장의 입시 제도의 변화를 직접 겪고 대응했던 오랜 노하우와 입시 전략을 담았다. 공부는 단순한 노력의 싸움이 아니라 정보의 싸움이라는 것을 누구보다 잘 알고 있기에, 초중고 각 단계별로 부모가 반드시 알아야 할 입시 흐름, 과목별 로드맵, 전형별 대응 전략을 구조적으로 제시하고자 했다. 실제 서연고 대학 입결과 전형별 유불리 분석, 최상위권 지원 전략을 비롯해 현장의 입시 상담 사례까지 다양한 현실적 시나리오를 살펴볼 수 있을 것이다.

입시는 부모와 아이의 2인 3각 경기나 마찬가지다. 공부 방향을 정확히 아는 부모가 결국 아이의 미래를 설계한다. 남들보다 빨리 가기보다 올바른 방향으로 가야 한다. 이 책이 불안한 교육 시장 속에서 흔들리는 부모들에게 올바른 방향을 안내하는 믿음직스러운 나침반이 되어 주리라 믿어 의심치 않는다.

2025년 11월 오재성

목차

프롤로그 공부의 방향을 아는 부모가 이긴다

1부 입시, 나무가 아닌 숲을 보고 준비하라

1장 대학 입시의 기본
입시 환경의 변화와 2028 대입 전망 · 14
대입이 변해도 수학·과학을 잘하는 아이는 살아남는다 · 20
조기 교육과 초·중등 시기의 기반이 중요한 이유 · 24
고등학교 선택도 입시 핵심 전략이다 · 28
의치한약수 진학 로드맵 · 31
합격 가능성을 높이는 입시 전략의 방향성 · 35

2장 성공적 입시를 위한 공부법
공부 근력을 키우는 시기별 핵심 목표 · 40
흔들리지 않는 힘을 만드는 국어 공부법 · 45
수학적 사고력을 키우는 수학 공부법 · 58
대입까지 단계별로 쌓아 가는 영어 공부법 · 72
탐구하는 사고방식을 만드는 과학탐구 공부법 · 89
사고의 깊이에 전략을 더하는 사회탐구 공부법 · 104
입시 하이패스, 논술 공부법 · 119

3장 입시는 부모와 아이의 2인 3각 경기
재수의 성공과 실패를 판가름하는 것 · 134
중학교 전교 1등이 고등학교에서 무너지는 이유 · 137
부모는 보이지 않는 조력자가 되어야 한다 · 141
무릎을 맞대고, 눈을 마주치고 · 148
입시 전략의 진정한 키는 아이가 원하는 비전 · 152

2부 입시 근력을 실전 전략으로 발휘하는 힘

1장 판을 읽고 해석하면 입시가 보인다

입시의 시작은 고교 선택부터다: 2026 고입 선발 방식   158

입결의 숫자가 모든 것을 말해주지는 않는다   168
: 서연고 2024-25 수시 입결과 2026 수시 방식

경쟁률이 줄어도 변수는 대비하라: 186
: 2025-26 서울대 수시 지역균형, 일반전형 경쟁률 분석

합격컷만으로는 알 수 없는 정시 대비 전략   200
: 서연고 2025 정시 입결과 2026 정시 방식

정시 의대 지원에서 놓치면 안 되는 포인트   214
: 2026 정시 의대 선발 및 의대 족보 분석

의대 수시 합격을 좌우하는 키   226
: 전국 39개 의대 2025-26 수시 경쟁률 분석

2장 현장에서 보는 입시 상담 사례

의대 지망하는 중3의 전형 방식 진학   254
— 대치동 최상위권 중3(의대 지망)

수학 2등급 고1, 의대 진학 로드맵   257
— 광역 자사고 고1(의대 및 서연고 생명계열 학과 지망)

약대 지망하는 고3의 수시 지원 전략   260
— 일반고 고3(내신 1.4) 수시 지망생(약대 및 서울대 약대 지망)

전교 1등 문과생의 서울대 지원 전략   266
— 일반고 고3(내신 1.5) 수시 지망생(서울대 및 주요 대학 문과 지망)

3장 수시·정시 지원 파이널 전략

수시 파이널 핵심 포인트 짚고 가기   274
정시 파이널 핵심 포인트 짚고 가기   281

1부

입시, 나무가 아닌 숲을 보고 준비하라

1장

대학 입시의 기본

입시 환경의 변화와 2028 대입 전망

2028학년도의 대입은 지금까지와 다른 양상으로 전개된다. 2022 개정 교육 과정의 개편과 고교학점제 시행, 수행 평가 강화, 상대 평가 확대 등의 변화와 함께 입시 환경이 더욱 복잡해졌다. 입시는 매년 비슷해 보이지만 단순히 과거의 방식을 답습해서는 성공할 수 없다. 기본적으로 입시의 흐름을 파악하고 그에 따른 전략을 세워 철저한 준비를 바탕으로 성공적인 대입을 준비해야 한다.

고교학점제 시행과 한계

가장 큰 변화는 고교학점제의 전면 시행이다. 학생들은 원하는 과목을 선택하여 학점 단위로 이수하게 된다. 일반고 학생들은 공통, 일반, 진로, 융합 과목을 합쳐 174학점, 자율 활동과 동아리 활동으로 18학점을 이수하여 총 192학점으로 졸업할 수 있다. 1학년에는 공통 과목을 중심으로 배우고, 2, 3학년에는 대부분 수능 과목을 이수하게 된다.

학생들이 스스로 진로와 적성에 맞춰 과목을 선택하고 이수하도록 하는 의도는 긍정적이지만 현장에서는 이를 둘러싼 회의적인 목소리가 높다. 교과를 학점 단위로 이수해야 하는 제도의 특성상 한 학기마다 한 과목의 진도를 끝내야 한다. 이 때문에 선행 학습이 사실상 필수로 여겨지며 빠른 학습에 대한 압박이 커졌다. 또한 학기 중의 수행 평가 병행으로 상당한 에너지를 소모해야 하는 탓에 교사와 학생 모두의 피로도가 증가하고 있다. 수행 평가는 학생생활기록부의 세부 항목에도 기록되기 때문에 학생 입장에서는 어느 하나도 소홀히 할 수 없다.

또 현 입시에서는 고등학교 1학년 1학기 성적이 곧바로 입시와 연결되면서 적응할 시간이 사실상 부족하다. 2학년이 되면 전 과목의 등급이 평가에 반영되어 특히 자사고나 특목고 학생들은 상위권 학생들 사이의 경쟁에서 2~3등급을 받게 되면 자괴감이 커질 수밖에 없다. 지금 드러나는 혼란은 빙산의 일각일 뿐, 현재 1학년 학생들이 본격적으로 2, 3학년에 진입하는 시점에는 더욱 성적에 대한 압박이나 혼란이 심해질 것이라는 우려도 크다.

내신 5등급제와 변별력 약화

교육부는 내신을 5등급제로 단순화하여 사교육 의존도를 줄이겠다는 목표를 내세웠다. 사교육 부담을 줄이고 학생들의 다양한 역량을 평가하겠다는 취지지만 현장에서는 이로 인한 변별력 약화가 지적된다. 기존에 학급 내 상위 10% 정도, 즉 2~3등급이었던 학생들이 모두 1등급으로 상향되면서 전국 수능 지원자 40만 명을 기준으로 하면 약 4만 명이 1등급으로 묶이게 된다. 이로 인해 대학에서는 수능 최저학력 기준이나 면접 비중을 강화하고, 서류 평가 등의 또 다른 평가 방법을 보완하여 변별력을 높일 것으로 보인다.

최근 발표된 경희대학교의 2028학년도 입시에서 고등학교 1학년부터 적용되는 교과 반영 방식이 변경된다. 일반 교과, 진로 선택 과목, 그리고 융합 선택 과목을 반영하며, 성취 평가로 진행되는 사회 및 과학 탐구 과목은 반영 대상에서 제외된다. 특히 고교학점제가 적용되는 진로 선택 과목 등에서는 단순 교과 성적 산출 방식을 넘어, 교과 성적 70%와 학생부 종합 평가(진로 및 융합 과목을 두루 평가한) 30%를 합산하여 학생을 선발하는 방식으로 변경된다.

다만 변별력이 떨어졌다고 해서 내신 등급 자체를 등한시해도 된다는 뜻은 아니다. 인문계열은 2등급이 포함되어 있어도 세특이나 학교 활동 자료를 보완했을 때 합격한 사례들이 있지만, 자연계열의 경우는 사실상 1등급이어야 합격이 가능하다. 논술 전형에서는 2~3등급에서도 합격자가 나오지만 앞으로는 논술에도 교과 반영을 함께할 가능성이 있기 때문에 논술만으로 승부를 보려는 전략은 위험하다고 봐야 한다.

결론적으로, 앞으로는 교과 내신뿐 아니라 수능 최저학력 기준이 높아지거나 면접 비중을 강화하는 방식으로 변별력을 높일 것이 예상되므로 이에 따른 대비가 필요하다.

2028 대입 제도 변화

2025년 입시에서는 출생아 수 증가로 지원자가 4만 9,000명 정도 늘어나 치열한 경쟁이 예상된다. 그 와중에 의대 정원은 확정되지 않고 증원이 불투명하여 많은 수험생이 심리적 압박감 속에서 입시를 준비하는 상황이다. 더불어 2028학년도부터는 대입 제도의 변화가 상당히 큰 편이기 때문에 이를 충분히 인지할 필요가 있다. 특히 서울대·동국대·한양대 등은 '고교교육 기여대학 지원사업'에 선정되어 정시 비율을 30%까지 낮출 수 있는 자격을 얻기도 했다. 다만 정확한 정시 비율은 2026년 4월 말에 확정될 예정이다.

수시 전형에서는 교과 전형에서도 교과와 정성 평가가 일반화되어 있다. 현재 고1은 대부분 단순 교과가 아니라 교과 종합이 반영된다고 보면 된다. 교과 종합 평가에서는 지망하는 학과와 관련된 핵심 과목(권장 과목)을 반드시 이수해야 한다. 즉 공학계열을 지망한다면 수학 미적분Ⅱ나 물리, 화학 같은 과목 교과를 꼭 이수해야 감점이 없다. 각 대학에서 매년 권장 이수 과목을 발표하고 있으니 2학년 과목 선택에서 이를 고려해 선택하면 된다. 종합 전형에서는 심층 면접과 수능 최저 기준을 도입하는 대학이 늘어나고 있다.

정시에서는 수능뿐 아니라 교과 성적을 반영하는 대학이 현재에도 있고, 앞으로도 그럴 것이다. 새롭게 주의해야 할 점은 이전까지는 전체 수업 일수가 기준이었지만 이제 과목별 수업 일수를 따진다는 것이다. 예를 들어 출석을 했는데 1교시 때 조퇴를 했다면 이후 7과목이 모두 결석이 된다. 또 생기부의 항목이 대입 전형에 반영되며 이는 개인 특성에 맞게 기록되어야 한다.

또한, 최근 서울대가 발표한 2028 입시안에 따르면, 정시 선발에서 교과역량평가 비중을 기존 20%에서 40%로 확대하였고, 평가 방식도 A+/A/B+/B/C+/C 6개 척도 평가로 세분화하였다. 수능 성적은 1단계 평가에서는 국/수/영/한/탐 등급을 반영하는 만큼 수능 변별력은 약화되고, 교과 역량 평가 변수가 높아진 점이 무엇보다 특징이다.

  2028 대입부터 수능 자체도 개편된다. 2022 개정 교육 과정에 따라 수능은 인문·자연 구분이 사라지고 전 영역이 공통 출제로 바뀐다. 이로 인해 수학·과학 역량이 강한 자연계 학생들이 상대적으로 유리해질 수 있다. 이러한 구조를 보완하기 위하여 교과나 면접 등 다른 장치의 비중이 확대될 것으로 예상된다.

대입이 변해도 수학·과학을 잘하는 아이는 살아남는다

입시 제도는 계속해서 바뀌지만 궁극적으로 대학이 원하는 학생은 딱 잘라 말해서 '수학과 과학을 잘하는 학생'이다. 아무리 학생부 활동이 풍성하고 수강 과목이 다양하더라도 수학과 과학 성적이 받쳐주지 않으면 최상위 대학에 진학하는 것은 쉽지 않다. 반대로 말하면 '아무리 대입이 변해도 수학과 과학을 잘하는 학생은 살아남는다'는 뜻이다.

물론 국어나 독서도 중요하다. 애초에 독서는 모든 학업의 기본이자 밑바탕이라고 할 수 있다. 모든 문제의 지문이 리딩을 바탕으로 하고, 독서는 프레젠테이션의 기반이자 수행 평가의 초석이기도 하다. 그러나 기본을 넘어 더 큰 숲을 바라보았을 때 결국 변별의 기준이 되는 것은 수학과 과학이다.

수학과 과학은 입시의 기둥

수학과 과학은 입시에서 가장 변별력을 주는 과목이다. 특히 자연계열이나 의학계열을 지망하는 학생들은 정시에서 통합과학과 수학은 만점을 목표로 해야 한다. 고교학점제가 시행되며 입시 체계가 바뀌고 향후 정시에서도 논술이 부활할 것이라는 전망이 있지만 대학은 여전히 수학·과학 역량을 최우선으로 평가한다. 무작정 선행을 진행하는 것보다는 풀이 과정을 꼼꼼하게 드러내는 서술형, 논술형 평가에 대비하는 깊이 있는 공부가 필요하다. 서울대를 포함한 상위 대학도 이미 면접이나 탐구 활동 등 심도 있는 평가를 강화하고 있으며, 이 역시 수학·과학 역량이 탄탄해야 살아남을 수 있다.

국어는 날개를 달아 준다

수학과 과학이 입시의 기둥이라면, 국어는 날개다. 수능에서 거의 만점을 받는 아이들도 국어에서만 실수가 나온다. 그나마 비문학은 전략적으로 풀이할 수 있지만 특히 시(詩)의 감수성을 해석하는 능력이 부족하다. 함축적인 단어에 내포된 의미를 읽어 내야 하는데, 명확한 답을 내는 숫자 알고리즘에만 익숙한 아이들이 많다. 지문을 빨리 읽고 이해하는 데 어려움을 느끼다 보니 국어에서 시간이 부족해 문제를 못 풀었다고 하는 경우가 대부분이다. 이는 어릴 때부터 쌓아 온 독서 습관과 이를 통해 길러진 문해력이 좌우하는 부분이다.

다만 단순히 독서를 많이 하는 것만으로 해결되는 것은 아니며, 정답을 추론하는 것은 별개의 역량이다. 초등학생 시기까지 독서 습관을 통해 문해력의 기초를 기르고, 중학교 때부터는 문제를 풀고 답을 추론하는 진짜 국어 공부를 해야 한다.

근본적 수학·과학 역량과 국어 역량의 조화 필요

앞으로 대입은 주입식으로 습득한 답안이 아니라 자신의 생각에 대한 주장과 가치관을 풀어내는 논술형, 서술형, 주관식 평가의 비중이 점차 커질 것으로 보인다. 면접에서도 꼬리에 꼬리를 무는 질문으로 심화되어 사고의 깊이를 평가하게 될 것이다.

착한 아이, 성실한 아이가 입시에서 살아남는다는 것은 이상적인 이야기다. 입시를 해내기 위해 필요한 근본적인 역량일 수는 있지만 결국 정량 평가는 피할 수 없다. 따라서 현실적으로 이과생이든 문과생이든 수학과 과학 역량은 필수적이며, 더불어 국어 역량이 뒷받침되어야 문이과가 몰리는 인기 학과에 대한 진학의 문이 열릴 것이다.

조기 교육과 초·중등 시기의 기반이 중요한 이유

 본격적인 대입 준비에 들어서기 전에 언제부터 공부를 시작해야 할까? 냉정하게 말해서 공부 습관을 잡는 시기는 초등학교에 들어가기 전부터다. 조기 교육의 핵심은 수학 공식 하나를 더 외우는 데 있는 것이 아니다. 조기 교육의 의미는 공부 근력과 근성을 키우는 것, 쉽게 말해서 '엉덩이 힘'을 기르는 데 있다.

 이는 무작정 오래 앉아 있기만 하는 것이 아니라 생각하는 기본기를 잡는다는 뜻이다. 꾸준히 읽고, 생각하고, 질문을 던지는 과정을 통해 사고의 깊이를 넓혀야 이후 본격적인 학습 활동에서 성과를 낼 수 있다. 반드시 교과 과정의 선행이 중요한 것이 아니라, 공부 습관을 기르고 탐구력을 향상시키는 일이 조기 교육의 궁극적인 목표인 셈이다.

실제로 서울대에서 진행하는 고등학생 캠프를 가보면 수준 높은 학술 경험이 이루어진다. 이를테면 《이기적 유전자(리처드 도킨스)》를 읽게 한 뒤 팀별로 주제를 정해 발표를 하고, 마지막으로 교수가 총평을 해 주는 등 독서를 바탕으로 탐구력을 향상시키는 활동을 진행하는 식이다. 학생부에 쓸 수 있는 활동은 아니지만 실질적으로 역량을 높이는 데 많은 도움이 된다. 이러한 경험이 공부 근력을 기르는 밑바탕이 되는 것이다.

영재원이나 7세 고시 준비 필요할까

아이를 영재원에 보내야 하는지 고민하는 부모님들이 많은데, 실제로 영재원 출신 아이들은 유리한 부분이 있는 것이 사실이다. 이때가 입시를 대하는 기반을 만드는 시기이기 때문이다. 소논문 작성이나 프로젝트 수행 등의 활동은 선행 학습보다 오히려 더 수준 높은 역량을 키우는 데 도움이 되고, 이후 일반고에 진학하더라도 학습 수행에 있어 중요한 밑거름이 될 수 있다. 즉 영재원은 지식 습득의 의미보다는 호기심과 탐구력을 키워 추후 활용할 수 있는 학습의 밑거름을 다지는 셈이다.

그러나 영재원 교육이 반드시 필수적이라는 의미는 아니다. 소위 '7세 고시'와 같은 사교육 문화는 어느 정도 경계할 필요도 있다. 초등학교 입학을 앞둔 아이들이 유명 학원에 입학하기 위해 테스트를 준비하는 사교육을 받는다. 대치동에서 가장 잘되는 병원이 한의원과 소아정신과라는 사실은 과도한 교육열에 대한 경각심을 불러일으킨다.

무엇보다 어릴 때부터 필요한 사교육을 선택하는 것 자체가 나쁘다기보다 선택과 집중 없는 '맛집 투어식' 교육은 권장하지 않는다. 어릴 때 무조건 피아노를 배우듯 주변에서 한다고 해서 중국어, 영어, 일본어 등 각종 고시 과목을 줄줄이 공부시키는 것은 오히려 독이 될 수 있다. 이 교육이 결국 무엇을 위한 것인지, 어떤 종착점을 바라는 것인지 생각해야 한다. 장래에 대한 방향성에 맞춰 소신 있게 그에 맞는 분야의 교육을 중점적으로 하는 것을 권한다.

중요한 건 공부 근력을 키우는 일

초등 시기에는 어느 정도 부모의 '푸시'가 필요하다. 중고등학생이 되면 부모보다는 선생님의 영향을 많이 받는다. 어느 정도 당근과 채찍을 활용하면서 어릴 때부터 공부 습관을 만들고 학습 루틴을 잡아 주는 것이 좋다. 공부 근력, 즉 '엉덩이 힘'을 키워 주는 습관으로 가장 중요한 두 가지 습관을 꼽자면 숙제와 독서다.

숙제는 그야말로 기본 중의 기본이다. '숙제'만 한다고 되는 것은 아니지만 숙제를 잘하는 아이는 자연스럽게 중고등학교에 가서도 자기주도 학습을 이어 가기 쉽다. 그래서 상담을 할 때도 제일 먼저 물어보는 것이 숙제를 잘하는지의 여부다.

또한 독서는 곧 집중력이다. 보통 독서를 잘하는 아이들이 한 자리에서 집중하는 능력이 높다. 단문이 아닌 긴 호흡의 글을 읽고 생각하는 습관은 공부 근력을 기르는 기초가 되어 준다. 좋아하는 책을 뭐든지 읽으면 좋지만 대신 누워서 읽거나 음악을 들으면서 읽는 것이 아니라 바르게 정자세로 앉아 온전히 집중할 수 있어야 한다.

음식을 먹을 때도 마지막 한 입을 먹고 나서야 이 음식이 맛있었는지 제대로 평가할 수 있는 것처럼, 일단 끈질기게 앉아서 끝까지 집중하는 경험을 해 보아야 공부 습관과 루틴이 잡혔다고 말할 수 있다. 즉 조기 교육은 선행 학습을 통해 앞서가는 데 목적이 있는 것이 아니라, 집중하고 버티는 힘을 기르는 것이다.

고등학교 선택도
입시 핵심 전략이다

　매년 대입 설명회나 인터뷰 때마다 빠지지 않고 받는 질문이 고등학교 선택에 대한 것이다. 사실 대입 전략을 고려한 고등학교 선택은 간단한 듯하면서도 어려운 문제다.

　중학교까지는 전 과목 절대 평가가 이루어지지만 고등학교부터는 상대 평가 체제로 바뀐다. 학부모와 학생 입장에서 어느 정도는 예상할 수 있지만, 고등학교마다 내신 출제 스타일이나 교사의 스타일, 내신 시험의 난이도 차이 등 다양한 변수가 존재하기 때문에 어느 학교가 유리할지 판단이 어렵다. 그럼에도 고등학교 선택에 가장 최우선 기준이 되는 것은 교과 관리 및 비교과 관리에서 경쟁력을 가질 수 있는지다.

　특히나 영재고, 과학고, 전국·광역 자사고, 외고, 국제고, 비평준·

평준 일반고 등 학교마다 특성이 다르기 때문에 학생의 역량에 맞는 고교 선택이 중요하다. 현 고1부터 수행 평가 비중의 상승도 고려해야 하고, 특목고나 자사고의 경우 등수 관리가 상대적으로 힘든 것도 현실이다.

또한 학교의 스타일이 아이와 잘 맞는지도 파악해야 한다. 예를 들어, 서울 일반고의 경우 1, 2지망 학교를 지원하여 배정되는데, 해당 학교가 대학 합격 실적은 좋으나 수시보다는 정시로 합격하는 비율이 높다면 어떨까? 지원하려는 학생이 수시형으로 교과 및 비교과 관리가 잘 되는 학생이라면 고민이 필요한 부분이다. 아무래도 학교 분위기 특성상 정시가 위주이며 학생부 관리 작성 및 학교 프로그램 개설이 미흡하다면 수시 지원에 한계가 생길 수 있다. 즉 합격 실적만 볼 것이 아니라, 이러한 학교별 특성도 고려해서 고교 선택을 하는 것이 중요하다는 것이다.

또 하나의 중요한 변수는 학생 수의 규모다. 2028학년도 입시 대상인 현 고1부터 교과 성적이 5등급제로 변경되었다. 과목별 학생 수의 10%만 1등급을 받을 수 있는데, 학생 수가 적은 학교의 경우 등급 배정에 불리할 가능성이 있다.

실제로 같은 중학교에서 국어, 수학, 영어 역량이 높아 1, 2등을 다투던 A와 B학생이 있었는데, A는 전교생 200명대 학교로 진학하고 B는 300명대 학교에 진학하게 되었다. 1학년 1학기 성적표가 나왔는데, A는 아쉽게 통합사회가 2등급이 나오고 B는 원점수가 그리 높지 않았는데도 300명대의 10%인 30등 안에 들어 전 과목 1등급을 받은 사례가 있다.

즉 고교 선택 시에는 차후 과목별 등급 관리를 비롯해 각 학생에게 맞는 학교로 진학하는 것이 입시의 유불리에 영향을 줄 수 있다는 사실을 고려해야 한다.

의치한약수
진학 로드맵

　의치한약수계열의 입시는 '최상위권 격전지'인 만큼 늘 치열했고 올해도, 내년도 마찬가지일 것이다. 무엇보다 한 번의 방심도 허락되지 않는 목표이기 때문에, 의치한약수 진학을 원한다면 기본적인 성적 관리는 물론이고 자신과 맞는 학교와 전형을 선택하여 차근차근 준비해 가는 것이 중요하다. 특히 2027학년도 현 고2까지는 9등급제가 유지되지만 2028학년도부터는 5등급제가 적용되는 만큼, 새로운 제도 내에서 점수 관리부터 진학까지의 로드맵을 전략적으로 세워야 할 것이다.

　기존 9등급제가 적용되는 2025학년도 의학계열 입시 결과를 살펴보면, 의대 증원에도 불구하고 학생부종합전형 기준으로 했을 때 주요 대학(서울대 지균, 이화여대, 연세대, 경희대, 중앙대, 고려대 등) 합격선이 1.06~1.2 수준이었다. 정성 평가인 학종에서도 합격선이

결코 낮지 않았다는 뜻이다. 이 수치를 추론했을 때 1.2 정도의 점수대가 나오려면 전 과목 중 2~3과목 정도는 상위 10% 이내의 2등급을 받아야 하고, 나머지 대부분은 상위 4% 이내에 들어야 한다.

그렇다면 5등급제가 적용되는 2028학년도 학생들 기준으로 보면 상위 10% 내에 들어야 1등급을 받을 수 있다. 즉 주요 대학 의대에 진학하려면 무조건 전 과목 1등급을 받아야 한다고 단언해도 무리가 아닐 것이다. 따라서 고교학점제로 과목 수가 늘어난 현실에서는 무엇보다 등급 관리를 최우선순위로 하고, 그 외에 의학적 역량을 보여 줄 수 있는 활동에 참여하는 것이 순서라고 할 수 있다.

의대 외에 최근 급부상한 약대, 수의대, 한의대 순으로 봐도 상황은 비슷하다. 서울대·연세대·덕성여대 약대의 합격선은 1.3등급 수준을 유지하고 있다(도표 2). 지방 지역인재 전형을 노리는 경우, 또 건국대 수의학과·가천대 약대·아주대 약대 등 자사·특목 선발을 하는 일부 대학을 제외하고 수도권 등 주요 대학의 의학계열은 등급 관리가 최우선이다. 즉 지필고사 및 수행 평가 비율 관리를 포함하여 내신 전 과목 1등급을 놓치지 않도록 해야 한다.

내신 관리에 중점을 두고 봤을 때 고등학교 선택부터가 입시 전략의 첫 단계가 될 수 있다. 특목·자사고는 상위권 학생의 비중이 높아 내신 관리가 어려울 수 있다는 점을 고려해야 하며, 반대로 일반고는 의학 관련 활동이 비교적 부족할 수 있기 때문에 학종에서 다소 불리할 가능성이 있다. 아이의 강점에 따라 학종을 노릴 것인지, 정시에 좀 더 집중할 것인지도 고려해 고등학교를 결정하는 것이 좋다.

또한 고교학점제에서 과목 선택에도 유불리가 존재한다. 의학계열에 대한 관심과 역량, 적합성을 보여 줄 수 있는 과목을 선택해야 한다. 대학에서는 진로와 관련된 과목에 대한 탐구와 성취를 평가하고자 하기 때문에 특히 의학계열 진학을 희망한다면 미적분·생명과학Ⅱ·화학Ⅱ 등 수학과 과학계열의 과목을 이수하면서 연계된 탐구 활동까지 어필할 수 있어야 한다.

도표1

현행 성적 산출	
교과	성적 산출
공통과목 (1) 일반선택 과목 (2,3)	성취도 (A, B, C, D, E) 석차등급 (9등급)
진로선택 과목 (2,3)	성취도 (A, B, C)

1	2	3	4	5	6	7	8	9
4%	11%	23%	40%	60%	77%	89%	96%	100%

2028학년도 내신 성적 산출	
교과	성적 산출
전 과목 (1, 2, 3)	성취도 (A, B, C, D, E) 석차등급 (5등급)

1	2	3	4	5
10%	34%	66%	90%	100%

도표2

2025 수시 학생부종합전형 의치약한수 주요 입결 통계 (합격 1.05~1.37점대 중 의치한약수 학종 일부)

구분	의대	치대	약대	한의대	수의대	구분
1.05	가톨릭대 (가톨릭지도자추천/최저)					1.05
1.06	서울대(지균/70%)					1.06
1.08	충북대(종합1/70%)					1.08
1.09	연세대(활동우수/70%) 이화여대(미래인재/70%)					1.09
1.12	서울대(일반/70%)		서울대(지균/70%)			1.12
1.13	울산대(잠재역량/50%)				서울대(지균/70%)	1.13
1.14	원광대(지역인재호남/70%)					1.14
1.15			충북약/제약(종합1/평균)			1.15
1.17	원광대(종합/70%)					1.17
1.20	경희대(네오르네/70%)				경상국립대(지역/평균)	1.20
1.21					충북대(종합1/70%)	1.21
1.22	전남대(고교생활1/70%)					1.22
1.24	중앙대(CAU융합/70%) 충남대(종합1-일반/최저)					1.24
1.25				대전대(혜화인재) (1.00~1.25/합격범위)		1.25
1.26	경상국립대(일반/50%)					1.26
1.27	고려대(학업우수/70%) 울산대(지역인재/50%) 경상국립대(지역/70%)				충북대(종합2/70%) 경상국립대(일반/70%)	1.27
1.28	계명대(종합일반/70%) 부산대(지역인재/70%)		충북약/제약(종합2/평균)			1.28
1.31	충남대(종합2-지역/최저)	강릉원주대(해람인재/70%)				1.31
1.32		연세대(활동우수/70%)				1.32
1.33	충북대(종합2/70%)	원광대(학생부종합70%)	덕성여대(덕성2/70%) 경상국립(종합지역/70%)			1.33
1.35		전북대(큰사람/최초합평균)	강원대(미래인재2/최저)			1.35
1.37			연세대(활동우수/70%)	경희인문(네오/70%)		1.37

합격 가능성을 높이는
입시 전략의 방향성

고3까지 차근차근 입시 준비 과정을 밟아 왔다면 여태 쌓아 온 노력과 역량을 바탕으로 최종적인 지원 전략을 세워야 한다. 강점과 약점을 바탕으로 얼마나 유리한 전형과 대학을 선택하느냐에 따라 최종적인 결과가 달라질 수 있다. 보통 입시 컨설팅에서는 학생의 내신 성적, 모의고사 성적, 학생생활기록부 등을 다각도로 분석하여 지원 가능한 대학과 전형을 전략적으로 설계하게 된다.

가장 기본적으로 성적을 통해 객관적인 현재 위치를 파악하고 내신, 모의고사, 비교과 활동의 현황과 비중을 확인해야 한다. 학생부에서는 창체, 세특, 동아리, 봉사, 진로 등의 항목을 바탕으로 지원하고자 하는 대학의 평가 요소나 전형에 합격 가능성이 있는지 판단한다. 그리고 전반적인 분석을 바탕으로 지원 후보 대학 및 전형 리스트를 설계하게 된다. 보통 6월과 9월 모의고사 결과가 상담 시점의 기준이 된다.

　매년 수백 건의 대입 수시와 정시 상담을 진행하면서 늘 강조하는 부분은 무엇보다 학생의 현재 객관적인 위치를 정확히 파악하는 것이 중요하다는 점이다. 즉 교과 성적의 수준, 비교과 활동의 경쟁력, 모의고사 성적에서의 위치 등을 냉정하게 알고 있어야 한다는 의미다. 물론 이러한 기본 정보를 잘 숙지하고 상담에 임하는 학생과 학부모도 많지만, 간혹 해석의 차이가 있는 경우도 있다. 이를테면 "내가 학교에서 몇 등이니까, 이 정도면 이 대학에 지원해도 되겠지?", "등수가 높으니 학과를 더 높여 봐도 되겠지?" 하고 단순하게 판단하는 것이다.

　실제로 상담을 진행하며 입시 전략을 세울 때 가장 어려운 점이 현실적인 대안 없이, 작년의 입시 결과만을 근거로 지원하려는 경우이다. 혹은 구체적인 사례나 근거가 부족한 유튜브의 입시 정보만을 그대로 믿고 판단하는 경우도 많다. 작년에 몇 점대가 합격했는데 왜 우리 아이는 안 되는지, 영상에서는 이 정도면 가능하다고 했는데 왜 어려운지 받아들이지 못하는 것이다. 그러나 20여 년의 경험상, 그런 정보만 그대로 믿고 지원하다가 결과가 보장되지 않는 사례를 무수히 봤다.

　대학에서도 물론 학생부종합전형의 지원 시 지원자의 학교 내

등수를 파악할 수 있지만, 고등학교마다 학생들의 경쟁 수준은 다르다. 특히 자사고나 특목고, 일명 '갓반고'라고 불리는 수준 높은 일반고의 경우 동일한 등수라고 해도 대학의 합격선은 달라질 수 있다. 그래서 단순히 자신의 학교 내 등수만 믿고 지원 전략을 세우는 것은 매우 리스크가 따르는 일이다. 보다 넓은 관점과 객관적인 지표를 바탕으로 자신의 위치를 파악하는 것이 선행되어야 한다.

지원 전략을 세울 때는 다소 무리한 상향 지원을 원하는 케이스가 상대적으로 많다. 또 학부모나 학생 본인의 기대치도 있기 때문에, 특히나 수시 지원 횟수인 6회와 정시 지원 횟수인 3회 내에서 수시는 모두 상향 지원하려는 분들도 적지 않다. 설령 수시에서 불합격하더라도 정시 지원의 기회가 남아 있기 때문이다. 물론 이 경우 정시에서 불합격하면 재수는 불가피하다.

안전 지원을 원하는 경우에는 정시에서 2회를 상향이나 소신 지원하고, 1회는 안전하게 하향 지원을 선택하는 것이 보통이다. 수시에서도 5회는 상향이나 소신으로, 1회는 하향으로 조합하고자 하는 경우도 있다.

다만 최근 상담한 한 일반고 학생은 하향 대학은 합격해도 가지 않겠다며 무조건 높은 대학만 지원하겠다고 말하는 사례도 있었다. 본인의 기준에 따라 지원 전략은 달라지게 되므로, 재수를 각오하더라도 상향 지원을 고수할지 비교적 안전한 전략을 채택할지 방향성을 정해야 한다.

2장

성공적 입시를 위한 공부법

공부 근력을 키우는
시기별 핵심 목표

　입시는 고3 때 시작되는 것이 아니다. 입시 관점에서 본격적인 준비를 시작해야 하는 시기는 중학교 2학년 때부터다. 현실적으로 중학교 역량이 고등학교까지 이어지는 경우가 많다. 물론 고등학교에 진학해서 뒤늦게 성적을 올릴 수 있지만 흔치 않은 케이스다. 초등 영재원부터 수학, 과학 조기 교육이 기반이 되는 경우도 많고, 본격적으로 중2 때부터 역량을 높이고 접근법을 익힌 아이들이 본격적으로 입시를 주도적으로 준비하기 쉽다. 각 시기별로 준비할 것과 필요한 역량을 차근차근 쌓아 가는 것이 중요하다.

중2 : 첫 정량 평가

중1 성적은 고입에 활용되지 않는 경우가 많고 일종의 적응기라고 보면 된다. 그러다가 중2가 되면 처음으로 원점수, 수행 평가 점수를 포함한 실질적인 정량 평가의 결과를 받게 된다. 이때의 원점수가 자사고, 특목고 진학의 분기점이다. 그래서 보통 중2 때 학생이나 부모가 발등에 불이 떨어진 듯 대비책을 찾기 시작한다. 실제로 고입 상담도 중3이 아니라 중2를 대상으로 한다.

중3 : 고입 로드맵의 분기점

중3은 고등학교 진학 경로를 결정짓는 시기다. 보통 1학기 성적까지가 고입에 반영되기 때문에 자사고, 특목고 진학 여부도 이때 갈리게 된다. 기본적으로 전 과목 A를 목표로 해야 하며 B가 하나만 나와도 큰 차이가 나기 때문에 탄탄한 대비가 필요하다.

고1 : 실질적인 대입 레이스의 시작

고1은 입학 직후인 3월부터 곧바로 입시 준비가 시작된다고 봐야 한다. 동아리 활동을 비롯한 학생부 기록도 바로 반영된다. 보통 초·중등 시기에는 부모들의 기대치가 높은 편이지만, 고1 때부터는 현실을 정확하게 바라보고 그에 맞는 로드맵을 세워야 한다.

중학교 과정에서 공부 근력을 키우고 고등학교부터는 입시와 직결되는 전략이 필요하다. 중학교 때 전교 1등이었던 학생들도 고등학교에 오면 모의고사에 강한 경우가 있고, 또 내신에서 성적이 잘 나오는 경우가 있다. 특히 수학 성적이 주된 리스크이기 때문에 그에 따라 무게 중심이 달라지게 된다. 이를테면 모든 과목이 우수한데 수학만 2등급이라면 이과생은 문과 논술을 고려할 수 있고, 문과생은 영어와 국어에 집중해야 한다.

고등학교 시험은 중학교와는 시험 범위 자체가 다르다. 방대한 데다가 특히 학군지 학교에서는 선행 내용을 알고 있다는 전제로 부교재나 교과서 외의 범위에서도 문제가 출제될 수 있다. 내신에 대비하기 위해서는 해당 학교의 시험 출제 스타일이나 교사의 성향을 미리 파악하는 것이 중요하다. 전국적으로 보는 모의고사나 수능과는 그 성격이 다르기 때문에 선배 학부모와 교류하여 정보를 얻는 것도 큰 도움이 된다.

고1은 첫 내신 준비부터 최우선 과제가 되며, 1학기 때까지 작은 실수는 있을 수 있지만 두 번 이상의 실수는 피해야 한다.

고2 : 선택과 집중의 시기

고2 때의 핵심 키워드는 '선택과 집중'이다. 의대 지원 여부는 중3 때 이미 결정된 것이나 마찬가지다. 고2 때는 수시와 정시의 갈림길에 서 있다고 보면 된다. 내신은 2등급이지만 모의고사가 1등급이라면 정시에 집중하고, 내신을 안정적으로 챙겼다면 수시에 대비하는 것이다.

정시를 선택한다고 해서 내신을 완전히 버려도 된다는 뜻은 아니다. 애초에 내신의 지필 시험이 수능 공부와 연결되기도 하고, 정시에서도 내신 성적을 반영하기 때문이다. 수능은 EBS 과정 50%와 외부 문항 50%로 출제되는데, 당연히 내신 지필 평가가 교집합이 될 수 있다. 다만 수시를 선택했을 때 학생부나 수행 평가에 조금 더 비중을 두는 반면, 정시를 선택하면 다소 힘을 빼는 정도로 생각하면 된다. 고2 때는 선택과 집중을 통한 힘 조절이 중요하다.

고3 : 최종 분석과 현실적 선택

입시를 위한 대략의 성적표를 받아 든 상태인 고3은 마지막 선택을 앞두게 된다. 이때 가장 중요한 것은 내신, 모의고사 성적, 목표 대학과 학과 등을 고려한 합격선을 체크하는 것이다. 주관적인 판단이 아니라 대학의 선발 기준에 따른 냉정한 분석을 바탕으로 합격의 척도를 가늠해야 한다. 그리고 이어지는 가장 큰 고민은 재수 여부다. 현재 성적을 바탕으로 진학할 것인지, 재수를 감수하고 더 높은 성적을 받아 상향 지원할 것인지 결정해야 한다. 자신의 성적과 입시 제도에 대해 이해하고 현실적인 최종 결정을 하는 것이 중요하다.

흔들리지 않는 힘을 만드는 국어 공부법

이영준 선생님

고등학생을 대상으로 국어 내신과 수능 국어를 10여 년 동안 강의하고 있고, 국어 전문 학원을 운영하고 있습니다. 동시에 전국 20여 곳에 학원 전용 국어 교재와 학습 관리 시스템 솔루션을 제공하고 있습니다. 그러다 보니 강남·서초 8학군부터 지방 학군까지 다양한 지역의 국어 공부 실상과 영유아부터 고3, N수생까지 다양한 연령대의 국어 공부 방법에 대해 자연스럽게 연구하고 분석하게 되었습니다.

다원 입시 연구소의 국어 자문으로서 오랜 지인이자 멘토인 오재성 소장님의 출간을 축하하며, 국어 공부 방법 공유에 함께하게 되어 영광으로 생각합니다. 이 글이 많은 학생에게 도움이 되었으면 좋겠습니다. 짧은 글이지만 가독성을 위해 연령별 국어 공부 방법과 지역 및 학생 개별 상황에 맞는 공부 방법으로 분류하여 글을 이어갑니다.

[약력]
현) 열매국어학원 원장
현) 열매국어 대표
현) 뉴파인 국어연구소 소장
현) 서울고, 상문고, 신일고 국어내신반 강의

대입을 위한 국어 공부라고 하면 보통 고등학교 입학 이후를 생각하는 경우가 대부분이다. 하지만 고2 첫 시험인 중간고사 성적의 등급이 해가 바뀌며 오르는 일은 극히 드물다. 교육청 발표 통계상으로도 성적이 상승하는 비율은 5%를 넘은 적이 없다. 즉 고입 전의 국어 공부가 상당히 중요하며 고입 후에는 상위권 학생들이 대부분 국어에 집중하기 때문에 순위 변동이 쉽지 않다는 것이다. 그렇다면 국어 공부는 언제부터 어떻게 시작해야 할까.

영유아기부터 초등학교 때까지의 습관 챙기기

국어 공부의 출발점은 영유아기부터다. 이때는 글을 읽는 습관을 키우는 것이 가장 중요하다. 글을 읽는 습관을 제대로 만들기 위해서 가장 경계해야 하는 것은 다름 아닌 동영상이다. 동영상 콘텐츠가 다양해지면서 유익한 내용도 많고, 쉽게 정보를 주며 즐거움을 충족시켜 주는 것은 사실이다. 하지만 국어 공부에 중점을 두고 바라봤을 때 동영상은 수동적인 정보 습득에 익숙해지게 만든다. 그 결과 능동적이고 노력이 필요한 독서와 글 읽기에 대해 거부감이 생길 수 있다.

실제 현장에서 고1부터 N수생들을 가르쳐 보면 동영상에 익숙하거나 중독 성향을 보이는 학생들은 대체로 글에 대한 집중력이 떨어진다. 그러다 보니 학습 과정에서는 물론이고 시험에서도 집중력과 지구력이 떨어져 지문의 내용 파악 자체에 어려움을 겪는 경우가 많다. 반면 동영상에 대한 의존도가 낮은 학생들은 글에 대한 몰입이 강하고 지구력이 좋아 수능 국어 모의고사 80분 동안 텍스트에 온전한 집중력을 유지한다.

　동영상을 멀리하는 것과 동시에 독서량의 확보가 중요하다는 사실은 말할 것도 없다. 어릴 때부터 일정 수준의 독서량을 유지하여 글 읽는 습관을 만들어야 한다. 그러면 자연스럽게 독해력과 집중력, 지구력이 향상되며 추가로 독후감이나 다양한 글을 써 보는 것도 사고력에 큰 도움이 된다. 대입을 위한 고등 내신이나 수능 국어는 생각보다 지나치게 높은 난이도가 아니다. 물론 타고난 지적 능력의 차이는 있겠지만, 글에 대한 친숙함과 집중력을 바탕으로 학습량을 늘리면 충분히 어느 정도 성공적인 결과를 얻을 수 있다.

　이처럼 영유아기에는 동영상을 멀리하고 독서에 대한 습관과 글쓰기에 대한 습관을 잘 잡는 것만으로도 성공적인 국어 공부를 위한 초석이 된다. 초등학교 시기의 국어 공부 또한 습관 형성과 본격적인 국어를 위한 기초 다지기에 초점을 두는 것이 좋다. 고등 국어에서 다루는 문법이나 문학 개념 등 이론의 선행보다는 독해력과 어휘력을 키우는 것이 훨씬 중요하다. 글에 대한 흥미와 친숙함을 기르면 자연스럽게 독해력과 어휘력도 향상될 수 있다.

너무 교과 중심의 국어 공부를 하려고 하면 오히려 거부감이 생기며 역효과가 발생한다. 유해하지 않은 범위 내에서 다양한 소재의 책을 접하며 흥미를 키워 가는 것이 큰 도움이 될 것이다. 이 시기에는 초등학교에서 배우는 수준의 문법과 교과 내용만으로도 충분하다. 초등학교 때의 과한 선행은 오히려 과유불급이 될 수 있다는 사실을 기억하자.

중학교 시기의 본격적인 선행 대비

중학교 시기의 국어 공부는 과도기적 성격을 가진다. 영유아기와 초등학교 시기의 국어 공부가 실질적인 '공부'라기보다 흥미와 습관을 만드는 단계였다면, 중학교 시기부터는 본격적인 국어 실력을 키우기 위한 구체적인 계획과 실행이 필요하다.

사실상 고등학교에 입학하면서부터 국어 성적은 어느 정도 정해져 있다고 봐도 무방하다. 이때의 첫 중간고사 등수는 입학 후 3~4월의 두 달 동안 공부한 결과로 정해지는 것이 아니다. 영유아 시기와 초등학교 때 만들어진 독해력과 어휘력, 글에 대한 친숙함과 집중력을 바탕으로 중학교 시기에는 고등 국어 전반을 소화하기 위한 학습이 대부분 이루어져야 한다. 그 결과가 고등학교 첫 시험에 점수로 나타나는 셈이다.

국어는 크게 문학, 독서, 문법, 화법, 작문의 영역으로 나뉘지만 수학과는 달리 영역별로 단계별 학습이 필요하지는 않다. 초등학교 국어 교과서에서부터 모든 영역을 다루다가 고등 내신과 수능에 가까운 학습은 중학교 교과 과정부터 본격화된다고 보면 된다. 이때 학년이 올라갈수록 어휘나 내용의 난이도가 심화될 뿐, 특정 영역을 선행해야 하는 구조는 아니다. 따라서 중학교 시기의 국어 영역별 학습의 정도나 심화 수준이 고등학교 국어 성적까지 이어지며 지대한 영향을 미칠 수밖에 없다.

중학교 시기의 공부법에서 명확하고 실질적인 방향성을 잡으려면 고1부터 고3까지의 학력 평가와 고3 수능 국어 모의고사를 기준으로 삼아야 한다. 이를 바탕으로 자신의 객관적인 실력을 확인하고, 그 실력에 맞는 전략을 세우는 것이 가장 좋다.

물론 중1 시기에 고1 학력 평가인 총 45문제(화법 5문제, 작문 5문제, 문법 5문제, 문학 15문제, 독서 15문제)를 80분 동안 푸는 것은 다소 이른 선행일 수 있다. 하지만 자신의 객관적인 국어 실력을 평가하기 위해서는 가장 확실한 방법이다. 고1 학력 평가부터 고3 수능과 모의고사는 전국 단위로 실시되며 1~9등급의 점수별 배치

표가 존재하므로, 자신의 실력이 전국 몇 퍼센트 안에 드는지 정확히 확인할 수 있기 때문이다. 또한 국어의 모든 영역이 다 포함된 시험이기 때문에 영역별 실력과 약점도 파악할 수 있다.

따라서 중1 시기에 본격적인 국어 공부를 시작했다고 가정하면 늦어도 중2 시기부터는 모의고사를 통한 실력 점검과 전략적인 교과 국어 공부에 들어가야 한다. 국어 공부의 영역별 학습 전략은 고등학교 시기의 국어 공부법과 상당히 중복되므로 뒤에서 다시 언급하고자 한다. 실제로 직접 가르쳤던 중3 학생 중에도 고3 수능 국어에 만점을 받는 학생들이 다수 있었다. 즉 중학생 시기의 국어 공부를 너무 만만하고 가볍게 봐서는 안 된다는 뜻이다. 이 시기의 국어 공부가 이후 고등학교 시기의 국어 성적과 나아가 수능 국어 점수까지 좌우하게 된다.

고등학교의 시기별 전략

고등학교 3년 과정 동안 학생들은 1학년 1학기 중간고사부터 3학년 2학기 기말고사까지 총 12번의 내신 시험을 치른다. 물론 3학년 2학기 중간, 기말고사는 대학 입시에 반영되지 않지만 재수를 할 경우 대학에 따라 반영하는 곳도 있기 때문에 어느 정도 신경을 써야 한다.

학교마다 차이는 있지만, 일반적으로 1학년에는 공통 국어로 문학, 독서, 화법, 작문, 언어(문법)의 전 영역이 교과서에 수록되어 있으며 각 내신 고사 범위에도 전 영역이 포함된다. 대체로 문학의 비중이 50% 정도로 높은 편이고 언어(문법)가 20~40%, 나머지 비중은 비문학 독서와 화법, 작문이다. 원래 2학년 1학기에는 문학, 2학기에는 독서, 3학년 1학기에는 언어와 매체, 화법과 작문 중 선택하게 되어 있었지만 2022 개정 교육 과정이 적용되는 25년 고입부터는 1학년 공통국어, 2학년은 문학·독서와 작문·화법과 언어(문법)로 더 세분화되어 분리될 것으로 예상된다.

고등학교 3년간은 시기별 전략을 세워야 한다. 학기 중에는 내신 국어에 집중하고 여름 방학과 겨울 방학에는 수능 국어에 집중하는 것이 좋다. 각 학기별 내신 등급은 대입에 큰 비중을 차지하며, 상대 평가이기 때문에 중요도가 매우 높다. 또 학교에서는 변별력을 높이기 위해 국어 내신 시험의 난이도를 높게 설정하는 경우가 많아 학기 중에는 내신 국어 범위에 집중하여 '완벽'을 목표로 공부한다는 각오가 필요하다.

방학 기간은 내신 시험의 부담에서 벗어나는 만큼 수능 국어 중심의 커리큘럼에 집중해야 한다. 여름 방학 1개월과 겨울 방학부터 봄 방학을 포함한 3개월 동안 수능 대비를 한다고 보면 되며,

이는 고3 수능에서뿐 아니라 학기 중 내신 성적에도 긍정적인 영향을 준다. 각각의 전략도 필요하지만 내신과 수능 공부는 결국 서로 시너지를 주는 관계다.

고1 시기에는 대입에서 정시와 수시 전형 중 어느 쪽을 선택할지 아직 알 수 없기 때문에, 내신과 수능 국어를 둘 다 챙기며 모든 가능성의 문을 열어 두어야 한다. 물론 내신 국어와 수능 국어는 시험이나 문제의 유형에 일부 차이가 있다. 내신은 보통 50분 동안 25~30문제 정도를 풀고, 수능은 80분 동안 45문제를 풀어야 한다. 하지만 학습 내용 면에서는 크게 다르지 않다. 결국 학기 중과 방학 중에 각각 내신과 수능 국어에 집중하는 것은 '두 마리 토끼를 잡으려다 둘 다 놓치는' 일이 아니라, 국어 공부라는 '일석'으로 수능과 내신이라는 '이조'를 다 잡는 전략이다.

고등학교의 영역별 전략 – 문학

고등학교 국어는 한 과목이지만 여러 영역으로 나뉘며 접근 방법과 공부법 또한 차이가 있다. 국어는 우선 크게 문학과 비문학으로 구분되고, 비문학은 다시 독서·화법·작문·언어(문법)으로 나뉜다. 문학을 개념적 갈래로 구분하면 서정·서사·교술·극의 4개로 나누어 볼 수 있다. 각각의 특성이 다르기에 이를 이해하고 공부 방법도 달리하여 적용해야 한다.

　서정 갈래는 고전시가와 현대시를 전부 포함한 운문, 즉 운율이 있는 글인 '시'를 말한다. '낯설게 하기'나 '함축'과 같은 문학적 기법이 담긴 예술인 만큼 사실상 난이도가 가장 높다. 하지만 고등 교과 과정에서는 서정 갈래의 문제 출제 유형이나 개념이 어느 정도 정해져 있기 때문에, 기출문제를 통해 문학 작품을 공부하면 큰 어려움 없이 적응할 수 있다. 다시 말해 작품 내의 객관적인 내용과 해석을 기준으로 삼으면 되기 때문에 추상적이고 애매하게 접근할 필요가 없다. 다만 무한에 가까운 작품들을 일일이 분석하고 내용을 파악하는 것은 쉽지 않다. 따라서 먼저 고등 교과서에 수록되어 있는 고전시가와 현대시들을 읽고 내적 준거에 핵심이 되는 화자·대상·정서·표현법을 찾아내는 연습을 해야 한다. 주제를 파악하고 본인이 분석한 내용과 일치하는지 확인하면서 운문을 해석하는 능력을 키우는 것이 중요하다. 또 작품과 연결된 다양한 문제를 풀면서 출제 유형을 자연스럽게 익혀야 한다.

　서사 갈래는 허구성을 기반으로 하는 산문을 통칭한다. 대표적으로 소설이 있고, 이는 다시 현대 소설과 고전 소설로 나뉜다. 문제의 출제에서는 외적 준거, 즉 작품의 외적 요소인 작가나 창작 당시의 시대 배경을 다루지 않는다. 따라서 작품 내의 구성 요소인 인물·사건·배경에 초점을 맞추고 서사 구조와 내용을 정확하게 파악하는 것이 중요하다. 또한 단편 소설이라 하더라도 보통 분량이 10페이지 이상이기 때문에 시험에서 전문이 출제될 일은 없다. 출제되는 지문은 길어도 한 페이지 정도이기 때문에 해당 분량에 국한하여 정확한 분석이 이루어지면 충분하다. 운문에 비해 장문이기에 시간 소요가 약점이 되는 경우가 많으니 글을 속도감 있게 읽는 훈련을 통해 시간 제약의 약점을 미리 예방해야 한다.

교술 갈래는 글쓴이의 경험이나 깨달은 점을 사실 바탕으로 서술한 수필을 말한다. 소설과 달리 허구가 아니지만 이야기 구조 자체는 비슷하고 오히려 단순하기 때문에 난이도는 더 낮다고 보면 된다. 정확한 내용 파악과 교술 갈래의 특징만 잘 이해하고 있으면 어렵지 않게 작품을 해석하고 문제를 풀 수 있다.

마지막으로 극 갈래는 영화나 드라마의 대본인 시나리오와 연극의 대본인 희곡으로 나뉜다. 주로 인물의 대사를 통해 전개되지만 그 이야기 구조와 바탕은 서사 갈래인 '소설'과 크게 다르지 않다. 인물·사건·배경을 파악하여 내용을 정확히 이해하면 어렵지 않게 접근할 수 있는 영역이다.

고등학교의 영역별 전략 – 비문학

2022 개정 교육 과정 이전에는 수능 국어에서 화법과 작문, 언어와 매체로 선택 영역이 나뉘어 있었지만 개정 이후 2025년도 고1부터는 모든 학생이 화법·작문·언어(문법)를 공통으로 배운다.

우선 비문학에서 독서는 인문·사회·과학·기술·예술 등 다양한 분야의 지문으로 구성된다. 내신에서는 미리 시험 범위로 공지된 지문에서 출제되는 경우가 대부분이라 암기식 학습이 가능하며 출제 비중도 적은 편이다. 하지만 수능 국어에서는 45문제 중 15문제가 출제되어(22 개정 기준) 출제 비중이 문학과 동일한 수준이다. 또 수능 국어의 경우 EBS 교재와 소재가 연계되더라도 완전히 동일한 지문이 출제되는 경우는 없기 때문에 순수한 독해 능력이 관건이 된다.

사실상 문학은 반년 정도의 벼락치기 공부로도 상당한 성적 향상이 가능하지만, 독서는 영유아기부터 형성된 독서 능력에 크게 영향을 받기 때문에 고등학교에서 드라마틱한 성적 향상을 기대하기는 어렵다. 하지만 고등학교 3년 내내 꾸준히 비문학 독서 지문을 읽고 문제를 푸는 연습을 한다면 괄목할 만한 실력을 만들어 내는 것도 불가능하지는 않다.

또 독서 영역은 학생마다 강약점이 다르다. 예를 들어 문과 성향의 학생은 과학·기술 지문을 어려워하는 대신 인문·사회 지문 영역은 수월한 편이고, 이과 성향의 학생은 반대로 인문·사회 지문에서 약점을 보인다. 이는 배경지식의 차이도 있겠지만 심리적인 영향도 크다. 자신감이 없는 분야일수록 거부감을 느낄 수 있는데, 의도적으로 더 많이 읽고 분석하는 연습을 하여 약점을 보완하는 것이 중요하다.

화법·작문은 말하기·듣기·쓰기 영역이지만, 실제 시험에서는 독서 능력을 평가하는 성격이 강하다. 지문을 읽고 내용을 분석하며 문제를 푸는 방식이므로 결국 독해력이 핵심이 된다. 별다른 학습과 훈련이 필요하다기보다 기출문제를 많이 풀면서 자연스럽게 유형을 익히면 어렵지 않게 안정적인 실력을 갖출 수 있다.

언어(문법)는 대부분의 학생이 싫어하고 또 어려워하는 영역이다. 다른 영역은 특별한 개념 이해나 암기 없이 독해력만으로 문제가 해결되는 경우가 많지만, 언어(문법)의 경우 암기 없이는 풀 수 없는 문제가 많기 때문이다. 그만큼 변별력이 있는 영역이기에 국어 내신에서는 출제 비중이 높지만, 수능에서는 45문제 중 5문제로 비교적 비중이 적은 편이다.

언어(문법)를 공부하기 전에는 우선 전체의 구조를 어느 정도 파악하는 것이 좋다. '나무를 보기 전에 숲을 먼저 보라'는 말이 딱 적용되는 영역이다. 많은 학생이 숲을 보지 못한 상태에서 나무에 해당하는 문법 공부에만 집중하느라 어려움을 느끼는 것이다. 문법 안에 단원과 영역이 나뉘어 있지만, 저마다 유기성을 갖고 연결되어 있기 때문에 전체 구조에 대한 이해와 연결 관계 파악이 되면 문법에 흥미와 이해를 높일 수 있을 것이다.

현장에 있어 보면 "저는 국어를 못해요"라고 말하는 학생들이 많다. 그러나 대부분은 못하는 것이 아니라 국어 공부량이 부족한 것이다. 상대적으로 수학에 더 많은 시간과 노력을 투자하다 보니 국어 공부량을 확보하지 못하는 경우도 있고, 중학생 시절 낮은 난이도에 익숙해 방심하다가 고등학교 국어의 쓴맛을 보는 경우도 있다.

원하는 대학을 가기 위해서 국어 과목은 선택이 아닌 필수이다. 현시점에서 영유아기로 다시 돌아갈 수 없는 만큼 지금의 위치에서 자신에게 맞는 최선의 공부를 꾸준히 해 가는 것이 유일한 해답이다. 모든 것은 마음먹기에 달렸기에 '평균'과 '통계'를 생각하지 말고 원하는 목적에 집중하며 목표를 설정하길 바란다. 최선을 다하면 반드시 좋은 성과를 얻을 수 있을 것이다.

수학적 사고력을 키우는 수학 공부법

이승훈 선생님

고등학생을 대상으로 20여 년 동안 대구 수성구, 부산 해운대구, 천안, 일산 지역 학원에서 수학 내신과 수능 수학을, 대구, 부천, 분당, 천안 지역 등의 고등학교에서 방과 후 학교 프로그램으로 수학 논술을 강의하고 있습니다.

전국의 여러 고등학교와 학원 등 다양한 지역에서 수업하다 보니 강남·서초 8학군부터 지방 학군까지 다양한 지역의 학생들에게 적용할 수 있는 수학 학습법에 대해 연구하고 분석하게 되었습니다.

입시 공부 모임의 리더이자 멘토이신 오재성 소장님의 출간을 축하하며, 수학 학습법 공유에 함께하게 되어 영광으로 생각합니다. 이 글이 많은 학생에게 도움이 되었으면 합니다. 짧은 글이지만, 중고등학교 학년별 수학 학습 방법과 고난도 수학 문제 학습 방법으로 분류하여 글을 이어갑니다.

[약력]
전) 분당고, 영양여고, 소명여고, 풍산고 등 방과후수업 수리 논술
전) 미래탐구 수성
전) 미래탐구 금정
전) 탑씨크리트 교육
현) 알찬교육학원
현) 이투스북 수학 검토위원

수능 수학은 단순히 문제 풀이 실력을 측정하는 시험이 아니다. 문제를 얼마나 많이 풀어 봤는지가 아니라, 문제를 마주했을 때 얼마나 정확하게 사고하고 전략적으로 해결하는지를 평가한다. 즉 수능 수학은 고등학교까지의 수학 학습을 통해 습득한 수학의 기본 개념·원리·법칙을 이해하고, 이를 적용하여 계산하고 추론하며 문제를 해결하는 능력을 평가함으로써 대학 교육을 받는 데 필요한 수학적 사고력을 측정하는 시험이다.

수능에서 평가하는 수학적 사고력이란

수학적 사고력은 크게 계산 능력, 이해 능력, 추론 능력, 문제 해결 능력으로 구분된다.

계산 능력은 말 그대로 수학을 공부하는 데 있어 가장 기본이다. 계산 능력을 평가하는 유형의 문제는 주로 수능의 1~4번에서 자주 출제되는데, 공식을 바로 대입하거나 식을 간단히 정리하는 등 단순 계산만으로 해결이 가능하다. 그 외에 다른 수학적 사고력을 평가하는 문제에서도 기본적인 계산 능력이 부족하면 문제 해결에 시간이 걸리거나 잘못된 답을 도출하게 된다. 따라서 정확하고 빠른 계산 능력의 향상을 위한 연습은 필수적이라고 할 수 있다.

이해 능력은 여러 가지 수학적 표현, 즉 기호·식·그림·그래프 등의 표현을 이해하고, 이를 다른 표현으로 교환하여 활용할 수 있는 능력을 말한다. 이는 기본적인 개념의 이해를 바탕으로 수학적 표현을 읽어 내는 능력과 수학적인 표현으로 나타내는 능력을 중점으로 평가하게 된다. 대체로 개념에 대한 충실한 이해가 갖춰진다면 그리 어렵지 않게 문제를 해결할 수 있다. 이해 능력을 키우기 위해서는 단순한 공식 암기를 넘어, 공식이 유도되는 과정과 그 과정에서 사용되는 다른 단원의 개념까지 깊이 있는 사고가 우선적으로 이루어져야 한다. 또한 공식이 사용되는 조건을 파악하여 교과서 수준의 예제, 응용문제를 소화할 정도의 실력을 갖춘다면 대부분의 이해 능력 문제는 해결 가능할 것이다.

추론 능력은 크게 두 가지 유형으로 나뉜다. 첫 번째 유형은 일정한 규칙이나 성질을 발견하고, 이를 수학적인 방법으로 일반화해 문제를 해결하는 것이다. 여러 상황에서 수학적 규칙을 찾아내는 것이 중요하므로, 개념 학습을 마친 후에 모의고사나 수능 기출문제 중에서 이런 유형의 문제를 집중적으로 연습할 필요가 있다. 두 번째 유형은 주어진 명제의 참, 거짓을 판단하거나 증명 과정을 묻는 형태다. 교과서에 제시된 다양한 증명 과정을 이해하는 과정에서 관련 역량이 향상될 수 있다. 수학의 여러 가지 정리와 법칙 등 개념을 학습하며 증명 과정을 반복적으로 접하다 보면 새로운 증명도 이해할 수 있는 힘이 자연스럽게 생기게 된다.

　문제 해결 능력은 다양한 소재의 문제를 수학적으로 해결하거나, 복잡하게 얽혀 있는 문제를 해결하는 능력을 말한다. 주로 여러 단계의 사고 과정을 거쳐야 하거나, 두 가지 이상의 수학적 개념을 동시에 활용해야 하는 문제가 출제되어 난이도가 높은 편이다. 앞서 언급한 계산 능력, 이해 능력, 추론 능력은 물론이고 보다 깊은 사고력을 요구하기 때문에 개념을 정확하게 이해하지 못하고 단순 유형별 풀이 방법만 공부한 학생은 아예 문제 해석조차 하지 못하는 상황이 발생한다. 따라서 먼저 수학의 기본 개념이 정확하게 정리되어 있어야 하며, 많은 문제를 풀어 보는 과정에서 다양한 관점으로 사고하는 연습을 꾸준히 해야 한다.

　이와 같이 수능 수학 영역에서 평가하는 여러 수학적 사고력은 반복적인 문제 풀이만으로는 향상시키기 어렵다. 개념의 본질에 대한 깊은 이해, 사고 훈련의 반복, 다양한 유형을 다각도로 들여다보는 복합적인 과정이 필요하다. 그렇다면 수학적 사고력을 키우기 위한 학년별 공부 전략을 살펴보자.

중학교 : 수학의 체질을 만드는 시기

중학교 시기는 수능 수학의 기초 체력을 다지는 중요한 단계다. 수능에 출제되는 개념은 고등학교 과정(대수, 미적분1, 확률과 통계)에서 배우지만 수학적 사고력, 계산의 정확도, 수 감각 등은 이미 중학교 과정에서 대부분 형성된다. 중등 과정의 내용은 고등 수학의 바탕이 되므로 이 시기를 허술하게 지나가면 고등학교에서 반드시 벽에 부딪히게 되어 있다.

특히 도형 단원은 이후 공통수학Ⅱ의 도형의 방정식, 대수 영역의 삼각함수 및 수열, 미적분Ⅱ의 등비급수 및 삼각함수의 미분법, 그리고 기하 단원 전체와 긴밀하게 연결되므로 반드시 정확히 이해하고 점검해 두어야 한다.

중학교 시기의 공부는 개념 중심 학습이 핵심이다. 문제를 빨리 푸는 것보다 '왜 이런 공식이 나왔을까?', '다른 풀이 방법은 없을까?' 등을 고민하는 습관을 들여야 한다. 개념 자체는 크게 어렵지 않지만, 문제를 풀기 위한 '공식'으로 암기하는 것이 아니라 그 개념이 왜 그렇게 정의되는지, 어디에 어떻게 쓰이는지, 어떤 예시로 설명할 수 있는지를 제대로 이해하는 것이 중요하다.

이를 위해 다음과 같은 학습 순서를 권장한다.

1단계: 교과서 개념 설명 읽기

- 글로 서술된 정의나 조건을 꼼꼼히 읽는다. 이때 막연히 읽고 넘기지 말고 중요하다고 판단되는 문장이나 단어에 밑줄 등을 그어 표시하자. 특히 공식을 사용하기 위한 조건은 반드시 표시하자.
- '항상 그런가?', '왜 그런가?' 등의 질문을 스스로 던져 보며 읽는다.

2단계: 예제 따라 풀기

- 예제는 풀이가 적혀 있다. 풀이를 막연히 보기만 하지 말고, 반드시 직접 연습장에 써 가며 풀어 본다.
- 풀이 순서를 따라 쓰는 것이 아니라, 한 줄 한 줄마다 '왜 이 식을 세웠지?'를 말로 설명하며 써 보는 것이 중요하다.

3단계: 유제 풀기

- 개념을 이해했다면 유사 문제를 풀어 보며 적용해 본다.
- 틀린 문제는 해설의 풀이를 보지 말고, 어느 부분에서 잘못 풀었는지, 계산 실수인지, 개념 중 어떤 부분을 잘못 이해했는지 등을 점검해 보고 틀린 부분을 바르게 고쳐 본다. 특히 개념의 어느 부분을 잘못 이해했을 때에는 반드시 빨간색 등의 펜으로 잘못 이해한 부분을 바르게 고쳐 놓는 것이 중요하다.

4단계: 주기적인 점검

- 주말마다 1주일간 정리한 개념 노트를 다시 읽어 본다.

- 단순히 다시 보는 것이 아니라, '이걸 내가 친구에게 설명할 수 있는가?' 를 기준으로 점검해야 한다.

내신 기간이 아닐 때는 하루 30분에서 1시간씩 '개념 학습 → 예제 풀이 → 유제 풀이' 순으로 학습한 뒤 개념 정리 노트를 만드는 것을 추천한다. 틀린 문제에서 얻은 주의점을 함께 적어 보는 것이 좋다. 내신 기간에는 문제 풀이 양을 늘려야 한다. 이때 틀린 문제는 지금까지 정리한 개념 정리 노트를 들여다보며 어떤 이유로 틀렸는지 반드시 확인하는 습관이 필요하다.

고1 : 개념 구조화와 수학적 언어 익히기

고등학교 1학년은 2022 개정 교육 과정에 따라 모든 학생이 공통수학Ⅰ과 공통수학Ⅱ를 이수하는 시기다. 이 시기의 학습은 단순한 기본 개념을 익히는 것을 넘어, 이후 고2 과정에서 배우게 될 수능 출제 과목(대수, 미적분Ⅰ, 확률과 통계)의 기반을 쌓는 것이 중요하다. 따라서 다음과 같은 방향으로 학습하여 계산 능력과 이해 추론 능력을 높여야 한다.

1) 교과서 정독을 통한 개념 구조화 훈련
- 교과서의 서술 체계를 보면 다섯 단계로 되어 있다. 공통수학Ⅱ의 도형의

방정식 단원을 예로 다섯 단계를 고려하면서 교과서를 정독해 보자.
- 교과서 정독을 통해 개념을 제대로 익혔다는 판단이 들면 목차를 펴고 들여다보면서 개념을 하나씩 떠올려 보는 연습을 하자. 연습장에 적어 보는 것도 좋고, 친구에서 설명한다는 느낌으로 혼잣말을 해도 좋다. 이 과정을 거치게 되면 부족한 개념은 무엇인지 파악할 수 있고 마치 그림이 그려지듯 개념들이 머릿속에 구조화가 되는 효과가 있다.

2) 수학적 언어 익히기
- 수학적 표현(문장, 식, 그림, 그래프 등)을 정확하게 외우고 이해하는 훈련은 필수다.
- 문장을 식으로, 식을 문장으로, 식을 그림으로 바꾸는 등 수학적 표현의 교환 연습을 반복해야 한다. 이를 통해 문제의 해석 능력을 향상시킬 수 있다.

3) 습관 관리
- 문제 수가 아니라 문제 해결 능력을 기준으로 학습 시간을 정한다.
- 매 단원 종료 후 목차를 보며 개념을 하나씩 떠올려 보는 식으로 개념을 체크한다.
- 개념 점검 후 문제를 풀 때에는 시험처럼 제한 시간을 두고 문제를 푼다.
- 그 후 모르는 문제나 틀린 문제는 바로 풀이를 보지 말고, 풀이에서 힌트만 보고 다시 고민하는 3단계 사고 훈련(→ 재시도 → 풀이 → 확인)을 한다.

여기서 중요한 것은 교과서 정독 훈련이다. 교과서 정독 훈련만 잘되어도 수능에서 요구하는 수학적 사고력 중 계산, 이해, 추론 능력을 향상시킬 수 있다.

복습 단계

해당 단원을 시작하기 전에 이전에 배운 내용에 대하여 잘 이해하고 있는지 확인하는 문제들이다.
문제의 답을 맞히는 것보다 이 문제들이 어떤 내용들을 묻고 있는지, 나는 그 내용들을 정확하게 잘 알고 있는지 점검해 볼 필요가 있다.

도입 단계

해당 단원의 역사적 내용이나 용어에 대한 유래, 실생활에서 활용된 사례 등을 통해 개념에 대한 배경을 설명한다.
이 부분을 대수롭지 않게 여기는 학생이 많으나 사실 각 단원에 소개되는 개념을 직관적으로 이해하기 가장 좋은 내용이 실려 있기 때문에 주의 깊게 읽을 필요가 있다.

준비 단계

본격적인 내용 설명에 앞서 개념 이해를 돕기 위한 생각할 거리를 제시한다.
이러한 간단한 문제를 통해 스스로 수학 개념, 원리를 발견할 수 있다.

개념 이해 단계

단원별 용어 및 개념, 각종 정의 및 정리 등을 설명하는 부분으로 가장 집중해서 정독할 필요가 있다. 설명을 위한 예시, 그림 등을 활용하기 때문에 잘 읽기만 해도 수능에서 평가하는 '이해 능력'을 키우는 것에 도움이 된다.
또한 이론, 공식의 증명은 이해가 되지 않는 부분을 체크하면서 최대한 정확히 이해하도록 천천히 읽어 봐야 한다. 이전 단원에서 배운 내용 중 어떤 설명이 생략되었는지도 고민하며 읽어 보면 자연스럽게 '추론 능력'도 키울 수 있다.
또한 개념 설명 이후에 바로 나오는 문제들은 기본적인 '계산 능력'의 향상에 도움이 되며, 개념 이해가 바르게 이루어졌는지 확인하는 용도이기도 하다. 풀이가 적혀 있는 예제는 눈으로만 보지 말고 연습장에 스스로 풀어 보자. 왜 그렇게 식이 나왔는지, 어떤 개념을 적용한 것인지를 생각하면서 풀이를 적어 보는 것이 좋다.
이렇게 교과서를 정독하며 읽을 때 주의할 점은 '읽는 행위' 자체로 끝나지 말고 읽은 내용을 '제대로 기억'하고 있는지 점검해야 한다는 점이다. 예를 들어 교과서를 펴고 두 쪽을 읽었다고 하자. 그럼 잠시 교과서에서 눈을 떼고 연습장에 읽은 내용을 한 번 적어 보자. 용어의 뜻, 개념의 정의, 성질 등을 대략적으로나마 써 보라는 것이다.
만약 기억 못하는 부분이 있다면 다시 교과서로 돌아가 읽어 보고 정리하는 과정을 반복하는 것이 좋다. 처음에는 오래 걸리겠지만 욕심을 버리고 1~2쪽만이라도 조금씩 해 나가다 보면 나중에는 1개 소단원 정도는 어렵지 않게 개념을 적어 보거나 설명할 수 있다.

발전 단계

이 부분은 교과서의 단원별 마지막 부분에 제공되는 연습 문제, 모둠 학습 등의 문제를 해결하는 단계를 말한다. 많은 학생이 교과서의 연습 문제는 실력 향상에 별 도움이 안 된다고 생각하고 관심을 두지 않는다. 문제의 난이도가 그렇게 높지 않아서 좋은 문제라고 생각하지 않기 때문이다. 하지만 이는 교과서에 실린 문제의 용도를 오해한 것이다.
물론 수능 수학에서 평가하는 '문제 해결 능력'을 기르기 위해서는 난이도가 높은 다양한 문제를 접할 필요가 있다. 그런데 교과서에서 제공되는 문제는 학생들이 교과서를 통해 개념 습득이 잘 되었는지를 점검하는 것에 목적이 있다. 즉, 개념 이해를 통해 '계산 능력'과 '이해 능력'이 제대로 성장했는지 점검하는 가장 좋은 문제가 바로 교과서에 실려 있는 연습 문제라고 보면 된다.
따라서 개념 학습 후에는 반드시 연습 문제를 풀어 보고 정확하게 개념을 적용하며 풀고 있는지, 놓친 부분이 없는지 점검해야 한다.

고2 : 유형별 사고 패턴 확립과 생각 노트 작성

고2 과정은 수능 출제 과목인 대수, 미적분 I, 확률과 통계를 본격적으로 배우는 시기다. 따라서 처음 접하는 과목이나 단원은 고1 때처럼 교과서를 정독하며 개념을 정리하는 훈련이 반드시 필요하다. 그 이후 고2 학습의 핵심은 2가지를 꼽을 수 있다.

첫 번째는 유형별 사고 패턴의 정리다. 단원별 문제를 유형화해 각 유형마다 '이 조건이 나오면 이 전략으로 접근한다'라는 틀을 만든다. 이때 유형화의 기준은 교과서와 지금까지의 수능, 평가원 모의고사의 기출문제를 바탕으로 하면 된다. 예를 들어 '밑이 같은 지수함수와 로그함수가 동시에 등장하면 → 역함수 관점에서 접근한다', '원과 삼각형 등이 등장하는 도형 문제라면 → 길이나 넓이 등을 삼각함수로 표현해서 접근한다'와 같이 자신만의 사고 패턴을 유형별로 정리해 두는 것이다. 이렇게 하면 문제를 마주했을 때 이해하고 풀이하는 속도와 정확성이 크게 향상될 수 있다.

두 번째는 문제 해결 능력의 향상이다. 문제 해결 능력을 키울 수 있는 핵심 포인트는 바로 '생각'이다. 기출문제 중 킬러 문항보다 한 단계 아래 수준의 준킬러 문항(현재 고3 수능 및 모의고사 기준 14번, 21번, 29번 등)을 모은 뒤 다른 연습장을 꺼내 문제를 풀어 보자. 처음에는 아무런 형식에 얽매이지 말고 무작정 풀어 보는 것이 중요하다. 문제가 해결되었다면, 지금까지 문제 풀이를 위해 생각했던 과정을 생각 노트에 기록해 본다. 이때 단순 풀이 과정을 적을 필요는 없다. 풀이 과정에서 구체적으로 어떤 생각을 했으며, 어떤 개념이나 어떤 공식 등을 활용했는지 기록하고, 왜 그렇게 생각했는지에 대한 근거를 구체적으로 적어 보는 것이 중요하다.

만약 문제를 풀지 못했다면 일단 문제에 접근했던 풀이 과정이라도 생각 노트에 기록하자. 마찬가지로 풀기 위해 시도했던 과정의 생각들을 적으면 된다. 그다음에는 정리된 내용을 복기하면서 잘못 생각한 부분이 있었는지 점검한다. '내가 어떤 걸 놓쳤을까?', '계산이 잘못된 건가?', '변수 설정을 다르게 해야 하나?' 등 다양한 관점에서 접근하다 보면 분명히 해결의 실마리를 찾을 수 있을 것이다. 이렇게 작성한 생각 노트는 주기적으로 반복하며 복습해 주는 것이 좋다.

생각 노트의 내용이 쌓이게 되면 자신이 어떤 개념에 약한지, 어떤 방향의 접근이 부족한지를 한눈에 파악할 수 있게 된다. 이를 통해 부족한 개념을 보충하고 생각의 방향을 다듬을 수 있으며, 결과적으로 생각의 깊이와 폭이 넓어져 '문제 해결 능력'이 향상된다.

[25학년도 수능 14번]

그림과 같이 삼각형 ABC에서 선분 AB 위에 $\overline{AD}:\overline{DB}=3:2$인 점 D를 잡고, 점 A를 중심으로 하고 점 D를 지나는 원을 O, 원 O와 선분 AC가 만나는 점을 E라 하자. $\sin A:\sin C=8:5$이고, 삼각형 ADE와 삼각형 ABC의 넓이의 비가 $9:35$이다. 삼각형 ABC의 외접원의 반지름의 길이가 7일 때, 원 O 위의 점 P에 대하여 삼각형 PBC의 넓이의 최댓값은? (단, $\overline{AB}<\overline{AC}$) [4점]

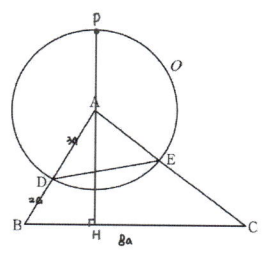

① $18+15\sqrt{3}$ ② $24+20\sqrt{3}$ ③ $30+25\sqrt{3}$
④ $36+30\sqrt{3}$ ⑤ $42+35\sqrt{3}$

의 넓이가 최대값!
$\frac{1}{2}\times\overline{BC}\times(\overline{PH}+\overline{AH})$
$\frac{1}{2}\times 8\sqrt{3}\times(2\sqrt{3}+\frac{\sqrt{3}}{2})$
$4\sqrt{3}(2\sqrt{3}+\frac{\sqrt{3}}{2})$
$36+30\sqrt{3}$

$\overline{AD}=3a, \overline{DB}=2a$

★ 중요한 건 생각이야!
풀이 해결에 필요한 생각.
이 '생각' 순서를 정리해야 해!
생각이 정리되면 모든 해설은 중요치 않아!

2)
→ $\overline{BC}$는 고정이니 Point에서 $\overline{BC}$까지의 거리
△PBC의 높이가 최대가 되면 돼!!
↳ A에서 $\overline{BC}$에 내린 수선의 발을
H라 할때 $\overline{AH}$의 연장선이
원 O와 만나서 P가
높이 최대!!

3)
① $\sin A:\sin C=8:5$ 이 조건은 왜 줬는가?
조건 ①에서 변의 길이를 'a'로 나타내기로 하면?
조건 ② 또 다른 길이에 대한 조건?

사인법칙
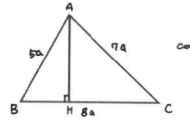
$\dfrac{a}{\sin A}=\dfrac{b}{\sin B}=\dfrac{c}{\sin C}=2R$ ← △ABC의 외접원의 반지름
⇒ $\sin A:\sin B:\sin C=a:b:c$
⇒ 사인함수 값들의 비와 대변의 길이의 비가 같다!

조건 ①에서 $\overline{AB}=5a$
↳ $\sin A:\sin C=\overline{BC}:\overline{AB}=8:5$
$\overline{BC}:5a=8:5$ ∴ $\overline{BC}=8a$

4)
조건 ②에서 $\overline{AD}=\overline{AE}=3a$ ← 원 O의 반지름
△ABC = $\frac{1}{2}\times\overline{AB}\times\overline{AC}\times\sin A$ } $\overline{AC}$도 a로 표현가능!
△ADE = $\frac{1}{2}\times\overline{AD}\times\overline{AE}\times\sin A$
$\frac{1}{2}\times 3a\times 3a\times\sin A:\frac{1}{2}\times 5a\times\overline{AC}\times\sin A=9:35$
$9a:5\overline{AC}=9:35$ ∴ $\overline{AC}=7a$

5) 이제 뭘 해야 하지?
△ABC의 외접원의 반지름이 7. 1)~4)에서 $\overline{AB}=5a, \overline{BC}=8a, \overline{AC}=7a$
사인법칙을 이용하면 a를 구할수 있다.
$\dfrac{7a}{\sin B}=14$
$a=2\sin B$

높이에서 $\overline{AH}$도 구해야 해 → 코사인법칙으로 ∠B의 $\cos B$ 구하면 딱독!

$\cos B=\dfrac{(5a)^2+(8a)^2-(7a)^2}{2\times 5a\times 8a}$ $\overline{AH}=5a\times\sin B$
$\cos^2 B+\sin^2 B=1$

$\cos B=\dfrac{(25+64-49)a^2}{2\times 5\times 8 a^2}$ → $\sin B=\dfrac{\sqrt{3}}{2}$
$=\dfrac{40}{2\cdot 5\cdot 8}$ ∴ $a=2\sin B=\sqrt{3}$
$=\dfrac{1}{2}$ $\overline{AH}=5a\sin B$
        $=5\sqrt{3}\times\dfrac{\sqrt{3}}{2}$
        $=\dfrac{15}{2}$

고3 : 실전형 수학으로의 전환과 전략적 대비

고3은 지금까지의 수학 공부를 실전으로 전환하는 시기다. 고2 과정까지의 기록들(교과서 정독 훈련, 유형별 사고 패턴, 생각 노트 등)을 바탕으로 수능 기출 분석과 실전 모의고사 풀이, 킬러·준킬러 문항 집중 학습을 통해 시간 배분과 문제 해결 전략을 정밀하게 다듬어야 한다.

특히 수학은 킬러 문항을 맞히는 것보다 기본 및 준킬러 문항을 안정적으로 해결하는 전략이 더욱 중요하다. 따라서 실전 연습에서는 반드시 오답 분석을 통해 '왜 틀렸는가?', '무슨 조건을 놓쳤는가?'를 꼼꼼히 체크해야 한다. 실수는 누구나 할 수 있지만, 이를 분석하지 않고 넘기면 수능에서 똑같은 실수를 반복할 가능성이 크기 때문이다.

또한 고3 수험생은 수학을 '단순한 과목'이 아니라 '전략과 시간 관리'의 대상이라는 점을 명확히 인식해야 한다. 문제의 순서를 바꿔 푸는 연습, 30초 안에 조건을 파악하는 연습, 빠르게 버릴 문제를 판단하는 감각, 시간대별 접근 전략 등이 실제 시험장에서 큰 차이를 만든다.

[생각노트 예시]

수학은 곧 사고 훈련이다

　수능 수학은 단순히 지식 습득의 과정이 아니다. 문제를 푸는 순서, 사고의 흐름, 실수에 대한 복기, 반복 학습의 꾸준함은 모두 자기 관리의 일부다. 수학을 잘하는 학생은 단순히 수학적 재능이 있는 학생이 아니라, 자신의 사고를 정리하고 훈련하는 데 익숙한 사람이다.

　공부 방향을 바로잡고, 자신에게 맞는 루틴을 성실히 지켜 간다면 누구든지 목표 등급에 도달할 수 있다. 노력은 느릴 수 있지만 반드시 누적된다. 따라서 자신에게 맞는 학습 방법과 루틴을 꾸준히 지켜 나간다면 수능 수학을 정복할 수 있을 것이다.

대입까지 단계별로 쌓아 가는 영어 공부법

노연웅 선생님

중고등학생을 대상으로 하는 입시 학원을 운영하며, 현재 고등 영어를 18년 동안 강의해 오고 있습니다. 수능 영어뿐만 아니라 내신 영어 수업도 병행해 왔기에, 영어의 큰 흐름을 파악해야 하는 수능과 세밀하고 구체적인 분석이 요구되는 내신 영어의 특성을 잘 이해하고 있습니다.

학원 현장에서 다양한 학년의 학생들을 만나며, 시기별로 어떤 영어 공부법이 효과적인지 꾸준히 상담해 왔습니다. 또한 대치 다원 입시Lab 소장으로서 전국의 고3과 N수생들을 대상으로 컨설팅을 진행하며, 그들의 학습 환경과 고민을 깊이 이해하게 되었습니다.

다원 입시 연구소의 영어 자문이자 동료 소장으로서, 항상 모범을 보여 주시는 오재성 소장님의 출간을 진심으로 축하드립니다. 이번 출간이 학생과 학부모님들께 올바른 공부와 입시 방향을 제시할 것이라 생각하며, 이 책의 일부분을 맡아 영어 학습의 방향을 제시하게 된 것을 영광으로 생각합니다.

[약력]
전) 대치 교육공감 컨설턴트
현) 대치 다원 입시Lab 소장
현) 알찬교육학원 원장
현) 네이버 엑스퍼트 컨설턴트
현) 진로진학 컨설팅 jobssul 컨설턴트

언어 학습은 빠르게 시작할수록 몸에 쉽게 체화된다. 그래서 어릴 때부터 자연스럽게 영어를 접한 학생과 뒤늦게 시작한 학생 사이에는 어쩔 수 없이 차이가 벌어지는 경우가 많다. 특히 초등학교 때부터 영어를 '시험 과목'이 아니라 '언어' 자체로 접했을 때 중고등학교에 올라가서도 수월하게 받아들이고 실력이 빠르게 향상된다. 처음부터 문법이나 단어 암기에만 치중하다 보면 영어 울렁증부터 겪게 될 수 있다. 그렇다면 언제부터, 어떤 방식으로 영어를 접해야 할까?

초등학생을 위한 영어 공부법: 자연스러운 노출과 체험 중심

초등학교 시기의 영어 학습은 시험 성적이나 문법 문제 풀이보다 자연스럽고 반복적인 노출을 통해 영어에 대한 거부감 없이 친숙해지도록 하는 데 초점을 맞추어야 한다. 이 시기의 영어 공부는 '언어 습득'의 출발점이며, 올바른 습관이 이후 중고등학교 학습의 질을 좌우하게 된다.

1) 문법보다 원서 읽기 : 언어를 '감각'으로 받아들이게 하라

이 시기 아이들은 문법 규칙을 암기하는 것보다, 문장 전체의 의미를 맥락 속에서 파악하는 능력을 기르는 것이 훨씬 중요하다.

따라서 원서 읽기는 매우 효과적인 방법이다. 단, 학생마다 실력 차이가 있으므로 AR 지수나 렉사일(Lexile) 지수를 활용하여 본인 수준에 맞는 도서를 선택하는 것이 중요하다.

원서를 읽을 때 모르는 단어가 나왔다고 해서 그때마다 사전을 찾아보는 습관은 권장하지 않는다. 독서 흐름이 끊기고, 전체적인 문맥을 파악하는 능력이 떨어질 수 있기 때문이다. 오히려 맥락 속에서 단어의 의미를 추측해 보는 경험이 훨씬 더 효과적이다. 모르는 단어가 많아도 전체적인 의미를 따라갈 수 있다면 그 자체로 성공적인 독서 경험이 된다.

2) 어휘 학습은 '예문 중심'으로

원서를 다 읽은 뒤에는 해당 책의 주요 어휘를 원서 문장을 그대로 활용해 복습하는 것이 좋다. 단어만 따로 외우게 되면, 실제 문장에서 그 단어가 쓰일 때 눈에 잘 들어오지 않는 경우가 많기 때문이다. 이미 한 번 접했던 예문으로 다시 학습하면 낯설지 않아 암기에 훨씬 유리하며, 단어의 실제 용법을 정확히 이해할 수 있다.

그래서 단어를 정리할 때는 단어와 뜻만 적는 것보다 예문까지 함께 적는 습관을 들이는 것이 좋다. 예문 중심의 어휘 정리는 읽기·쓰기·어휘 영역을 동시에 자극하고, 실제 상황에서의 사용 가능성까지 높여 준다.

3) 영어 회화 : 원어민과의 대화 경험

여러 지역에서 학생들을 만나 보면, 학군이나 환경에 따라 영어 울렁증을 겪는 고등학생을 종종 볼 수 있다. 공통점은 어릴 때 영어를 '말'로 경험한 적이 없다는 것이다. 초등학생 시기에 원어민과의 대화 경험은 영어에 대한 심리적 장벽을 낮춰 주고, 말하기에 대한 거부감을 줄여 준다.

또한 원어민 선생님과의 수업에서는 단순히 문법 규칙을 설명하는 것이 아니라, 실제 대화에서 그 표현이 어떻게, 왜 쓰이는지를 자연스럽게 배우게 된다. 이는 문법 개념을 보다 유의미하고 체화된 방식으로 익히게 해 주는 효과가 있다.

예를 들어 현재 진행형을 학습할 때, 학생들은 보통 'be + -ing'라는 형태만 암기를 한다. 하지만 원어민 선생님을 통해 배우는 현재 진행형은 조금 다르다.

다음 예문을 살펴보자:
1. He is kind.
2. He is being kind.

1번 문장에서 He는 '항상' 착한 사람이다. 현재 시제는 지금을 나타내는 것이 아니라 '항상', '늘' 그렇다는 의미를 담고 있다. 즉 어제도, 오늘도, 아마 내일도 여전히 이어지는 상태를 말한다. 반면 2번 문장의 He는 '지금 착하게 굴고 있다' 정도로 해석할 수 있다. '지속적이지 않고 일시적인 상태'를 말하는 것으로, 아마 평소에는 착하지 않은(?) 사람인데 특정한 순간에 착한 행동을 하고 있는 모양이다. 우리말로 옮기면 '저 사람 왜 오늘 착하게 굴어?', '왜 착한 척이지?' 정도의 뉘앙스다.

4) 듣기 환경은 꾸준히, 자연스럽게

귀가 트이는 시기는 빠르면 빠를수록 좋다. 인위적인 리스닝 훈련보다 영어 애니메이션, 오디오북, 영어 동요 등의 반복 노출이 훨씬 더 효과적이다. 억지로 듣는 것이 아니라, 즐겁게 듣는 환경을 만들어 주는 것이 중요하다.

5) 실천 중심 활동 : 영어를 '사용'해 보는 경험

초등학생 시기의 영어 학습은 입력(input)뿐만 아니라 출력(output)도 함께 이루어져야 진정한 성장으로 이어질 수 있다. 다음의 활동은 실제로 영어를 활용해 보는 경험을 제공하며, 말하기와 쓰기 능력을 함께 키울 수 있으므로 적극 추천한다.

- 원서 독후 활동

책을 다 읽은 뒤에는 내용을 정리하여 부모님이나 친구에게 이야기해 보는 활동을 해 보자. 영어로 말해 볼 수 있다면 가장 좋고, 한글로 요약해 보는 것도 독해력을 점검하는 데 유익하다. 읽기에서 말하기 또는 쓰기로의 연결은 영어를 한 단계 더 깊이 있게 받아들일 수 있게 한다.

- 자기소개 영상 만들기

자기 이름, 나이, 좋아하는 음식, 취미 등을 영어로 말하는 짧은 영상을 직접 찍어 보는 활동도 매우 효과적이다. 말하는 연습을 하면서 동시에 자신감이 자라나고, 반복 녹화를 통해 발음이나 문장 구조에 대한 피드백을 자연스럽게 받을 수 있다.

- 미니 단어 노트 만들기

원서를 보며 알게 된 단어를 중심으로 하루에 3~5개씩, 예문과 함께 노트에 정리해 보는 습관을 들이면 좋다. 이 활동은 단어, 문장 구조, 쓰기 능력까지 복합적으로 연습할 수 있는 효율적인 방법이다. 단어를 그림이나 색깔과 함께 정리하면 시각적 기억력까지 활용할 수 있어 암기에 도움이 된다.

초등학생의 영어 공부는 '결과'보다 '경험' 중심으로 접근해야 한다. 영어 문법의 규칙이 아닌 영어라는 언어의 느낌과 구조에 익숙해지는 것, 그리고 영어를 읽고 듣고 말하며 '자연스럽게 체득'하는 것이 이 시기의 가장 중요한 목표라고 할 수 있다. 이처럼 원서를 읽고, 원어민과 이야기하고, 의미 있는 예문으로 어휘를 익히는 습관은 평생 영어 실력의 토대가 된다.

이 시기에는 영어를 공부하는 것이 아니라 영어와 친해지는 것이 무엇보다 중요하다.

중학생을 위한 영어 공부법:
체계적 사고와 실전 감각의 시작

중학교 영어 학습은 본격적인 시험 대비 중심의 구조화된 학습이 시작되는 시기다. 초등학교 시기의 친숙함과 감각 중심의 학습이 기초 체력을 길렀다면, 중학교 시기부터는 그 기초를 바탕으로 문법, 어휘, 독해, 쓰기, 말하기를 균형 있게 발전시켜야 한다. 특히 이 시기는 수능과 고등 내신을 대비하기 위한 기반을 다지는 결정적 시기이기도 하다.

1) 시험을 의식한 문법 학습 : 구조적 사고력 기르기

초등 고학년, 빠르면 4학년 후반이나 5학년 시기부터는 시험을 염두에 둔 문법 학습이 병행되어야 한다. 중학교 내신은 단순한 지식보다 적용력과 구문 분석력을 요구하며, 특히 학군지 학교들은 변별을 위해 고난도 어법, 어휘, 서술형 문제를 출제하는 경향이 강하다.

중학교에서 쌓인 문법 지식은 고등 내신과 수능 독해의 바탕이 된다. 실제로 일부 고등학교의 내신 시험 범위는 모의고사 지문 150개 분량에 달하며, 외워야 할 단어도 400개 이상에 이르기도 한다. 심지어 이보다 더한 곳도 있다. 이는 단순한 문제 풀이가 중요한 것이 아니라, 넓은 범위를 빠르게 이해하고 구조적으로 정리하는 능력이 요구된다는 뜻이다. 중학교 때 쌓인 문법 지식은 구문 독해와 연결되고, 구문 독해는 다시 수능 독해로 이어진다. 이는 많은 지문을 빠르게 공부할 수 있는 기초 체력이 되어 주며, 수능뿐 아니라 고등 내신 시험 범위를 충분히 소화할 수 있게 한다.

문법 개념 학습은 시중에 잘 정리된 개념서와 워크북을 병행하여, 이론 → 적용 → 반복의 구조로 학습하는 것이 가장 이상적이다. 단, 특정 파트만 공부하고 문제를 풀 경우 해당 내용에만 익숙해져 이전 단원을 잊어 버리는 문제가 발생할 수 있다. 따라서 3~4단원 이상 진도를 나간 시점부터는 반드시 누적형 문제집이나 종합 문제집을 함께 사용하여 지속적인 복습이 이루어지는 것이 중요하다.

문법은 완벽하게 정복하는 영역이 아니다. 빠른 진도, 꾸준한 반복, 점진적 누적이 핵심이다. 새로운 개념을 빠르게 흡수하고, 과거 개념을 놓치지 않기 위해 진도와 복습이 병행되는 구조를 만들어야 한다.

2) 본격적인 어휘 학습 : 반복, 누적, 체계적 정리

중학교 시기부터는 장기적인 어휘 학습 전략이 필요하다. 어휘는 단기 암기로 끝나지 않기 때문에, 학생들이 지치지 않도록 자기 수준에 맞는 교재를 선정하고, 반복 가능한 학습 루틴을 구축해야 한다.

새로운 단어 학습은 물론, 이전에 외운 단어를 잊지 않도록 하는 '누적 테스트'도 필수적이다. 요즘은 단어 테스트 프로그램이 함께 제공되는 교재도 많으므로, 챕터별 테스트 + 누적 테스트가 함께 이루어질 수 있도록 관리해야 한다. 또한 어휘 학습 시에는 예문을 통해 단어의 쓰임을 익히는 방식으로 공부하는 것이 좋다. 단어 자체보다 문장 속에서 어떻게 쓰이는지 자연스럽게 인식되어야 확실한 습득이 된다.

- 효과적인 어휘 암기법

단어를 외울 때는 눈으로 보고, 손으로 쓰고, 입으로 읽는 모든 감각을 사용하는 것이 가장 효과적이다. 쓰면서 단어를 암기할 때

한 줄로 반복해 쓰는 방법은 집중력이 쉽게 흐트러지기 때문에 추천하지 않는다. 어휘 암기는 지루한 일이기 때문에 두세 번 쓰다 보면 이미 집중력이 사라지고 앞에 있는 단어를 단순히 적기만 하고 있는 경우가 많다.

대신, 종이 위 공간을 다양하게 활용하여 단어와 뜻을 서로 다른 위치에 배치해 보자. 예를 들어 영어 단어는 왼쪽 위, 뜻은 오른쪽 아래에 쓰고 다음 단어는 다른 위치에 배치하여 자기만의 시험지 형식으로 만드는 것이다. 이후 영어 단어 옆에 뜻을 적고, 뜻 옆에 영어를 다시 써 보며 서로 맞춰 보는 테스트 방식으로 반복하면 쓰기와 기억이 동시에 강화되며 암기 효과가 훨씬 높아진다.

- 동의어·반의어·유의어 학습

시험이 어렵게 출제되는 학교의 경우에는 보통 동의어, 반의어, 유의어도 함께 출제된다. 엄청난 양의 어휘를 효과적으로 암기해야 하는 상황이라면 어원을 공부하며 학습하는 것이 가장 효율적이다. 어원별로 어휘를 정리해 놓은 교재도 많으니 교재를 통해 공부하는 것도 좋다. 그러나 책으로 보는 것보다 어원에 대한 강의를 들어보면 체감되는 정도가 다를 것이다. 좋은 어원 강의도 여러 곳에 많이 있으니 학생에게 잘 맞는 강의를 선택하여 하나쯤 꼭 들어보기를 추천한다. 한두 개의 강의를 들은 후에는 혼자 공부해도 충분하다.

3) 독해 학습 : 구조 파악과 핵심 이해력 강화

이 시기부터는 본격적인 독해 실력을 길러야 한다. 특히 주제 파악, 지문 구조 분석, 어휘의 맥락적 의미 파악 등을 중점적으로 훈련하는 것이 중요하다. 초등 시절 원서 독해 경험이 있다면, 이를 기반으로 더 정제된 읽기 연습을 시작할 수 있을 것이다.

독해 실력 강화를 위해서는 주니어 토플이나 중학생 수준의 주제별 독해 교재가 좋은 선택이다. 다양한 소재의 지문을 통해 배경지식을 확장하고, 글의 흐름과 핵심 아이디어를 파악하는 능력을 길러야 한다. 고등학교 모의고사 지문을 사용하는 경우도 있는데 고2, 고3 지문은 이해하기가 어렵고 고1 지문은 너무 짧다. 모의고사 지문을 사용하고자 한다면 주제별 독해 교재와 병행해야 한다.

독해 실력이 뛰어난 학생이라면 성인 토플 리딩 교재 중에서 자신의 수준에 맞는 교재를 선택해 학습하는 것도 효과적이다. 다만 이 경우에는 고2~고3 모의고사 지문과 병행 학습을 해야 한다. 토플 지문은 길지만 논지 전개는 단순한 경우가 많고, 고등 지문은 길이는 짧아도 심도가 높기 때문이다.

중학교 영어는 고등 내신과 수능, 더 나아가 대학 교육까지 이어지는 영어 체계의 핵심 기초를 다지는 시기이기도 하다. 문법은 구조로, 어휘는 체계로, 독해는 논리로 접근해야 한다. 이 시기에 문법과 어휘의 반복 훈련이 정착되고, 독해를 통해 영어 사고력과 배경지식을 동시에 키우면 어떤 시험 유형에도 유연하게 대응할 수 있는 실력을 갖출 수 있다.

영어는 곧 마라톤이다. 이 시기에 단단한 기본기를 쌓는다면, 고등학교와 수능 영어도 훨씬 수월해질 것이다.

고등학생을 위한 영어 공부법: 실전 감각과 분석 능력을 함께 갖추기

고등학교 영어 학습은 단순한 지식 축적을 넘어 정확한 문장 해석력과 정답 도출 근거를 찾는 분석적 사고력을 요구한다. 이 시기의 영어 학습은 남은 내신과 수능이라는 최종 목표를 위해 보다 전략적인 학습이 필요하다. 초·중등 시기를 거쳐 다져 온 기초 체력을 바탕으로, 실전과 응용 중심의 학습으로 전환해야 한다.

1) 문법을 넘어서 어법과 문장 구조까지: 정밀한 해석의 출발점

고등학교에서는 단순히 문법(Grammar)을 암기하는 것을 넘어, 어법(Usage)과 문장구조론(Sentence Structure, Syntax)까지 학습의 범위가 확장된다. 문법이 문장의 규칙을 설명하는 것이라면, 어법은 문법적으로는 맞더라도 그것이 실제 영어 사용에서 자연스러운 표현인지를 판단하는 개념이다. 중학교에서도 어법이 등장하지만, 고등학교에서는 본격적으로 문법과 어법이 정답을 결정짓는 요소로 기능하게 된다.

또한 고등 영어 지문은 문장의 길이가 길고 구문이 복잡한 경우가 많아, 정확한 해석을 위해서는 문장 성분 간의 관계를 파악하는 구문 독해 능력이 필수적이다. 예를 들어 관계절 안에 또 다른 절이 중첩되는 문장이나, 도치·삽입·분사 구문이 혼합된 구조는 표면적인 해석으로는 이해가 어렵다. 이때 문장구조론에 기반한 분석 훈련이 되어 있어야 지문 속에서 정답의 근거를 찾을 수 있다.

고등 내신의 서술형 문항도 마찬가지다. 단순히 내용이 맞다고 정답이 되는 것이 아니라, 정확한 문장 구조 속에서 정답의 방향성과 완전히 일치해야만 정답 처리가 된다. 결국 수능과 내신 모두에서 어법과 문장구조론은 핵심적인 무기라고 할 수 있다.

2) 어휘 학습 : 출처 기반 정리와 영영 풀이로 정확한 뉘앙스 파악

고등학교 어휘 학습은 난이도를 높이되, 중등 시기의 어휘 학습 방식의 반복이 유지되는 것이 가장 중요하다. 추가적으로 고등 단계에서 어휘 학습을 효과적으로 확장하는 방법을 두 가지 정도 살펴보자.

- 첫 번째 방법: 출처 기반 어휘 정리

   학생이 공부하는 교재나 기출 모의고사에서 등장한 어휘 중 암기할 필요가 있는 단어는 따로 정리해야 한다. 이때 반드시 문장 출처를 함께 기록해야 하는데, 출처의 문장 자체가 해당 어휘의 훌륭한 예문이 되기 때문이다.

- 두 번째 방법: 영영풀이 학습

   가능하다면 어휘의 영영풀이를 함께 공부하는 것이 좋다. 영어에서 가장 어려운 두 가지가 바로 문법과 어휘인데, 둘의 공통점은 영어로 되어 있는 것을 우리가 한자로 바꾸어 이해하고 있다는 점이다. 예를 들어 문법 용어인 관계대명사는 우리가 '관계'라는 한자어로 배우고 있지만 실제로는 '연결'의 의미에 가깝다.

   영어 어휘도 마찬가지다. 'Socialize'라는 단어의 경우 우리말로 '사회화하다'라고 외우지만, 영영풀이를 보면 'to spend time with people in a friendly way', 즉 '사람들과 사귀다'에 가깝다.

   'Isolate'도 우리말로는 '고립시키다'라고 외우지만, 영영풀이를 보면 'to separate something or someone from other people or things so that they are alone'라고 하여 무언가나 누군가를 다른 것들로부터 '떼어놓다, 분리하다'라는 의미다. 이를 '고립시키다'라고 기억할 경우에는 분리된 사람의 입장에서 느끼는 외로움이나 단절감에 초점을 맞추게 된다. 하지만 영영풀이를 보면 분리시키는 행위 자체가 포함되어 있는 단어다. 다시 말해, 이 단어는 '고립시키다'라는 번역으로만 이해하면 행위자(주는 사람)와 대상(받는 사람) 간의 의미 차이를 놓치게 된다.

이처럼 어휘가 가진 정확한 의미와 뉘앙스를 이해하면 어휘가 가지고 있는 의미에 한발 더 가깝게 접근할 수 있으며, 지문 해석의 정밀도가 크게 향상된다. 모르는 어휘를 사전에서 찾으면 가장 좋지만, 시간과 노력이 많이 들어갈 수 있으니 영영풀이가 정리된 어휘 교재를 사용해도 좋다.

3) 실전 독해 : 정답의 '근거'를 찾는 훈련

고등 독해는 글 전체의 분위기나 추측으로 문제를 푸는 방식이 아니라, 정답의 근거를 문장 안에서 찾아내는 훈련을 하는 것이 핵심이다. 이를 위해서는 어법·문장 구조·어휘의 정리와 함께, 모의고사 지문을 통해 실전 연습을 반복해야 한다. 고3 모의고사 지문은 난이도와 구문 복잡도 면에서 수준이 높아 가장 좋은 교재이지만 학생의 실력에 따라 고1~고2 모의고사를 사용해도 된다.

모의고사는 유형별로 접근하는 방식이 조금 다르기 때문에 유형별 접근 방식을 학습하는 것이 우선이다. 또한 내용을 전반적으로 이해하고 그것을 기반으로 정답에 접근하기보다는 정확한 정답의 근거를 찾아 이를 기반으로 문제를 풀어야 한다. 이때 앞에서 언급한 어법과 문장 구조 학습 그리고 어휘 학습이 적용된다.

실전 독해에 익숙해지려면 일주일에 최소 1회 이상은 수능과 동일한 시간과 조건으로 모의고사를 풀어 보길 추천한다. 실전 모의고사를 통해서 그동안 공부했던 어휘, 어법, 문장구조론, 유형별 접근 방식, 정답의 근거 찾기 등의 학습을 돌아볼 수 있을 것이다. 모의고사를 감각으로 접근해서는 안 되지만, 모국어가 아닐 뿐 영어도 결국 언어이기 때문에 감각의 중요성도 없지는 않다. 실전 모의고사 연습은 자연스레 영어를 체득하는 감각을 길러 주는 데도 큰 도움이 된다.

4) 수능 영어는 반복이 만든다 : 전략적 루틴의 중요성

내신 영어는 끝없는 암기와 반복 등이 필요하지만, 수능 영어는 전략적인 학습 루틴이 가장 중요하다. 고등학교 고학년이 될수록 시간은 제한되고, 복습 중심의 루틴으로만 점수를 올려야 하므로 기초가 탄탄할수록 반복의 질이 높아질 수 있다.

고등학교 영어는 '배운 만큼 보인다'는 말을 실감하게 만드는 영역이다. 단순한 시험 준비가 아닌, 정답의 근거를 논리적으로 찾아내는 분석 능력과 감각을 동시에 요구하는 복합적 학습이라고 볼 수 있다. 문법, 어법, 문장 구조, 어휘, 독해를 각각 따로 공부하는 것이 아니라, 서로 연결되어 정답을 구성하는 하나의 시스템으로 접근해야 한다.

그래서 고등학교에서의 영어 학습은 양보다 방향, 속도보다 정교함이 중요하다. 꾸준함과 반복, 실전 감각을 통해 부족한 부분을 균형 있게 채워 가는 것이 가장 현명한 전략이라고 할 수 있다.

탐구하는 사고방식을 만드는 과학탐구 공부법

박상현 선생님
고등 수능과 내신을 위해 온라인과 오프라인에서 20년간 학생들과 함께하며 문항 제작 및 집필자로 활동하고 있습니다. 초등학생, 중학생이 고등학교로 올라오기 전에 어떻게 공부해야 제대로 적응하고 성적을 낼 수 있는지를 분석하여, 학생들과 학부모님들께 알리는 것을 목표로 지금도 아이팩토리(https://i-factory.kr)에서 인터넷과 대치동에서 열심히 강의하는 강사입니다.

[약력]
전) 스카이에듀, 이투스 온라인 1타 강사
현) 아이팩토리 과학 강사
현) 대치동 통합과학, 화학 강사
현) 팀유니온 과학프로그램, 학생부 전담 고문
현) 라온 문항 제작 고문

과학은 타고나는 이과적 성향의 영향을 받는다고 생각할 수 있지만, 실제 성적을 가르는 요소는 타고난 두뇌보다 사고하는 습관과 접근 방식이다. 과학을 암기 과목처럼 외운다면 중고등학교 과정에서 반드시 한계에 부딪히게 된다. 일상 속에서 호기심을 갖고, 개념을 탐구하고, 실험까지 연결하여 학습하는 습관을 통해 과학적 사고력을 기르는 것이 중요하다. 이러한 사고 습관을 어릴 때부터 길러 두면, 비록 개념이 더 어려워진다고 한들 수능 과학에 대한 접근 역시 훨씬 수월해진다.

초등학생을 위한 과학 공부법

1) 부모가 건네는 대화가 과학 성적을 결정지을 수도 있다

과학을 배우는 이유가 무엇일까? 궁극적인 이유는 자연 현상을 탐구하고 논리적으로 설명하기 위해서다. 단순한 지식 습득을 넘어 과학적 사고력을 기르고 문제 해결 능력을 키우는 것이 그 본질이라고 할 수 있다. 그렇다면 많은 아이가 과학을 어려워하는 이유는 무엇이며, 또 어떻게 좀 더 쉽게 접근할 수 있을까.

아이들이 과학을 어려워하는 이유는 크게 4가지가 있다.

첫째, 아이의 눈높이가 아니라 어른의 눈높이에서 어려운 용어와 개념을 먼저 접하게 되기 때문이다.

둘째, 원리를 이해하지 못한 채 단순 암기에 의존하고, 그것을 아이가 안다고 생각하고 넘기다 보니 시간이 지날수록 과학을 서서히 싫어하게 된다.

셋째, 호기심이 부족하기 때문이다. 궁금한 것이 없으면 과학에 대한 흥미도 줄어든다.

넷째, 공부라고만 생각하고 접근하다 보니 실생활과 연결된 재미있는 과학적 요소를 전부 놓치게 된다.

과학을 어려워하는 이유를 살펴보면 어떻게 해결해야 할지도 보일 것이다. 아이들이 실생활에서 호기심을 느낄 수 있도록 많은 질문을 던지고, 어려운 용어가 나오면 쉽게 접근할 수 있도록 풀어서 설명하며 과학의 매력을 느낄 수 있게 해 주는 것이 가장 좋은 방법이다.

예를 들어, 운전 중 급정거를 했을 때 몸이 앞으로 쏠리는 현상이나 아이가 어딘가 걸려 넘어졌던 경험을 떠올려보자. 이는 물리학에서 '관성'이라고 하는 현상이다. 외부에서 힘을 가하지 않을 때 현재 상태를 유지하려는 성질로, 뉴턴의 운동 제1법칙에 해당

한다. '관성'이라는 용어 자체는 아이들에게 낯설고 쉽게 이해하기 어렵다. 그러나 일상에서 경험하는 자연스러운 현상에 대해 "왜 이런 현상이 생길까?" 질문하며 대화를 유도한다면 어려운 용어를 사용하지 않고도 자연스럽게 과학적 개념을 이해할 수 있다.

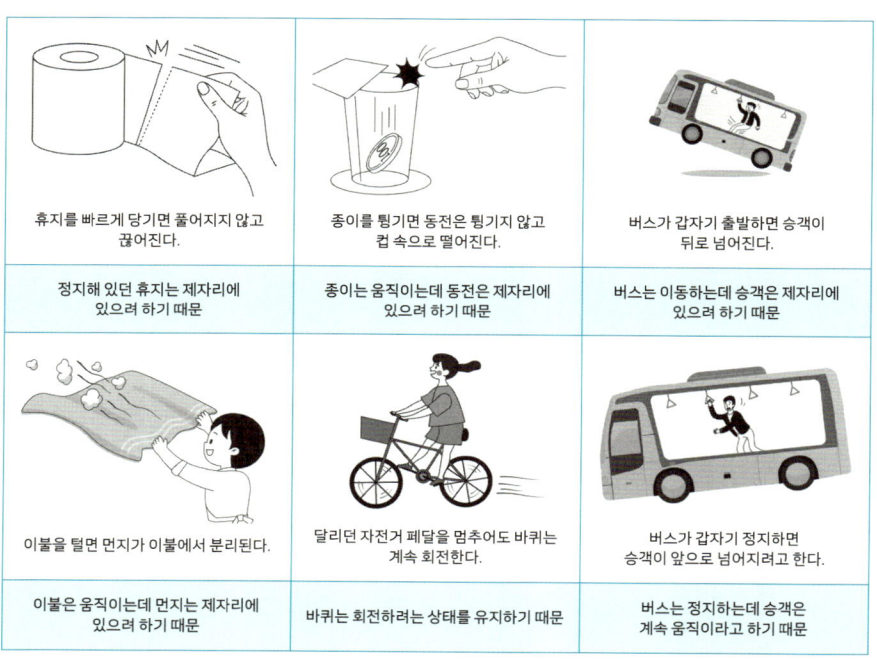

2) 과학 만화책을 많이 읽게 하고, 함께 정리하자

아이들이 흥미롭게 읽을 수 있는 그림책이나 만화 과학책은 직관적인 이해를 돕고 지식을 쌓을 수 있도록 해 주는 아주 유용한 도구다. 이때 중요한 건 부모가 먼저 책을 읽고, 그것을 아이에게 읽게 한 뒤 내용에 대해 함께 이야기를 나누어 보는 것이다. 그리고 함께 내용을 정리하여 과학 노트를 만드는 습관을 들여 보자. 이는 과학적 호기심, 탐구력, 과학적 사고력을 향상시키고 자연스럽게 과학을 즐길 수 있게 되는 가장 좋은 방법이다.

1가지를 더한다면 과학관, 자연사 박물관, 과학 전시회 등에 방문할 때 지금까지 작성한 과학 노트를 들고 가는 것이다. 노트의 내용과 전시를 연결시키는 연습을 하는 건 아이의 통합적 사고력을 키워 주는 데도 매우 큰 도움이 된다.

3) 쉬운 과학일수록 습관이 중요하다

초등학교 때 아이가 과학 학원에서 시험을 대비해 내용을 암기하고 100점을 받아 오면 부모도 뿌듯하고 기분이 좋을 것이다. 그런데 막상 중학교와 고등학교에 올라가면 과학 성적이 기대만큼 나오지 않는 경우가 너무 많다. 이는 처음 과학을 배울 때 올바른 학습 습관을 잡지 못했기 때문이다.

어떤 내용을 '왜 배우는지'는 전혀 모르면서 단순히 암기하고 지식을 축적하는 데만 초점을 맞추면 결과적으로 흥미가 떨어지고 심화 학습도 어려워질 수밖에 없다. 부모가 아이의 교과서를 한번 들여다보면 교과서가 분명한 학습 목표와 흐름을 가지고 구성되어 있다는 사실을 알 수 있다. 이를 토대로 과학 공부의 습관을 만들어야 한다.

구체적으로는 첫째, 각 단원의 학습 목표를 확인하는 습관을 들여야 한다. 교과서에서는 해당 학습 내용의 목적을 밝히기 위해 학습의 목표를 명확하게 제시해 주고 있다.

둘째, 교과서에는 많은 실험 내용이 실려 있다. 이때 실험 절차만 외우는 것이 아니라, 실험의 목적을 정확히 알고 공부해야 한다.

셋째, 그림, 표, 그래프는 개념 이해를 위한 핵심적인 자료다. 내용에만 치중하느라 그냥 넘기는 경우가 많은데, 각각이 의미하는 바가 무엇인지 살펴보고 검색을 통해 다른 자료와도 비교해 보는 습관을 가지는 것이 좋다.

넷째, 학습 내용을 구조화하여 보고서 형태로 노트를 정리하고 기록하면 탐구력을 기르는 데 매우 큰 도움이 된다.

다섯째, 일주일에 한 번 정도는 교과서를 바탕으로 아이가 정리한 보고서 내용에 대해 가족과 함께 토론해 보자. 이를 통해 과학 개념이 더욱 명확해지고, 발표력과 표현력도 함께 기를 수 있다.

중학생을 위한 과학 공부법

1) 개념 이해와 암기가 별개라고 생각하면 과학은 더 멀어진다

보통 과학을 '이해 과목'이라고 하는 분들이 많다. 틀린 말은 아니지만, 문제는 아이들이 이 말을 너무 곧이곧대로 받아들여 '철저히 이해만 하면 된다'고 생각한다는 점이다. 그러나 실제로 이런 방식만으로 성적이 오르는 경우는 거의 없다.

과학이든 수학이든 이해가 필요한 이유는 결국 '오랫동안 기억하기 위해서'다. 개념을 이해해야 암기가 가능하고, 어려운 용어도 쉽게 풀이하여 받아들일 수 있다. 이렇게 이해를 선행한 뒤에는 암기를 위한 시간도 반드시 필요하다. 개념 이해와 암기를 분리해서 생각하지 말고, 하나로 이어진 과정이라고 여겨야 한다.

2) 과학의 기본부터 연계 공부를 시작하자

요즘 과학 공부에서는 물리·화학·생명과학·지구과학을 어떻게 통합하여 사고할 수 있는지가 최대 관심사로 꼽히고 있다. 단원 간, 과목 간의 통합적 사고력을 기르기 위해서는 어떤 노력을 해야 할까? 가장 효과적인 방법은 바로 연계 학습법이다. 중학교 1학년부터 3학년 학생들에게는 특히 적극 추천한다.

중학교 과학은 물리, 화학, 생명과학, 지구과학으로 나뉘어 있고 학년별로 배우는 내용 또한 다르다. 이때 각 학년의 내용을 따로 공부하는 대신, 각 학년에서 배우는 내용을 연계하여 공부하면 과학적 사고력과 통합 능력을 기르는 데 큰 도움이 된다. 예를 들어, 중1에서 배우는 화학 파트를 끝내고 나서 중2의 화학 파트를 공부하고, 다시 중3 화학 파트로 확장해 가면서 전체적인 학습 내용이 어떻게 연결되는지 전체적으로 파악하는 것이다.

중1	중2	중3
열 물질의 상태 변화 기체의 성질	물질의 특성 물질의 구성	화학 반응의 규칙성

(2022개정 중학 교과서 기준)

3) 탐구력 향상은 중학교 시기가 가장 중요하다

학부모들에게 가장 많이 받는 질문 중 하나가 "어떻게 하면 아이의 탐구력이 향상될까요?" 하는 것이다. 탐구력을 너무 거창하게 생각하는 분들이 많은데, 오히려 탐구력은 정말 단순한 지점에서부터 출발한다.

교과서를 들여다보면 많은 실험이 제시되어 있다. 실험을 직접 해 볼 수 있다면 좋겠지만, 여건이 되지 않는다면 영상을 보면서 눈으로 따라가 보고, 그래프나 다이어그램을 활용해 복잡한 개념을 시각화하는 연습을 해 봐야 한다. 이렇게 교과서 실험을 바탕으로 과학 보고서를 작성하며 공부하는 것은 탐구력을 키우는 데 가장 효과적인 방법이다.

> **[보고서 작성 방법 8단계]**
> 1. 실험 동기 작성(왜 이 실험을 하게 되었는가?)
> 2. 실험 목적 작성(무엇을 알고 싶은가?)
> 3. 이론(이 실험에 해당하는 이론은 무엇인가?)
> 4. 실험 준비물
> 5. 실험 방법
> 6. 실험 결과
> 7. 결론
> 8. 느낀점

4) 성적을 결정짓는 건 머리가 아니라 반복이다

최근 상담했던 한 학생은 자신이 머리가 나빠서 과학을 못한다는 이야기를 했다. 왜 그런 생각을 하는지 묻자, 암기한 내용을 일주일이면 다 잊어 버린다는 것이다. 정말 이 학생의 머리가 나쁜 것일까? 결코 그렇지 않다. 일주일이나 기억할 수 있다면 오히려 머리가 좋은 편이다.

그렇다면 과학 성적이 나오지 않는 이유는 무엇일까. 당연히 '반복'을 하지 않기 때문이다. 공부를 할 때 가장 위험한 적이 '나이거 알아'라는 착각이다. 설령 아는 내용이라고 하더라도 최소한 3일에 한 번씩은 반복해서 복습해야 그 내용이 온전히 자기 것이 된다. 생각보다 과학 공부를 꾸준히 하는 학생들이 많지 않다. 수학에 집중하다가 공부 시간이 부족해 과학에 손을 놓게 되고, 그러다 어느 순간 스스로 '나는 과학을 못해'라고 규명해 버리는 것이다. 못하는 것이 아니라 하지 않은 것이다. 이 사실을 꼭 기억해야 한다.

고등학생을 위한 과학 공부법

1) 2022 개정 통합과학 핵심 전체 학습법

수능 예시 문항이 공개되면서 앞으로의 수능과 내신의 방향성이 드러났다고 볼 수 있다. 실제로 각 학교에서도 수능 예시 문항을 변형하여 내신 시험에 출제하기 시작했다. 그렇다면 과학 과목에서는 어떻게 대비하는 것이 가장 효과적일까? 방법을 찾기 전에 먼저 통합과학의 특징을 이해할 필요가 있다.

많은 학부모는 통합과학이 2학년 때 배울 물리·화학·생명과학·지구과학을 한 권으로 통합한 교과서라고 생각하지만, 이는 완전히 다르다. 물론 각 과목의 내용이 포함되어 있기는 하지만 고2 때 배우는 개별 심화 과목과는 완전히 다른 구조이며, 따라서 심화 내용을 배운다고 통합과학을 대비할 수 있는 것은 아니라는 사실을 먼저 인지해야 한다.

통합의 기본은 각 단원을 정확히 이해하고 이를 활용하는 것이다. 기본적으로 범위가 정해진 내신 공부를 철저히 하면서 그 내용을 자신만의 노트로 정리하는 것이 가장 좋은 학습법이다. 공부하면서 이해한 내용을 노트에 기록하면서 각 단원에서 통합이 가능한 부분을 체크하고, 그 후에 과목별 통합까지 확장해 나가는 방법으로 내신과 수능을 제대로 대비할 수 있다.

2) 2022 개정 통합과학 내신 학습법

내신에서는 학교 선생님이 강의하는 자료인 교과서가 가장 핵심이 된다. 따라서 수업 시간에 선생님이 가르쳐 주는 내용을 빠짐없이 필기하는 것이 최우선이라고 할 수 있다. 구체적인 내신 학습법은 다음을 권장한다.

첫째, 교과서를 정독하고 단원별 핵심 용어, 개념 정리를 노트화해야 한다. 통합과학은 교과서 중심의 문제 출제 비중이 매우 높다. 따라서 교과서의 실험, 사진, 삽화, 설명 상자까지 모두 꼼꼼히 체크하는 습관을 가져야 한다. 단원별 핵심 개념은 노트화하여 정리하고 원리→과정→결과로 연결해 나가는 방식을 기본으로 공부한다. 더불어 핵심 용어는 반드시 이해한 뒤 암기해 두어야 한다는 사실을 잊지 말자.

둘째, 학교별 자료를 철저히 분석해야 한다. 내신 시험은 대부분 교과서와 학습 수업 자료(프린트물, 실험지, 학습지)에서 출제된다. 교사가 수업 중에 강조하거나 직접 적어 준 필기 내용(PPT, 판서, 자료 해설 등)은 필수적으로 꼼꼼히 공부하고 복습해야 한다.

셋째, 유형별 문항을 반복해서 풀이해야 한다. 통합과학은 단순 암기보다 개념을 적용해야 하는 문제가 많다. 틀린 문제를 단순히 체크만 하는 방식을 바꿔야 성적이 오른다.

① 각 소단원을 공부하고 나서 문제를 푼 뒤 오답을 체크한다.
② 같은 유형의 문제에서 공통점과 차이점을 구분한다.
③ 새로운 문제에 적용하면서 정확히 알고 있는지를 체크한다.

이와 같은 방식으로 유형별 문항을 반복 학습하고, 특히 그래프 분석, 실험 결과 해석, 자료 분석 문제를 집중적으로 공부해야 한다.

3) 2022 개정 통합과학 수능 학습법

2022 개정 통합과학 수능에서 중요한 포인트는 각 문항이 단순 암기가 아니라 과학적 사고력과 통합적 분석 능력을 요구하고 있다는 점이다. 수능 예비 문항을 분석할 때는 통합형 문제를 체크

하고, 표와 그래프 해석 등 자료 속 의미를 정확하게 파악하는 훈련을 해야 한다. 구체적인 방식은 다음과 같다.

첫째, 수능 예시 문항을 정밀 분석해야 한다. 단독 문항과 통합 문항을 구분하고, 통합되었다면 단원별인지 과목별인지 확인하여 노트에 기록해 둔다. 비슷한 문항이 나올 때마다 기록했던 내용을 다시 들여다보고 체크하는 습관을 갖는 것이 효과적이다. 예를 들어 어떤 비문학 지문은 '물질대사와 세포 내 정보 흐름'의 통합형 문항으로, 그중에서도 단원 간 통합 문항이라고 보면 된다. 효소와 세포 내 정보 흐름이 앞으로 연결될 수 있다는 것을 보여 주는 것이다.

둘째, 자료 해석과 그래프 분석에 충분한 시간을 투자해서 공부해야 한다. 통합과학의 핵심은 데이터와 그래프 문제라고 해도 과언이 아니다. 표나 그래프를 보고 X축·Y축의 의미, 증가·감소, 변화량 등을 잘 체크하는 것은 기본이다. 더불어 X축·Y축에 또 다른 요소가 들어갈 수 있는지도 판단해 보고, 그래프를 표로 바꾸거나 표를 그래프로 바꾸는 연습도 해야 한다.

셋째, 다양한 문항을 풀어봐야 한다. 수능은 내신과 달리 특정 유형을 반복해서 푸는 것이 아니라, 문항을 통해 어떤 사고 과정을 거치는지를 평가한다. 따라서 수능형 문항을 다양하게 접하며 폭넓은 관점과 사고를 키워가는 것이 필수적이다.

4) 2015 개정 과학탐구 수능 학습법

물리는 개념 이해와 계산이 중요한 과목이다. 수학적인 계산 능력과 논리적 사고가 요구되므로 기초 개념을 명확히 이해하는 것이 중요하다. 이를 위해선 단순한 공식 암기보다는 공식을 유도하는 과정과 원리를 이해하는 것이 핵심이다. 유도 과정을 알면 공식을 어떻게 사용할지도 생각할 수 있으니 반드시 유도 과정과 원리를 파악하는 데 시간을 아끼지 말아야 한다. 이 과정을 충분히 거쳤다면 다양한 문제를 풀면서 실전 감각을 키우고, 특히 자주 출제되는 유형의 공통점과 차이점을 분석해 어떻게 적용할지 미리 설계해 두는 것이 고득점의 지름길이다.

화학은 최근 신유형 문항이 나오지 않고 기존 유형의 문제가 주로 출제되고 있다. 정확한 개념을 바탕으로 문제에 접근하되, 화학반응식·양적 관계·중화 반응과 같은 추론형 문항에서는 어떤 변화가 일어나는지 잘 체크해 봐야 한다. 또 화학은 제한 시간의 압박이 심한 과목이므로 2단원과 3단원은 철저히 암기해 두어야 시간 안에 문제를 풀 수 있다.

생명과학은 암기해야 할 양이 어떤 과목보다도 많다. 따라서 암기가 제대로 이루어졌는지 철저히 체크해야 하며, 단순 암기보다는 개념 간의 연결고리를 파악하는 훈련이 중요하다. 생명과학의 주요 개념은 서로 연관되어 있기 때문에 어떤 개념이 어떻게 연결되는지 전체적인 흐름을 이해하고, 연습 문항을 통해 자주 체크해야 한다. 특히 유전 문제는 논리적 사고와 계산이 요구되므로 한 문제를 풀어도 어떤 특징을 가지는지 명확히 알고 넘어가는 것이 유리하다. 문제를 풀고 끝나는 것이 아니라, 자신이 느낀 점이나 문제의 특징을 문제 옆에 메모해 두고 반복해서 복습해야 한다.

지구과학은 자료 해석 능력이 중요한 과목이다. 다양한 지질 현상과 천문 현상에 대한 이론적 배경을 기반으로 제시된 자료를 분석하는 능력이 필수적이다. 자료를 보고 그냥 지나치지 말고, 그림·그래프·도표를 정확하게 해석하는 법을 익혀 두어야 한다. 이를 꾸준히 훈련하면 어떤 그림·그래프·도표가 나와도 빠르게 이해하고 문제를 풀이할 수 있을 것이다.

사고의 깊이에 전략을 더하는 사회탐구 공부법

김슬기 선생님

고려대학교 사범대학에서 지리교육과 역사교육을 복수 전공하였고, 고려대학교 대학원에서 역사교육으로 석사(졸업)와 박사 과정을 수료하였습니다. 대학원 재학 시절 평가원에서 교육 과정 연구에 참여하며 교육 평가 쪽에 관심을 두고 연구하면서 학생 분석을 위해 자사고와 외고에서 근무하였습니다.

현재는 대치와 목동에서 고등학생을 대상으로 내신과 수능 사회탐구를 강의하고 있습니다. 대치와 목동에서 유일하게 사회과와 역사과를 모두 전공한 전문가로서 학생들을 가르치고 있으며, 현재 자이스토리 사회탐구, 대성 모의고사 검토 위원 등을 맡고 있고 전국 최대 사회탐구 강사 커뮤니티를 운영 중입니다.

[약력]
현) 시대인재
현) 메가스터디
현) 대치명인
현) 대성모의고사 출제 및 검토 위원
현) 자이스토리, 골드북스 기출문제 검토 및 집필

수능 사회탐구 영역에서 대다수의 학부모님과 학생들이 범하는 가장 큰 오류는 사회탐구가 '암기' 과목이라는 착각이다. 수학(修學) 능력(能力) 시험은 말 그대로 '수(修, 닦을 수)', '학(學, 배울 학)' 즉, 대학에서 학문을 수양할 수 있는 적합한 능력 여부를 측정하는 시험이다. 따라서 암기보다는 탐구, 추론, 이해, 적용 능력이 오히려 더 중요하다. 교과 내용 특성상 기본 요소에 대해서는 암기가 필수적이지만, 암기만으로는 절대 문제에 접근할 수 없다. 사회탐구는 단순 암기 이상의 복합적인 사고력과 독해력, 추론력 등을 요구하기 때문에, 어릴 때부터 독서, 언어 추론, 한자 학습과 같은 기초 역량을 반드시 함께 키워야 한다.

2022 개정 사회탐구 학습의 기초 역량

　2022 개정 교육 과정과 관련된 예시 문항들이 교과별로 공개되면서, 각 교과별로 입시에서의 학습 방향성이 드러났다. 평가원 주도의 예시 문항이나 기출 문항(6월, 9월, 수능)은 시험의 설계도이면서 동시에 학습의 나침반 역할을 하기 때문이다. 큰 틀에서 2022 개정 통합사회 교육 과정은 2015 개정 교육 과정과 큰 차이점이 없다. 내용 체계, 성취 기준, 단원별 성격에서 기존 교육 과정과의 연속성을 유지하고 있고, 일부 변화된 부분이 있지만 큰 틀에서는 기존 통합사회 교육 과정과 연관성이 높으며 급진적인 변

화를 추구하지는 않았다.

   대다수의 평가원 시험에서 사회탐구가 과학탐구 교과보다 표준점수가 높고 1등급 커트라인의 원점수도 낮게 형성되는 경향이 있다. 이 때문에 사회탐구의 난이도가 쉽다고 오해하기 쉽다. 물론 표준편차가 시험의 난이도를 나타내는 중요 지표 중 하나이기는 하지만 다양한 변수를 배제한 채 이것만으로 쉽다고 단정할 수는 없다. 실제로 사회탐구 시험은 객관식(5지선다형)으로 출제되는데, 정답률 기댓값이 20%인 상황에서 그 10분의 1에 불과한 2.5%(EBS 기준)의 문항이 나타난다는 것은 암기만으로는 문제를 해결할 수 없다는 반증이기도 하다.

   그렇다면 구체적으로 사회탐구에 필요한 기초 역량은 어떻게 키워 나가야 할까?

   첫째, 독서는 사회탐구 학습의 기초 체력이 된다. 통합사회 교과에서는 긴 글과 다양한 자료를 쉽게 접할 수 있다. 학생이 꾸준한 독서를 통해 비판적으로 사고하는 습관을 기른다면, 단순히 교과서의 문장을 암기하는 수준을 넘어 사회 현상을 다층적으로 이해하고 적용할 수 있게 된다. 더불어 시간적 여유가 많은 초, 중학교 시기에 신문 칼럼, 역사서, 사회학적 에세이와 같은 다양한 글 읽기를 연습한다면 지식의 맥락을 풍부하게 확장시킬 뿐만 아니라 최근 확대되는 논술 입시에서도 큰 도움을 받을 수 있을 것이다.

둘째, 언어 추론 능력은 최근 사회탐구 시험 및 통합사회 시험에서 핵심 문제 해결 도구이다. 사회 현상은 복잡한 인과관계와 가치 판단을 포함한다. 이를 이해하기 위해서는 제시문 속 논리를 파악하고, 서로 다른 관점을 비교하며, 문제 상황을 해결하는 능력이 필요하다. 언어 추론 학습을 통해 학생들은 지문에서 함의를 읽어 내고 핵심 논지를 재구성하는 힘을 기른다. 이는 곧 사회탐구나 통합사회에서 요구하는 탐구 질문에 체계적으로 답변할 수 있는 사고의 틀을 제공한다.

마지막으로 한자 학습의 중요성을 간과해서는 안 된다. 한자 학습은 통합사회 교육에서 개념 이해의 심화를 가능하게 하는 필수적 기반이다. 사회 교과서의 핵심 용어들은 대체로 한자어로 구성되어 있으며, 이는 단순한 언어적 기호를 넘어 역사적·사상적 맥락을 함축하고 있다. 예컨대 '전황(錢荒)'이라는 용어는 '돈(錢)'과 '기근(荒)'이라는 한자어를 통해 쉽게 돈이 잘 융통되지 않아서 어떤 문제점들이 발생하는지 확장적 사고를 가능케 한다. 따라서 한자의 어원적 의미를 바탕으로 개념을 이해하는 과정은 학생들로 하여금 사회 현상을 단순히 표면적으로 인식하는 것을 넘어, 그 근본 원리와 철학적 함의를 탐구할 수 있도록 이끈다. 그러므로 한자 학습은 통합사회의 개념적 정확성과 사고의 심층성을 확보하는 데 기여하며, 나아가 학문적 탐구의 깊이를 더하는 중요한 지적 자산이라 할 수 있다.

2022 개정 통합사회 내신 학습법

통합사회가 수능 필수 교과로 개정된 첫해부터 대다수 학교가 출제 기조에 있어서 변화된 모습을 보여 주었다. 내신에서만 강조되던 과목이 수능 필수 과목이 되면서 시험 출제 방향과 교수법이 달라질 거라 예상되었는데 그 변화가 고스란히 나타난 것이다.

원래 고등학교 1학년에서 배우는 통합사회는 선택 과목(기존 고2, 고3 교과)인 동아시아사, 세계사, 한국지리, 세계지리, 윤리와 사상, 생활과 윤리, 사회문화, 정치와 법, 경제 교과에서 핵심적, 개관적 내용을 단원별로 요약한 과목이었다. 그래서 일부 학군지의 예외적인 경우를 제외하고는 실질적으로 전체 사회탐구 과목을 '통합'하여 개관적 학습이 이루어지는 경우가 대다수였다. 그러나 이제 대다수의 학교가 각 단원별 개관적 내용을 토대로 고2, 고3 수준의 심화 학습을 진행하고 있다. 이는 학교에서 내신과 더불어 수능을 위한 준비도 병행한다는 의미이며, 동시에 지엽적인 문제로 등급을 변별하던 기존 방식에서 벗어나 '탐구' 능력 향상에 초점을 맞춘 변화라 할 수 있다.

외부에서 생각하는 것보다 학교 교사들은 생각보다 입시 변화에 훨씬 더 민감하게 반응하고 연구하며 각 학교에 유리한 전략을 빠르게 설계한다. 특히 요즘의 학교 교사들은 IMF를 전후하여 입시 성적에서 사대(교대)가 최상위에 분포할 때 대학에 진학하였고, 나아가 수십, 수백 대 1의 임용 경쟁률을 뚫고 교사가 된 경우가 대다수이다. 교권이 무너진 안타까운 상황은 차치하더라도 교사 개개인의 능력을 기준으로 본다면 분명 어떤 전문가 집단과 비교하더라도 전문성이 떨어지지 않는다. 또한 수능 출제나 EBS 집필, 교과서 집필 등 이전에는 대학교수들 중심이었던 영역이 일선 학교 교사들 주도로 바뀌면서 누구보다 입시 변화에 발 빠르게 대처하며 내신 출제 방향을 조절하고 있다. 따라서 변화된 교육 과정과 흐름에 맞는 내신 준비를 위해서는 다음과 같은 학습이 필수적이다.

첫째, 학교 선생님의 프린트 및 필기, 교과서 학습의 중요성을 인지하고 나아가 단권화를 통한 내신 공부를 해야 한다. 통합사회 교사들은 전공 분야가 다른 경우(지리과, 윤리과, 역사과, 일반사회과)가 많은데 한 명의 교사가 모든 영역을 다루는 경우도 있지만, 전공 선생님이 각자의 전공 과목만 가르치는 경우가 대부분이다. 따라서 교과서에 없는 외부 주제와 심화를 위한 추가 내용 및 설명을 절대 놓치면 안 된다. 내신 출제는 교사 고유의 영역이기 때문에, 수업 시간에 설명한 부분은 교과서에 없더라도 당연히 내신 출제에 포함된다. 따라서 교과서나 자습서, 평가문제집, 학원만 믿고 가장 중요한 학교 수업을 놓친다면 교과서 외부 출제에 대한 흐름을 간과해 절대 고득점으로 갈 수 없다. 그러므로 수업 시간 집중은 필수적이며 수업 필기를 바탕으로 내용을 스스로 정리하면서 수능까지 가져갈 수 있는 단권화가 사회탐구에서는 필수적이다.

둘째, 심화 학습에 익숙해져야 한다. 인터넷 강의의 대중화 이후 학교 교사 및 강사들의 강의력은 상향 평준화 되었다. 그럼에도 학생들이 학원을 수강하는 목적은 학생 수준에서 스스로 구할 수 없는 컨텐츠와 효율적으로 시간을 활용하기 위한 목적이 크다. 따라서 교과서 이외 자료나 단원의 문제는 학생들이 학원을 다니지 않더라도 스스로 고2, 고3 선택 과목의 모든 사회탐구 영역 문제까지 풀이하려는 시도가 필요하다. 앞서 말했던 것처럼 통합사회는 고2, 고3에 나오는 기존 선택 과목(동아시아사, 세계사, 한국지리, 세계지리, 윤리와 사상, 생활과 윤리, 사회문화, 정치와 법, 경제)을 한 권의 책에 통합하였기 때문에 난도를 높이는 방법은 고2, 고3의 내용 요소를 섞는 것이다. 그러므로 고1 교과 및 자료에 국한되지 말아야 한다. 결국 통합사회가 수능까지 이어지기 때문에 내신에서 학년의 경계가 사라졌다고 보아야 한다.

셋째, 중학교와는 다른 탐구형, 추론형, 분석형 문제에 익숙해져야 한다. 중학교에서 고등학교로 넘어오면서 학부모님이 가장 많이 하는 상담은 사회탐구(한국사 포함) 과목의 성적 하락이다. 이는 국어, 영어, 수학, 과학에 비해 사회(및 한국사)를 상대적으로 소홀했기 준비했기 때문이기도 하면서 동시에 '탐구' 영역의 본질을 '암기'라고 착각하는 것에서 시작한다. 중학교 사회과(역사과) 과목은 암기만으로 고득점이 가능하다. 그러나 고등학교 사회'탐구' 과목은 암기가 본질이 아니다. 따라서 요즘은 내신에서도 수많은 자료 이해, 사료 독해, 도표 해석, 그래프 분석 등의 연습도 병행해야 한다. 암기가 필요한 문제도 자료를 토대로 시험이 출제된다는 사실을 잊지 말아야 한다.

넷째, 최소한의 시간 투자가 필수적이다. 시험기간 통합사회(한국사)를 생각보다 벼락치기로 외우려는 학생이 많다. 학교 내신에서 가장 중요한 것은 교과 단위 수이다. 국어, 영어, 수학, 통합사회, 통합과학은 모두 4단위 교과이며, 결국 수시 내신을 활용해 대학 진학을 목표로 한다면 동일한 가중치를 가지고 있다. 게다가 한국사를 포함한다면 통합사회와 한국사는 7단위 교과이기 때문에 국어, 영어, 수학, 통합과학보다 더 큰 단위 수를 가진다. 국어, 영어, 수학의 경우 학생들이 노력한다고 반드시 성적이 향상된다는 보장이 없지만 사회 교과의 경우 상대적으로 쉽게 성적 향상을 노릴 수 있다. 그래서 하위권 학생들은 반드시 승부를 해야 하는 과목이며, 상위권 학생의 경우 벼락치기만 믿고 중학교처럼 막판에 준비하다가 일찍 준비한 중하위권 학생들에게도 충분히 등급이 밀릴 수 있는 과목이다. 고등학교 내신 공부에서 편식은 절대적으로 위험하다. 꾸준히 시간을 가지고 학습하면서 반복해서 3~5회독 하는 시간 확보가 중요하다.

2022 개정 통합사회 수능 공부법

1) 지리(한국지리, 세계지리)
- 통합사회(1권-3단원, 1권-5단원, 2권-4단원, 2권-5단원 등)

지리는 공간 언어를 나타내는 학문이다. 도시, 국가, 대륙이 가진 자연 환경적 특성은 그 지역의 경제 구조, 문화적 성격, 정치적 상황 등의 인문 환경적 특성에 영향을 미친다. 해양 국가인 영국이 18세기 산업혁명을 주도할 수 있었던 배경에는 풍부한 석탄 자원과 해양 국가라는 지리적 용이성이 있었다. 반대로 사하라 이남 아프리카 개발 도상국들은 내륙 깊숙한 지리적 고립과 열대 기후의 제약이 작용했다. 오늘날 국제 사회가 직면한 문제들 역시 대부분 지리적 맥락 속에서 드러난다. 기후 위기와 환경 파괴는 지리학적 분석 없이는 해결책을 찾기 어렵고, 난민 사태나 영토 분쟁 역시 공간적 배경을 고려해야 한다. 예컨대, 중동의 분쟁은 단순한 정치적 대립이 아니라 석유 자원 분포와 전략적 위치라는 지리적 요인과 긴밀히 얽혀 있다.

따라서 지리를 효과적으로 학습하기 위해서는 공간적 사고, 자료 해석, 비판적 분석이라는 학문적 기초를 기르는 것이 필수적이다. 지도는 지리학의 가장 기본적인 도구이며, 동시에 공간적 사고의 출발점이다. 지도를 단순히 위치 확인 수단으로 사용하는 것이 아니라, 지역 간 차이를 비교하며 시간의 흐름 속에서 나타나는 변화를 파악하는 것이 중요하다. 지리학적 사고는 "어디에서 무엇이 일어나는가"를 넘어 "왜 그것이 일어나는가"라는 질문에서 출발해야 하기 때문이다. 특정 지역의 산업 집중은 단순히 자원의 풍부함 때문이 아니라, 교통의 편리성, 인구의 집적, 정책적 요인과 맞물려 있다. 그러므로 지리를 공부할 때에는 자연·사회·경제적 요인을 종합하여 구조적으로 사고하는 훈련이 필요하다.

* 추천 도서: 《총, 균, 쇠(제레드 다이아몬드)》, 《왜 지금 지리학인가(하름 데 블레이)》, 《지리의 힘(팀 마샬)》 등

2) 윤리(생활과 윤리, 윤리와 사상)
- 통합사회(1권-2단원, 1권-3단원, 1권-4단원, 2권-2단원, 2권-4단원 등)

통합사회에서 윤리 파트는 여러 단원에 걸쳐 나타나지만, 비교적 짧은 분량으로 구성되어 있다. 짧은 분량이지만 인권, 정의, 윤리적 쟁점, 환경 문제, 세계 평화와 같은 보편적 주제를 다루면서, 개념을 실제에 적용할 수 있는지를 묻는 것이 특징이다. 따라서 윤리 파트를 준비하는 과정에서는 정확한 개념 이해를 토대로 사례에 적용하고, 유사한 사상가들을 비교 정리할 필요가 있다.

먼저, 개념에 대한 정확한 이해가 필요하다. 차등의 원칙이나 공동체주의, 자유 지상주의, 공리주의, 의무론처럼 통합사회에서 반복적으로 등장하는 핵심 개념은 단순히 용어로만 암기해서는 안 된다. 개념의 정의와 의의를 자신만의 언어로 설명할 수 있을 정도로 정리해야 한다. 유사한 문장을 읽고 이해하고 분석할 수 있어야 결국 변형된 제시문이나 원문의 응용 문제에서 흔들리지 않기 때문이다.

더불어 사례 중심의 학습을 해야 한다. 윤리 파트는 추상적 개념만 묻지 않고, 구체적 상황을 제시한 뒤 해당 상황에 맞는 이론을 찾게 한다. 따라서 다양한 사례를 체계적으로 정리하면서 각 윤리 이론이 해당 사례에 대해 찬성하는지, 반대하는지, 혹은 조건부로 수용하는지를 연결할 수 있는 능력이 필요하다.

마지막으로 공리주의와 칸트, 롤스와 노직, 인간 중심주의와 생명 중심주의처럼 서로 대비되는 사상가와 이론은 반드시 한눈에 들어올 수 있게 도식화해서 정리해야 하며 각각의 대비되는 내용에서도 공통점과 차이점을 명확하게 구분할 수 있어야 한다. 결국, 통합사회 윤리 파트는 단순 암기가 아니라 사례 속 개념을 정확히 읽어 내고, 사상가의 입장을 비교 적용하는 사고 훈련이다.

* 추천 도서: 《정의란 무엇인가(마이클 샌델)》, 《니코마코스 윤리학(아리스토텔레스)》, 《공리주의(존 스튜어트 밀)》 등

3) 일반사회(경제, 사회문화, 정치와 법)
- 통합사회(1권-1단원, 1권-2단원, 1권-4단원, 2권-1단원, 2권-2단원, 2권-3단원, 2권-4단원 등)

일반사회 영역에서는 단편적인 지식 암기를 넘어, 자료 분석 능력을 동시에 연습해야 한다. 정치나 법 단원은 민주주의의 원리와 국가 제도의 운영 원리를 다룬다. 그러므로 기본권의 종류를 구체적 사례와 연결할 수 있어야 한다.

경제 파트는 합리적 선택과 희소성 같은 기본 개념에서 출발해,

시장의 원리와 국가 경제의 흐름을 다룬다. 기회비용이나 합리적 선택은 간단해 보이지만, 시험에서는 교묘한 사례로 제시되므로 개념을 정확히 이해해야 한다.

또한 그래프를 통해 시각적 학습이 필요하다. 가격이 상승할 때 수요·공급 곡선이 어떻게 이동하는지를 그려보며 연습하면 응용 문제에 강해진다. 더 나아가 국민 소득, 물가, 실업, 경기 변동 같은 거시 경제 단원에서는 수치나 도표 자료를 빠르게 해석하는 능력이 필요하다. 따라서 경제 파트는 그래프와 자료 분석을 중심으로 공부하며 이론을 그래프나 수치 자료에 연결하는 연습이 필수적이다.

* 추천 도서: 《통합사회 교과서와 함께 읽기(구정화)》, 《경제심리학(댄 애리얼리)》, 《죽은 경제학자의 살아있는 아이디어(토드 부크홀츠)》, 《법은 얼마나 정의로운가(폴커 키츠)》, 《어떻게 민주주의는 무너지는가(스티븐 레비츠키)》 등

4) 역사(동아시아사, 세계사, 한국사)
- **통합사회**(2권-1단원, 2권-3단원, 2권-4단원 등)

통합사회 위주의 현행 교육 과정으로 변경되면서 역사과(동아시아사, 세계사) 과목이 수능에서 상대적으로 애매한 위치가 되었다.

한국사라는 독립된 과목은 차치하더라도 세계사나 동아시아 영역은 수능에서 그 비중이 압도적으로 축소되었기 때문이다. 학계 입장에서 수능에 포함되는 교과와 그렇지 않은 교과는 위상이 크게 다르다. 그러나 예시 문항들이 공개되면서 평가원은 명확한 메시지를 주었다. 역사과에 대한 문항들을 독립적으로 구성하기도 하며 다른 단원의 배경과 연계하기 위한 의도적인 노력이 보였기 때문이다. 따라서 일부 제한된 소재를 통해 경제, 정치와 법, 지리 영역의 배경으로 활용하는 학습에 대한 대비가 필요하다.

역사 단원은 먼저 큰 흐름을 파악해야 한다. 역사는 단절된 사건들의 나열이 아니라, 원인과 결과로 연결된 흐름이다. 따라서 큰 틀 속에 사건을 배치하고, 정치·경제·사회·문화가 함께 변하는 과정을 살펴야 한다. 그리고 비교를 통해 중요 지역 간 연계성을 확인해야 한다. 비교와 연계는 단순 암기를 넘어, 역사적 맥락을 입체적으로 이해하게 만든다.

마지막으로 사료와 자료 분석 연습이 필요하다. 수능형 문제는 단순 사건 암기보다는 사료, 지도, 통계 자료 등을 제시하고 이를 해석하게 한다. 사건의 흐름과 연결을 이해하는 공부는 학생이 세계 속의 한 구성원으로서 현재를 바라보는 시각을 넓히는 과정이기도 하다. 시험 준비라는 현실적인 목적과 더불어, 역사를 통해 오늘의 사회를 성찰하는 지혜를 얻는 것이 역사과를 학습하는 참된 의미라 할 수 있다.

 * 추천 도서: 《역사란 무엇인가(E.H. 카)》, 《사피엔스(유발 하라리)》, 《역사의 쓸모(최태성)》, 아틀라스 역사 시리즈(《아틀라스 한국사》, 《아틀라스 세계사》, 《아틀라스 중국사》 등) 등

입시 하이패스, 논술 공부법

홍인호 선생님

전) 금정, 센텀 미래탐구 인문 논술 대표 강사
전) 이투스247 서면점 인문 논술 강의
전) 유레카논술 부산입시센터 팀장, 부산지역 다수 학원 논술 출강 및 컨설팅 진행
현) 자인입시논술 대표
현) 포틴파운즈학원 입시연구소장

'대학별 고사'라고 불리는 논술은 1986년에 등장해서 2년 만에 폐지되고, 이후 1994년 대학수능이 도입되면서 1997학년도부터 본격적으로 다시 시작되었다. 이후 다양한 형태로 변화하다가 2018학년도부터 통합교과형 논술 시험으로 일정한 패턴의 논술 고사가 자리 잡으며 현재까지 진행되고 있다. 인문계열은 언어 논술, 상경계열은 언어+수리 논술, 자연계열은 수리 논술과 일부 학교에서 과학 논술을 진행한다. 한편 2022학년도 대입부터 적성 고사가 폐지되면서 적성 고사를 치르는 대학들 중 일부에서는 이를 약술형 논술로 전환했다. 현재 약술형 논술 고사를 치르는 대학은 가천대, 강남대, 국민대, 삼육대, 상명대, 서경대, 수원대 등이다.

논술은 수시 모집에서 학생부 교과, 학생부 종합과 함께 한 축을 담당하고 있으며, 수시에서 유일하게 시험을 통해 학생을 선발하는 전형이다. 선발 비중은 7~8%로 예전에 비해 적은 편이지만, 가장 많은 학생이 지원하는 전형이기도 하다. 적은 선발 인원과 높은 경쟁률로 인해 리스크가 크긴 하지만 논술 시험만 잘 치르면 상향 합격 카드가 되어 주는 유일한 방법이기 때문이다.

논술을 지원하기 전에 알아야 할 것

계열	유형	대학
인문	언어 논술	가톨릭, 서강대, 중앙대, 경희대인문, 동국대, 광운대, 세종대, 아주대, 한양대인문, 홍익대, 부산대 등
	언어 논술+영어 제시문	이화여대인문, 한국외대인문
	언어 논술+자료 활용	건국대, 경북대, 고려대, 단국대, 성균관대(언어형), 숙명여대, 한국외대사회, 인하대 등
	언어+영어+통계(수리)	연세대
	언어+수리	건국대경영, 경희대사회, 숭실대경상, 이화여대경영, 중앙대경영경제, 한양대상경
	수리	성균관대(수리형)
	약술형	가천대, 강남대, 삼육대, 국민대, 서경대, 수원대 등
자연	수리 논술	가천대의예, 건국대, 연세대, 고려대, 경희대, 동국대, 서강대, 성균관대(수리형), 부산대, 숙명여대 등
	수리+과학선택	경희대의약학계, 연세대미래의예
	수리+과학지정	아주대의학
	수리+과학통합	경북대일반
	약술형	가천대, 강남대, 삼육대, 국민대, 서경대, 수원대, 한국외대, 홍익대세종, 한국공학대, 한국기술교대 등
	언어	성균관대(언어형)

논술 지원 전에는 각 대학별 지원하는 학과의 출제 유형을 반드시 검토해야 한다. 인문계열은 대부분 언어 논술과 자료 해석을 중심으로 문제가 출제되고, 일부 대학의 상경계열에서는 수리 논술 출제가 병행되기도 한다. 자연계열에서는 대부분 수리 논술이

출제되고, 일부 대학만 과학 논술을 포함한다. 특히 자연계열은 수학에 대한 범위를 꼭 체크해야 한다. 서울권 주요 대학의 대부분은 수학Ⅰ, 수학Ⅱ, 미적분, 기하, 확률과 통계 수학 교과 전 과목을 반영한다(건국대, 경희대, 고려대, 동국대, 서강대, 서울시립대, 연세대, 이화여대, 중앙대, 한양대, 홍익대). 성균관대의 경우는 2026학년도 입시부터 언어형과 수리형을 나누어 선발하기 때문에, 언어형으로도 자연계열 시험을 볼 수 있고 수리형으로도 인문계열 시험을 볼 수 있다는 점을 고려해야 한다.

그렇다면 보편적으로 어떤 학생들이 논술 전형을 준비해야 할까. 논술은 꼭 논술 실력이 출중한 학생들이 지원하는 것이 아니다. 현실적인 전략으로 보자면, 다른 전형에 대한 준비가 철저히 이루어지지 못한 학생들의 마지막 선택지가 바로 논술이다.

내신 9등급 기준으로 3등급 이하부터는 교과 전형과 종합 전형에서 주요 대학에 합격하기는 쉽지 않다. 2학년 1학기 성적까지를 기준으로 3등급 아래부터는 논술 전형을 주된 선택지로 고려해 봐야 한다. 단, 여기에도 조건이 있다. 수능의 안정성이다. 수능 최저 기준을 충족하지 못하면 어차피 논술 자격이 주어지지 않기 때문에 논술 준비가 시간 낭비에 불과할 수도 있다. 다만 내신에서 점수가 부족하다고 해서 논술 자체를 지레 포기할 필요는 없다. 최근에는 논술 100%로 선발하는 대학도 늘고 있고(건국대, 경희대, 고려대, 연세대, 서강대, 이화여대, 한국외대 등), 내신이 포함되더라도 논술 점수에 큰 영향을 줄 정도의 비중은 아닌 경우가 많기 때문이다.

논술을 고려한다면 우선 인문계열에서는 지문 독해 능력이 뛰어난 학생들이 유리하다. 사회 과목 배경지식이 있으면 더욱 도움이 되겠지만, 실제로 시험에서 배경지식을 제대로 활용하는 경우는 드물다. 언어 논술에서는 배경지식이 부족하더라도 독해력을 바탕으로 지문 속 조건을 정확히 파악하고 이를 바탕으로 답안을 작성할 수 있어야 한다. 상경계열에서는 언어 논술보다 수리 논술의 영향력이 더 크다. 인문계열 학생들은 상대적으로 수학이 부족한 경우가 많다 보니, 모의고사에서 수학 2등급 수준이라면 충분히 논술로 상경계열에 지원해 볼만하다. 자연계열 학생은 물론 수학 역량이 최우선이다. 문제를 감으로 푸는 것이 아니라 증명까지 할 수 있는 수준이라면 더 유리할 수밖에 없다.

이렇게 각 계열별로 필요한 역량을 갖추고 있다면 가장 좋지만, 평소 훈련을 통해 충분히 키울 수 있는 능력이기 때문에 미리 포기할 필요는 없다. 다만 인문계열은 좀 더 빠른 준비가 필요한 것이 사실이다. 수리 논술 영역은 다소 늦게 준비해도 수학적 역량만으로 크게 뒤처지지 않고 성과를 낼 수 있지만, 인문계열은 평소 글쓰기 연습이 되어 있지 않으면 어느 정도의 수준에 도달하는 데 시간이 걸릴 수 있다.

언어 논술을 잘하기 위한 단계별 학습

입시에서 언어 논술은 의사소통 능력을 평가하는 시험이다. "이름이 뭐니?"라는 질문을 던졌는데 자신의 성격에 대해 답변하면 의사소통이 되지 않을 것이다. 이렇게 답하면 논술에서는 0점이다. 논술은 제시문을 보고 요구사항을 정확히 파악하여 추론하고 표현해야 한다. 제일 먼저 사실적 분석을 통해 의미를 파악하고 논제를 해결하는 방향으로 전개해 보자. 어릴 때부터 이러한 능력을 키워 간다면 논술도 쉬운 길이 될 수 있다.

1) 초등학교 준비 과정

초등학교 시기는 습관이 중요하다. 중고등학교의 학습 습관이 어쩌면 초등학교에서 결정될 수 있다. 논술을 잘하는 것도 결국은 습관이 결정한다. 읽고 쓰기에 흥미를 가질 수 있도록 하고, 글을 어떻게 읽으며 또 어떻게 표현해야 하는지를 이때 배워 나가야 한다. 이를 위한 구체적인 방법을 제시해 본다.

- 어휘를 찾고 활용해야 한다. 영어 단어는 꾸준히 외우면서 우리 말의 어휘는 몰라도 그냥 넘어가는 경우가 많다. 장기적으로 문해력을 기르기 위해서는 다양한 어휘를 기억하고, 적재적소에 활용하는 연습이 필요하다.

- 책을 읽고 나면 느낀 점을 표현할 수 있어야 한다. 요즘은 아이들이 워낙

책을 읽지 않으니 부모도 읽는 행위 자체만 보고 만족하는 경우가 많다. 그런데 책을 읽고 소화하여 표현하는 연습을 하지 않으면 대충 읽는 습관이 잡히며 오히려 독해력에 마이너스가 될 수도 있다. 함께 대화를 나누면서 어떤 식으로든 표현하도록 미션을 주어야 한다.

- 아이의 글을 어른의 눈으로 고치려 할 필요 없다. 글을 쓰는 건 어른에게도 다소 부담스러운 일이다. 아이들이 글쓰기를 즐겁게 받아들이도록 하는 게 우선이다. 문법적으로 어긋난다고 해서 일일이 고치려고 하거나 표현에 제한을 주면 아이들은 상처를 받고, 글에서 더 멀어질 수 있다. 왜 그렇게 썼는지 물어보며 의견을 나누고, 학년이 올라가면서 표현력이 풍부해지면 자연스럽게 글의 퀄리티는 좋아지게 된다.

2) 중학교 준비 과정

중학교 때부터는 이제 문장을 소화할 수 있는 시기다. 조금 더 넓게 읽고, 비판적 읽기도 시작해 봐야 한다. 그리고 무작정 글을 쓰는 것이 아니라 주제를 두고 글쓰기 연습을 하는 것이 좋다. 생각의 깊이를 만들고 사고의 수준을 확장하며 배경지식을 쌓는 데 중점을 두자.

사실적 분석을 넘어 의미까지 분석해 봐야 한다. 책이나 지문을 읽으면서 내용의 본질 파악은 기본이고, 그 내용이 담고 있는 의미를 찾는 연습을 해야 한다. 이를 위해서는 주제와 주제를 뒷받침하는 근거를 의식적으로 찾아보는 것이 좋다.

독서록을 만들고 기록해 보자. 내용 파악, 생각 나누기, 책을 읽고 난 뒤 들었던 궁금증 등 자신만의 독서록을 만들어 내용을 차곡차곡 쌓아 보는 것이다. 기록은 자신을 성장시킬 수 있는 가장 쉽고 좋은 방법이다. 시험 기간 외에는 일주일에 한두 권씩은 꾸준히 읽고 기록하는 것을 권한다.

국어 비문학을 공부할 때는 문장 구조를 이해하는 연습을 해야 한다. 단순하게 읽고 문제를 풀기만 하는 것이 아니라, 문장을 쪼개어 보고 연결 구조를 파악하면서 지문 독해 능력을 향상시키는 것이 중요하다.

3) 고등학교 준비 과정

논술 전형을 확정하는 시기이다. 만약 논술 시험을 쳐야 한다면 빠른 결정과 대비가 필요하다. 언어 논술은 크게 요약, 비교, 분류, 적용, 평가, 문제 해결, 자기 견해 그리고 자료 해석 유형이 전부이다. 꾸준히 연습하여 어떤 지문이 나오더라도 문제를 해결할 수 있도록 해야 한다. 제일 중요한 건 충분한 대비를 통해 실전 시험에서 아는 걸 100% 표현하는 것이다.

개요 짜기 연습은 필수! 개요 짜기만 보고 글 쓰는 연습이 필요하다. 머릿속에 있는 내용을 한 번에 바로 표현할 수 있는 사람은 없다. 계획을 세우고, 구조를 짜고, 검토한 뒤에 써야 실수 없이 완성할 수 있다. 이를 위해 개요 짜는 연습, 개요를 보고 글을 쓰는 연습을 충분히 하며 실전 감각을 키워야 한다.

자기 표현을 연습해야 한다. 언어 논술에서는 지문에 있는 글을 배껴 쓸 수 없다. 핵심 키워드를 중심으로 자신만의 문장을 만들어야 하기 때문에 키워드를 찾는 연습, 그리고 그 키워드로 중심 문장과 근거 문장을 쓰는 연습을 꾸준히 하는 것이 중요하다.

지원 대학이 정해졌다면 해당 대학 유형의 논술을 집중 연습해야 한다. 대학별 논술 가이드북을 참고하면 각 대학에서 중점으로 보는 부분을 파악할 수 있다. 학교마다 묵시적으로 요구하는 사항이나 중요하게 보는 기준이 있기 때문에 이를 이해하고 적응하는 것이 높은 점수를 받을 수 있는 핵심이다.

자기 글을 스스로 객관적으로 보기 어렵기 때문에 끊임없이 객관적인 첨삭을 받을 필요가 있다. 이를 통해 부족한 부분을 채워 나가고, 리라이팅을 통해 업그레이드하여 다시 써 보는 것도 좋은 연습이 된다.

수리 논술을 잘하기 위한 단계별 학습

수리 논술은 단순히 어려운 문제를 푸는 능력을 평가하는 시험이 아니다. 수학적 지식을 바탕으로 주어진 문제를 논리적이고 체계적으로 해결하고, 그 과정을 명확하게 서술하는 능력을 평가하는 시험이다. 즉, 논리적 사고력과 문제 해결 과정을 글로 표현하는 능력을 모두 갖추어야 한다.

1) 초등학교 준비 과정

이 시기의 주안점은 수학에 대한 흥미와 호기심을 키우고, 논리적 사고의 바탕이 되는 개념의 본질을 이해하는 것이다. 딱딱한 연산과 문제 풀이보다는 수학을 즐겁게 경험하고 '왜?'라는 질문을 던지는 습관을 들이는 것이 중요하다.

시험을 보고 답을 찾는 연습보다는 수학에 대한 흥미를 느낄 수 있도록 학습해야 한다. 수학을 즐겁게 여기는 태도는 훗날 난관에 부딪혔을 때 포기하지 않고 끈기 있게 도전하는 힘이 된다. 이를테면 수학 퍼즐과 수학 교구를 활용해 본다. 놀이를 통해 자연스럽게 수 개념, 도형의 성질, 공간 지각력 등을 익히면 나중에 복잡한 문제를 직관적으로 이해하는 데 도움이 된다. 또 수학 동화나 수학자들의 이야기를 도서로 접하면서 긍정적 이미지를 형성하고, 수학적 개념을 배경지식으로 쌓는 것도 좋다.

정답에 연연하기보다 '왜?'라는 질문을 던져야 한다. 이 시기에 정답을 맞히는 것보다 중요한 것은 풀이 과정을 고민하고 설명하는 과정에서 비판적 사고력과 논리력을 기르는 것이다. 이는 수리논술의 핵심 역량과 직결된다. 또한 정해진 풀이법만 암기하여 반복적으로 문제 푸는 것에만 집중하면 스스로 사고하는 힘을 잃게 된다. 단순 문제 풀이만 반복하는 학습법은 경계해야 한다.

선행을 한다면 중등 내용이면 충분하다. 초등 단계에서 고등 수학까지 무리하게 선행하면 개념을 깊이 있게 이해하지 못하고 표면적으로만 학습하기 쉽다. 이 시기의 선행에서는 중등 심화 과정을 깊이 있게 학습하는 것이 훨씬 중요하다. 중학교 과정의 개념들은 고등 수학의 기초가 되며, 기초가 탄탄해야 흔들리지 않는다.

교과서에 명시된 정의를 정확히 학습해야 한다. 수학은 정의의 학문이다. 정의에 대한 정확한 이해가 있어야만 문제를 잘못 해석하는 오류를 피할 수 있다.

2) 중학교 준비 과정

중학교 시기는 수학적 논리력과 증명 능력을 기르고, 개념들을 유기적으로 연결하는 훈련을 하는 것이 중요하다. 초등학교에서 쌓은 개념적 이해를 바탕으로 논리적 사고의 틀을 완성해야 한다.

초등학교 시기에 정의에 민감하게 반응했다면 중등에서는 증명에 민감해야 한다. 모든 수학적 사실을 스스로 증명해 보고자 하는 마음가짐이 중요하다. 증명을 통해 논리적 구조를 학습할 수 있으며, 이는 복잡한 문제의 해결 과정을 구성하는 기초가 된다.

나만의 노트를 만들어 보는 것을 추천한다. 수리 논술은 수려한 글을 요구하는 것이 아니라 완벽한 논리적 구조를 요구한다. 개념, 정리, 증명 과정을 자신만의 언어로 정리하면 논리적 비약을 줄이고 풀이 과정을 체계적으로 구성하는 능력이 향상된다.

반드시 심화 학습을 시작하자. 초등 과정에서 하지 못했다면 중등 과정에서는 꼭 심화 공부를 해야 한다. 심화 문제는 기본 개념을 복합적으로 활용하는 훈련을 통해 문제 해결 능력을 향상시킨다. 단순히 어려운 문제를 많이 푸는 것이 아니라, 하나의 개념을 다양한 관점에서 깊이 있게 들여다보는 것이 핵심이다. 공식과 풀이법을 무작정 암기하는 식의 학습은 오히려 응용 문제에 취약해질 수 있다.

중학교 시기의 선행 학습은 현 교육 과정으로 미적분Ⅰ까지면 족하다. 미적분은 고등 수학의 꽃이자 수리 논술에서 가장 중요한 부분이다. 중학교 시기에 미적분Ⅰ까지의 내용을 선행하며 기본적인 개념과 계산 능력을 익히는 것은 도움이 되지만, 그 이상은 무리할 필요가 없다. 중요한 것은 선행의 깊이다.

틀린 문제는 반드시 오답을 분석하고 넘어가자. 이 과정을 거치지 않으면 논리적 약점을 보완할 기회를 놓치게 된다.

3) 고등학교 준비 과정

이 시기는 수리 논술을 위한 최종적인 실전 능력을 완성하는 단계이다. 실전 연습을 통해 논리적인 풀이 과정을 정교하게 다듬고, 고등 수학 개념을 유기적으로 연결하여 실제 논술 시험에 대비해야 한다.

실전 연습을 통한 반복 훈련이 필요하다. 실전과 같은 환경에서 반복적으로 문제를 풀면서 시간 배분 능력을 키우고, 압박감 속에서도 논리적인 사고를 유지하는 훈련을 할 수 있다. 이때 단순히 문제만 많이 풀기보다는, 풀이 과정의 질을 높이고 오답을 분석하는 시간도 충분히 가져야 한다. 또한 자신의 논리적 오류를 스스로 발견하기는 어려우므로, 가능한 한 전문가의 첨삭을 통해 객관적인 피드백을 받는 것이 실력 향상에 큰 도움이 된다.

모든 교과의 수학 개념들의 연결고리와 선후관계를 완벽하게 정리해야 한다. 심화 문항을 통해 개념들의 융합과 연결을 연습하는 것이 좋다. 고등 내용은 단원별로 분리된 것이 아니라 유기적으로 연결되어 있고, 논술 문제는 여러 단원의 개념을 동시에 요구하는 경우가 많다. 주의해야 하는 건 고등 내용을 벗어나는 풀이 과정이 포함되어서는 안 된다는 점이다. 대학 논술은 교과 과정을 토대로 출제되므로, 교육 과정 외의 풀이 방법을 사용하면 감점 요인이 될 수 있다.

특히 이 시기는 제한된 시간 안에 논리적인 서술을 연습하는 시기이다. 수리 논술은 정답뿐만 아니라 풀이 과정의 논리성과 명확성이 중요하다.

대학마다 출제 경향이 다르니 목표 대학의 기출 문항을 공부해야 한다. 목표 대학의 기출문제를 분석하여 어떤 개념이 주로 출제되는지, 문제의 난이도와 유형은 어떤지 파악하는 것이 중요하다.

3장

입시는
부모와 아이의
2인 3각 경기

재수의 성공과 실패를 판가름하는 것

대학에 합격했지만 성적에 미련이 남고 결과에 만족하지 못한 학생들의 다음 선택지는 다름 아닌 재수다. 1년을 더 보태서 다음 계단을 밟는 데 드는 시간과 노력을 고려한다면 단순히 현역 때보다 성적이 소폭 오르는 정도를 재수의 성공이라고 보기 어렵다. 한 단계가 아니라 최소한 두세 단계는 상승해야 재수의 의미가 있다고 할 수 있다.

그래서 재수는 현역과는 마음가짐부터 그 결이 다르다. 재수의 기본은 '간절함'이다. 딱 잘라 말해서 궁지에 몰린 아이만 살아남는 전쟁터라고 보면 된다. 실제로 상담했던 케이스 중 대학에 들어가 군대 가기 전에 반수를 준비하던 남학생이 있었는데, 그사이에 여자친구를 사귀었다. 목표는 반수 준비를 하면서 연애도 하며 두 마리 토끼를 다 잡는 것이었는데, 시간이 지나면서 결국 의욕이 떨어지고 최종적으로는 반수를 포기하게 됐다. 지금도 이미 나름대로 좋은 학교를 다니고 있는데다가 연애에도 마음을 뺏기다 보니 그 이상의 목표를 추구할 만한 절실함이 줄어든 것이다.

연애뿐 아니라 어떤 이유로든 누울 자리가 있으면 열의가 떨어지기 마련이고, 미친 듯한 간절함이 부족하면 재수는 절대적으로 성공하기 어렵다. 정말 재도전할 거라면 반수보다 오히려 재수를 추천하는 것도 그런 이유다.

그래서 재수를 결정할 때 가장 중요한 요인은 다름 아닌 아이 스스로의 의지다. 보통 수능이 끝나고 정시 상담을 할 때는 반드시 재수를 고려해서 지원서를 쓰게 한다. 이때 재수에 대한 의지가 전혀 없다면 다소 성에 차지 않더라도 하향 지원을 꼭 포함해야 한다. 그런데 부모가 이에 만족하지 못해서 상담 도중에도 학부모와 아이가 충돌하는 경우가 있다. 아이가 원하는 꿈이 있어서 강력한 의지를 가지고 재수를 결정하는 것은 괜찮지만, 그게 아니라면 재수는 성공하기 어렵다. 부모 입장에서 자신의 성취욕이나 허영심을 위한 선택은 아닌지 점검하고 아이의 의지에 따라 한 발 물러설 필요가 있다.

일단 재수를 선택했다면 기숙학원이든 종일반이든 흔들림 없이 몰입하는 것이 가장 중요하다. 실제로 재종반 아이들과 상담해 보면 초반의 각오는 대부분 뜨겁다. 반드시 원하는 대학에 가겠다는 독기를 품고 공부를 시작하지만, 조금씩 학원 분위기에 적응하고 사설 모의고사 성적도 오르다 보면 긴장감이 풀리면서 집중도가 하락하는 경우가 많다.

그나마 종일반이나 기숙학원에서 외부의 관리를 받으면 리스크가 덜한 편이다. 독학이나 반수를 선택하여 주도적으로 공부 계획을 세우고 인강을 보면서 준비하는 학생들은 초반과 달리 마음가짐이 쉽게 흐트러지곤 한다. 처음에는 능동적으로 임하지만, 점차 일요일은 쉰다든가 밤 10시 이후에는 휴대폰 게임을 하는 등 자신과의 타협을 하게 되는 것이다.

실제로 <티처스 시즌2> 방송에서 독학 재수하는 학생이 학원 공부 외 시간이나 자투리 시간은 충전한다는 명분으로 긴장이 너무 풀린다는 고민을 의뢰하여 상담을 진행하기도 했다. 그때도 강조했지만, 단순히 재수를 한다고 해서 성공할 것이라는 막연한 기대는 버려야 한다.

재수 성공의 열쇠는 결국 수능 당일까지 초심을 유지하는 데 있다. 고3 때의 아쉬운 결과를 매번 회상하고 다짐하면서, 이때만큼은 인간이 아니라 로봇처럼 정해진 공부 루틴을 따라가야 한다. 단 하루도 예외 없이 몸과 마음을 굳건한 의지로 유지해 가는 것이 재수의 필승 카드라고 단언할 수 있다.

중학교 전교 1등이
고등학교에서 무너지는 이유

　중학교 때 전교 1등을 놓치지 않고 장학금까지 받으며 고등학교에 입학했는데, 막상 고등학교에서는 성적이 떨어지며 무너지는 아이들이 반드시 있다. 중학교는 절대 평가 체제지만 고등학교부터는 상대 평가로 바뀌면서 점수가 높아도 상위 비율 내에 들지 못하면 등급이 떨어진다. 역량도 중요하지만 고등학교에서 성적을 유지하기 위해서는 객관적인 상황 판단을 바탕으로 하는 날카로운 전략도 필요하다. 과목의 유불리만 신경 쓸 것이 아니라, 공부에 임하는 정서와 태도까지 잡아야 한다.

각 학교의 내신 스타일 파악

중학교 때 역량이 높은 학생이 고등학교에 가서 성적이 떨어졌을 때 가장 많이 하는 말이 "선생님에게 배신당했다"는 것이다. 예상치 못한 유형으로 문제가 출제되거나, 예상한 범위가 아닌 부교재나 프린트에서 문제가 나왔다는 식이다. 이는 그 학교 내신 출제 스타일을 미처 파악하지 못했기 때문이다. 학교마다 내신 출제 스타일이 다르기 때문에 각 학교별 내신 출제 방식에 맞춘 대비 전략은 필수적이다. 해당 학교의 내신 스타일을 가장 잘 아는 건 지역 학원이다. 수능은 역량으로 풀이할 수 있지만 내신은 선생님과의 창과 방패라고 할 수 있기 때문에 노하우가 쌓인 지역 학원이나 선배 학부모에게 정보를 얻는 것이 큰 도움이 된다. 다만 학원에서 다루는 자료는 어디까지나 전년도 기출이기 때문에 바뀔 가능성은 얼마든지 있다. 이러한 리스크를 감안하며 대비해야 한다.

공부 DNA를 키우는 태도

학부모 상담을 해 보면 중학교 전교 1등은 노력으로 되지만 고등학교 전교 1등은 재능의 영역이 관여한다는 말씀을 하는 분들이 많다. 실제로 성격이나 성향의 영향을 받는 것은 중학생까지다. 어느 정도 침착성과 같은 성향도 필요한 건 맞지만, 공부 머리가 있는데도 성적이 떨어지는 원인을 살펴보면 확실히 공부에 대한 감각의 영향도 있다. 똑같은 콘텐츠가 있어도 이를 전달하는 강사의 강연 스타일이 각기 다른 것처럼, 중학교 때까지 선행 학습한 내용을 실제로 고등학교에 와서 접목하고 새로운 알고리즘에 적용하는 재능은 별개의 역량이다. 고등학교에 와서도 무너지지 않고 1등을 유지하는 케이스는 노력파일 뿐 아니라 감각적으로 공부 DNA를 키워 온 아이들이다.

사실 냉정하게 말해서 공부 DNA는 어느 정도 타고나는 것이다. 이걸 후천적으로 업그레이드하기 위해서는 교사의 스타일과 요구에 맞추는 유연한 학습법이 필요하다. 원래 해 오던 '정사각형 스타일'의 공부법이 있는데 교사가 '정사각형 스타일'의 공부법을 필요로 했을 때 기존의 스타일을 고집하는 아이들이 있다. 물론 자기만의 스타일과 고집이 있다는 게 나쁜 건 절대 아니지만, 자신이 정답이라고 여기는 하나의 공부법을 고수하는 것이 아니라 이를 새로운 내신 환경에 맞추어 최적화할 줄도 알아야 한다. 새로운 공부법을 유연하게 만들어 가는 아이들이 비교적 쉽게 점수를 회복한다.

특히 중학교 때 상위권을 유지하던 학생들이 자신이 장학금까지 받은 실력이라는 자만심 때문에 자신이 해 오던 방식만을 고수하는 경우가 있다. 무엇보다 자만하면 원초적인 실수를 하게 된다는 사실도 기억할 필요가 있다.

수행 평가 관리

지필은 만점이지만 수행 평가는 챙기지 못하는 안일한 태도는 곧바로 내신 하락으로 이어진다. 중학교 때까지는 수행 평가 리스크가 덜하고 지필의 비중이 높지만, 고등학교부터는 수행 평가의 배점이 높은데다가 학생부를 챙기려면 필수적이다. 보편적으로 지필은 60% 수행 평가가 40% 반영되는데, 학군지의 경우에는 수행 평가 수준이 워낙 상향되어 있어 그리 변별력이 없다. 대신에 학생부에 적힌 활동 내용 자체가 정성 평가 요인이 된다. 그래서 특히 수시를 노린다면 수행 평가를 절대 소홀히 여겨서는 안 된다. 더군다나 2028 고1부터는 수행 평가 반영율이 60%로 늘어난다. 지필 성적이 좋아도 수행 평가 관리가 반드시 따라 줘야 리스크를 줄일 수 있다는 뜻이다. 수행 평가는 학교마다, 교사마다 온도 차이가 있다. 어떤 학교에서는 독후감만 내도 높은 점수를 받지만 어떤 학교에서는 주제 탐구와 보고서를 꼼꼼히 진행해야 점수를 받는다. 대학에서는 결국 최종적인 기록만 보기 때문에 주어진 평가에 최선을 다해야 한다.

부모는 보이지 않는 조력자가 되어야 한다

입시는 정보의 싸움

자녀의 입시를 앞둔 부모라면 막연히 조급한 마음이 생기기 마련이다. 하지만 그 마음이 곧바로 아이를 향한 닦달로 이어질 뿐이라면 관계가 틀어지고 오히려 아이의 성장에 방해가 될 수도 있다. 부모는 아이보다 앞서 나가지도, 너무 뒤처지지도 않는 위치에서 보이지 않는 조력자가 되어야 한다. 아이가 스스로 목표를 향해 몰두할 수 있도록 도우면서도 부모의 정보력이 뒷받침되는 것이 가장 좋다. 특히 자녀의 초중고 입시 시기에는 무엇보다 학부모의 정보전이 중요하다.

학부모를 대상으로 홍보하는 설명회에 막연하게 참여했다가 단순히 학원 홍보를 위한 카달로그만 받고 나오는 경우도 많다. 그보다는 최근 입시 트렌드를 볼 수 있는 고입 자료집, 대입 자료집을 배부해 주는 설명회를 통해 정보와 자료를 챙기는 것이 현실적으로 훨씬 도움이 된다. 입시 상담을 통해 아이의 현 위치를 파악하고 전반적인 로드맵을 그려 보는 것도 좋다. 꼭 유료 상담이 아니더라도 설명회가 끝난 후 강연자와 상담 기회를 얻거나, 교육청이나 공교육에서 주관하는 1:1 상담 프로그램을 통해 조언을 얻을 수 있다. 상담할 때는 내 아이에게 맞춰 꼭 필요한 정보를 얻는 것이 중요하다.

입시 설명회는 직장인 부모를 위해 주말이나 평일 저녁, 공휴일에 진행하기도 한다. 가능한 시간대가 있는지 확인하고, 현장에 참여가 어렵다면 유튜브 등 영상 다시 보기를 이용해도 된다. 지방에 계신 직장인 학부모의 경우 거리나 시간 문제로 직접 상담이 어렵다면 화상을 통해 상담을 신청하는 것도 대안이다.

실제로 중학교 때까지 상위권을 유지하며 흔들리지 않던 아이가 고등학교에서 기대에 미치지 못하는 결과를 내는 데는 해당 학교에 대한 정보의 부족이 원인인 경우도 있다. 학교마다 내신 시험의 유형과 스타일이 다른데, 혼자만의 공부를 해 오던 아이가 그 분위기나 맥락을 미처 파악하지 못했을 가능성이 높다. 이럴 때 제일 쉬운 방법은 지역 내신 학원의 도움을 받는 것이다. 혹은 같은 학교의 선배 학부모로부터 해당 학교의 시험 문제 유형과 스타일에 대한 정보를 얻는 것이 의외로 아주 큰 무기가 된다. 부모의 정보력으로 충분한 인풋을 얻어 학교 내신에 걸맞은 학원이나 공부법을 선택했다면, 다음으로 아이의 역할은 그 방식을 유연하게 받아들여 적용하는 것이다.

중학교까지는 절대 평가이기 때문에 90점이 넘으면 대부분 A등급을 받을 수 있었고, 절대적인 공부의 양으로 어느 정도 점수가 커버됐다. 하지만 고등학교부터는 상대 평가로 90점을 받아도 1등급이 나오지 않을 수 있다. 공부를 많이 한다고 해도 자신의 역량만으로 상위권을 보장할 수 없기 때문에 부모도 이를 고려한 전략적인 지원이 필요하다. 현실적으로 입시는 아이 혼자만의 싸움이 아니다. 엄마와 함께하는 2인 3각, 또 아빠와 함께하는 3인 4각의 경기다. 부모가 어떻게 정보를 수집하고 전략적으로 뒷받침하느냐에 따라 아이가 보다 안정적으로 성장할 수 있다.

부모는 페이스 메이커가 되어야 한다

아이들이 성장하면서 부모와의 대화가 부족해지는 일은 흔하다. 초등학교 때는 사소한 일까지 모두 털어놓던 아이가 중학교를 지나 고등학교에 가니 전혀 소통을 하지 않으려고 해서 답답해 하는 부모들이 많다. 아이도 나름대로 부모가 모르는 고민과 걱정으로 혼자 끙끙 앓다가 결국 서로에게 상처만 주기도 한다. 감정의 골이 깊어지면 사소한 다툼만으로도 감정이 격해지고 불필요한 갈등만 커지게 된다. 따라서 지나치게 개입하며 잔소리를 하는 것도, 반대로 아이에게 자율권만을 주면서 방임하는 것도 바람직하지는 않다.

입시라는 여정을 달리는 동안 아이에게는 페이스 메이커가 필요하고, 부모가 바로 그 역할을 해 주어야 한다. 입시에서 페이스 메이커는 들어주는 사람이다. 내 주장과 내 희생보다는 아이의 마음과 목소리에 집중하는 '경청'이 필요하다. 긴 대화를 하지는 않더라도 주말의 짧은 휴식 시간, 학원 마치고 귀가한 저녁에 아이가 좋아하는 간식을 건네며 이야기를 들어주는 것이 좋다. "그래, 네 마음 이해해", "네 의견대로 도와줄 테니, 다른 건 신경 쓰지 말고 힘내" 하는 짧은 말 한마디도 위로가 될 수 있다. 그 자리에서는 아이가 별 내색하지 않더라도, 부모가 나를 끝까지 이해하고 응원한다는 믿음은 입시를 완주하는 내내 든든한 힘이 될 것이다.

목표를 지켜 주는 부모의 동기 부여

아이의 학습 동기는 성장 단계마다 조금씩 다르게 접근해야 한다. 초등학교 저학년 시기에는 부모가 제시해 주는 길을 그대로 따르는 경우가 많다. 이 시기에는 부모가 제시해 주는 방향 자체가 아이의 동기 부여가 되는 셈이다.

중학교 시기가 중요한 분기점이 된다. 이때부터는 아이 스스로 의지를 가지고 목표를 설정하며 길을 선택해야 하기 때문에, 부모는 기본적으로 '너는 할 수 있어'라는 긍정적인 마인드를 심어 주는 것이 중요하다. 어떤 고등학교에 진학할 건지, 또 어떤 대학을 목표로 하는지 구체적인 이야기를 나누고 같은 꿈을 응원하는 태도가 필요하다. 부모가 원하는 목표에 대한 압박이 아니라, 충분히 해낼 수 있다는 자신감을 불어넣어 주는 것이 핵심이다.

이때 막연한 응원보다는 좀 더 현실적인 맥락 속에서 용기를 북돋아 주어야 한다. 구체적으로 어떤 노력을 조금 더 하면 원하는 고등학교에 진학할 수 있을지, 또 완전히 전문가의 시각이 아니더라도 주변에 어떤 합격 사례가 있었는지 들려주면서 목표를 상기시켜 주는 것이다.

다만 초·중등학교 때 계획한 로드맵의 모든 단계가 늘 완벽하게 이루어질 수는 없다. 영재고나 자사고에 떨어지면 부모가 같이 실망하는 경우가 많은데, 일반고에서도 충분히 대안은 있다. 부모도 사람인지라 때로는 기대에 미치지 못해 실망하고 감정에 휘둘릴 수도 있지만, 아이는 부모의 눈빛과 표정이 주는 분위기를 고스란히 느낀다. 좌절하지 않고 회복 탄력성을 기르려면 부모가 먼저 지치고 좌절해서는 안 된다. 부모는 오히려 제2, 제3의 목표와 대안을 제시해 주며 든든한 버팀목이 되어 주어야 한다.

매일의 잔소리보다는 묵직한 한 방

청소년기는 또래 친구들의 영향을 많이 받는 시기인 만큼, 고등학교에 진학 후 사귀게 되는 친구들의 분위기가 입시를 향한 동기부여나 추진력에도 영향을 받는 경우가 많다. 게으른 습관을 가진 아이라도 학군지에서 공부에 집중하는 친구들을 만나면 자연스럽게 자극을 받는다. 특히 남학생들의 경우는 친구들보다 성적이 조금 잘 나오는 수준에 만족하다가도, 어느 순간 친구들보다 뒤처지거나 자신만 같은 대학에 지원하지 못한다는 걸 깨달으면 그때부터 전진하는 아이들이 많다. 명확한 실패를 경험하거나 자존심이 상하는 것이 오히려 동기 부여가 되는 케이스다.

부모나 교사 입장에서는 아이를 계속 관찰하고 방향을 잡아 주는 지혜가 필요하다. 지속적인 잔소리는 역효과가 날 뿐이며, 냉정하게 말해서 결국 학생 본인이 '매운맛'을 경험해야 바뀔 수 있다. 선행하지 않은 결과가 드러난 성적표가 눈앞에 있으면 이유 불문하고 현실을 인정할 수밖에 없다. 즉 무의미한 잽보다는 결정적인 타이밍에 훅을 날리는 대화법이 필요하다. 설득력 있는 근거를 제시하며 분명한 현실 파악과 동기 부여를 해 줄 수 있는 묵직한 '훅'이 있어야 한다.

무릎을 맞대고,
눈을 마주치고

　입시는 단거리 달리기가 아니라 장거리 마라톤과 같아서, 성적만큼 중요한 것이 건강한 목표 의식으로 끈기 있게 나아갈 수 있는 멘탈 관리다. 입시에 100%는 없기 때문에 설령 전교 1등을 하는 학생이라도 '내가 서울대에 갈 수 있을까?' 하는 불안감을 완전히 떨쳐 낼 수는 없다. 완전히 상위권도 하위권도 아닌 애매한 2~3등급 아이들은 더 혼란스럽다. 원하는 대학에 갈 수 있을지, 각종 전형과 입시 전략 속에서 어떤 길을 선택해야 할지 매 순간 흔들릴 수밖에 없다.

　입시 때 학생들에게 가장 필요한 것은 '다이아몬드 멘탈'이다. 공부 자체는 머리와 엉덩이로 한다고 할 수 있지만 멘탈이 흔들리면 실력이 좋아도 소용이 없다. 내신 시험이든, 수능이든, 면접이든 마찬가지다. 흔들리지 않는 단단한 멘탈을 갖는다는 게 말처럼 쉬운 것은 아니지만 최대한 마음을 다스리려는 노력이 필요하다. 관련된 책이나 영상, 선배나 선생님의 조언에서 도움을 받는 것도 방법 중 하나다.

다만 부모의 말은 아무리 좋은 의도라도 아이에게는 '잔소리'로 들리기 쉽다. 초등학교 때부터 쭉 쌓아 온 관계가 영향을 미치기도 하고, 가장 가까운 곳에서 비슷한 말을 반복하다 보니 마음에 와닿지 않는 것이다. 그래서 전문가와 상담할 때 부모와 동석하는 경우와 혼자 이야기할 때의 태도도 실제로 다르다. 그제야 부모 앞에서 하지 못했던 속마음을 솔직히 털어놓는 경우가 많다.

입시 상담은 냉정한 분석이 전제되는 것은 맞지만, 비판과 조언보다는 '토닥토닥'이 먼저다. 아이 입장에서도 스트레스를 받고 불안한 마음이 크기 때문에 개인적으로는 아이와 마주보는 것이 아니라 옆자리에 앉아 상담하는 것을 선호한다. 선생님과 학생의 수직 관계가 아니라, "내가 네 얘기를 들어줄 테니, 편하게 이야기해 봐"라는 메시지부터 전하는 것이다.

실제로 숙명여고 2학년의 한 여학생과의 상담을 한 적이 있는데, 부모님이 바쁘고 학교에서는 학폭 등의 문제를 겪으며 마음에 상처가 많은 아이였다. 혼자 모든 걸 감당해야 하는 기분이 드는 와중에 유일한 친구는 휴대폰뿐이라는 이야기를 했다. 공부에 의욕이 있을 리 없는 상황이라 내신은 6, 7등급 수준이었고, 매일의 일상 자체에 지쳐 있었다.

　잠시 부모님에게 자리를 비워 달라고 부탁하고 단둘이서 깊게 대화를 했다. 사실상 이미 수시를 노리기는 힘든 상황이지만, 다시 시작하기로 마음만 먹는다면 어떻게든 도와주겠다는 말에 아이도 결국 고개를 끄덕였다. 나중에 어머니의 연락을 받았는데, 휴대폰을 끊고 공부를 시작하기로 했다는 소식을 전해 들었다. 확고한 믿음으로 지켜본다면 아이 스스로 반드시 다시 시작하고, 기회를 잡을 수 있다.

　아이러니하게도 부모로서는 아이의 마음을 토닥여 주는 게 쉽지 않은 경우가 많다. 그럼에도 소통을 위한 노력은 필요하다. 아이와 대화를 나눌 때는 우선 거실이나 부엌 같은 개방적인 공간보다 아이의 방에서 문을 닫고 차분하게 마주앉는 것이 좋다. 아예 대화 자체를 차단한 아이라면 그 자체도 역효과가 날 수 있지만, 대화 요청을 수락할 정도의 관계라면 진중한 분위기 속에서 기본적으로 아이의 이야기를 들어주어야 한다.

　의외로 부모가 자주 하는 실수가 아이의 말을 듣는 척하면서 자신의 입장을 토로하는 것이다. "엄마도 힘들어"와 같은 하소연은 아이에게 위로가 되지 않을 뿐 아니라 오히려 부담과 상처만 남을 수 있다. 이러한 대화의 시간은 자주 갖기보다는 필요할 때 날을 잡아 충분히 시간을 들이는 것을 추천한다.

아이의 멘탈을 지켜 주는 힘은 누구보다 부모에게서 나온다. 아이에게 자율권과 책임을 동시에 주는 한편, 언제든 곁에 있으며 필요할 때는 손을 내밀면 된다는 확고한 믿음을 주어야 한다. 입시를 앞둔 아이를 너무 방임하지도, 지나치게 개입하지도 않는 거리에서 사랑과 신뢰를 주는 것이 부모의 가장 중요한 역할이자 책임인 셈이다.

입시 전략의 진정한 키는
아이가 원하는 비전

　한국의 입시에서 최상위권 학생들은 의대로 몰리는 경향이 뚜렷하다. 특히 부모 세대에서는 성적이 충분한 수재라면 무조건 의대를 가야 한다는 인식이 공식처럼 이어지고 있다. 정시에서는 특히 열 명 중에 네 명은 의대를 지망할 정도다.

　하지만 최근에는 진로 탐색에 대한 관심도 높아지고 무조건적인 의대 쏠림 현상이 변화하고 있는 추세다. 요즘에는 수능 만점자도 무조건 의대에 진학하지는 않으며 소신대로 공대에 가는 인재들이 많아지고 있다. 실제로 서울대 의대에서 처음으로 추가 합격자가 발생한 사례도 있다. 서울대 의대에서 추가 합격자가 나오는 건 역사상 처음이라고 할 만큼 정말 드문 일인데, 추가 합격자는 이 기회를 포기하고 카이스트에 진학했다.

직접 상담했던 케이스 중에도 수능에서 국어 과목만 3문제를 틀리고 나머지는 모두 만점을 받은 학생이 있었다. 울산대 의대와 서울대 컴퓨터공학과에 동시에 합격했는데, 울산대 의대는 추가적으로 면접이 있었다. 이 학생은 일부러 의대 면접에서 진정성을 보이지 않고 본인이 더 원했던 서울대 컴공에 최종적으로 진학했다. 입시 전문가 관점에서 스펙 자체는 충분했지만 면접에서는 본인의 의지로 당락이 갈릴 수 있고, 결국 본인의 적성에 따라 진로를 찾아간 사례다.

이는 정시 특성에 따른 한계점이기도 하다. 수시는 교과 전형도 있지만 대부분 학종 전형이기 때문에 학생부와 비교과 활동, 전공 적합성 등의 스토리텔링을 함께 평가하여 적성과 전혀 다른 과에 지망하는 일이 드물다. 그래서 원하는 학과에 적합한 활동을 바탕으로 비교적 소신 있는 지원을 하는 경우가 많다. 하지만 정시에서는 최고 성적이 나와 '나'군에서 서울대 인기 공대를 지망했다면 자연스럽게 그 외의 '가', '다'군에서는 굳이 하위 대학의 공대를 지망하기보다 지방 의대를 쓰게 되는 수순이다.

하지만 문제는 단순히 성적에 따라 의대를 입학하는 학생들은 해당 학문에 대한 호기심과 탐구력이 부족할 경우 결국에는 중도 이탈하게 될 가능성이 높다. 실제로 대학에서도 면접을 통해 학생이 실제로 해당 학문에 얼마나 흥미를 가지고 있는지 확인하고자 하는 추세로, 성적에만 맞춰 지원한 학생들의 중도 이탈에 대한 고민을 가지고 있는 상태다.

의대 쏠림 현상은 일종의 사회적 현상이기도 하지만, 입시 이전에 한 아이의 삶을 설계하는 데 있어서 본인의 흥미와 인적성만큼 중요한 것은 없다. 스스로 적성과 흥미를 탐색하고, 학문에 대한 진정한 관심을 키워가는 과정이 필요할 것이다. 전문가들은 '초4 이후 아이에게 꿈이 있다면 자녀 교육에 성공한 것'이라고 말하기도 한다. 성적만 보고 맹목적으로 의대를 지망한 아이들이 국가적으로나 개인적으로나 행복한 삶을 영위할 수 있을까? 학생 스스로가 소신 있게 진로를 결정하고 설계하는 능력을 키워 주는 것이 개인을 위해서도, 사회를 위해서도 비전 있는 선택일 것이다.

2부

입시 근력을 실전 전략으로 발휘하는 힘

1장

판을 읽고 해석하면 입시가 보인다

입시의 시작은 고교 선택부터다: 2026 고입 선발 방식

어떤 학교를 선택할까

고입을 준비할 때 아이의 성적이나 성향에 따라 어떤 학교가 적합한지에 대한 고민을 가장 많이 하게 된다. 우선 영재고·과학고·자사고는 모두 우수한 학생들이 모이는 곳으로 선행이 빠르고 수학과 과학의 역량이 당연히 높다. 각종 올림피아드 경험 등이 더해져 사실상 대입 경쟁력에서도 압도적인 수치를 보여 준다.

하지만 영재고 학생이 모두 서울대에 가고, 과학고 학생이 모두 카이스트에 가는 것은 아니다. 그러므로 영재고·과학고 선발안을 면밀히 들여다봐야 한다. 아이의 성향과 맞는 학교를 선택하는 것도 중요하지만, 선발안을 살펴보면 이미 학생들의 자격 기준이 보인다.

영재고의 대표 격인 한국과학영재학교는 3단계의 면접을 거쳐 학생을 선발한다. 특히 영재성 다면 평가 부분에서는 글로벌 과학자로서의 자질을 판단하는 것이 평가 기준이므로, 수학과 과학에 국한되지 않고 글로벌 역량 및 독서와 인문학적 소양 등 문·이과 통합 역량을 두루 갖춘 독보적인 학생들이 두각을 보인다. 실제로 고3부터 수능 공부를 시작해도 정시로 의대까지 갈 성적이 나오는 경우가 적지 않다.

반면 과학고는 상대적으로 수학과 과학에서 강점을 보이지만 국어와 영어, 사회탐구 등의 과목에서는 리스크를 가진 학생들이 많은 편이다. 자연계열 지원 시에 물론 수학과 과학 성적이 우선이지만, 교과성적 10% 이내로 조기 졸업하는 과고생들 중에서도 국어와 영어에 아쉬운 성적이 나와 서울대 1단계에서 불합격되는 경우도 있다. 현장에서 학생들을 만나 보면 영과고는 주로 과학에서도 물리에 대한 관심과 집중력, 주어진 미션을 무조건 클리어하는 집요한 탐구력 등 타고난 성향이 남다른 아이들이 많다. 다만 좋아하는 과목에만 집중하느라 인문 과목에 소홀하여 발목이 잡힐 수 있다는 점을 유의해야 한다.

자사고는 영재고나 과학고보다 문·이과 성향이 더 뚜렷하게 나뉘는 경향이 있는데, 그럼에도 외대부고 기준으로는 자연계열 학생 비율이 높은 편이다. 영재고·과학고를 준비하다가 불합격하여 전국 자사고전국 자사고에 가기도 하지만 보통 인문계열은 서연고 진학과 로스쿨을 목표로, 자연계열은 서울대 공대와 의학계열을 목표로 두고 처음부터 자사고를 선택하는 경우가 많다. 자사고 학생들은 기본적으로 수학과 과학에 대한 기초도 탄탄하지만 연구나 실험보다 암기와 응용문제의 풀이에 강한 편이다. 그래서 수능에 유리한 경우가 많고, 선천적인 성향보다 후천적인 노력이 뛰어난 아이들이 주로 빛을 발한다.

중요한 건, 고입 선발 자료를 볼 때 이미 마음속으로 결정해 둔 학교의 선발 방식만 관심 있게 보는 분들이 많다. 현장 상담에서도 학부모 대부분은 우리 아이의 현재 실력을 객관적으로 말하기보다 당연히 원하는 고교에 진학 가능하다는 전제를 하고 있다. 하지만 현실적으로는 보다 냉정한 분석을 통해 여러 가지 선택지를 고려해야 한다. 기본적으로 1안부터 3안까지, 또 일반고까지도 폭 넓게 전략을 세우고 자료를 분석해야 한다.

2025-26 전국 영재학교 모집 인원 및 경쟁률 (정원내)

학교명		2026학년도			2025학년도		
		모집 (한과영은 합격 인원)	지원	경쟁률	모집 (한과영은 합격 인원)	지원	경쟁률
한국과학영재학교	총합	120	120	경쟁률 내년 공개	126	126	992	7.87
	일반		90			100	791	7.91
	장영실		30			26	201	7.73
서울과학고		120	668 (-73)	5.57 (-0.61)	120	741	6.18
경기과학고	총합	120	120	625 (+26)	5.21 (+0.22)	120	120	599	4.99
	일반		110	568 (+51)	5.16 (+0.46)		110	517	4.70
	추천관찰		10	57 (-25)	5.70 (-2.50)		10	82	8.20
대구과학고		90	586 (-4)	6.51 (-0.05)	90	590	6.56
대전과학고		90	465 (+97)	5.17 (+1.08)	90	368	4.09
광주과학고	전국선발	90	45	287 (+19)	6.38 (-0.42)	90	45	306	6.80
	지역인재		45	188 (-8)	4.18 (-0.18)		45	196	4.36
세종과학예술영재학교		87	487 (-145)	5.80 (-1.72)	84	632	7.52
인천과학예술영재학교		75	521 (-32)	6.94 (-0.42)	75	553	7.37
한과영 제외 총합		669	3,827 (-158)	5.72 (-.24)	669	6,985	5.96
총합		-			795	4,977	6.22

2025-26 전국 과학고 모집 인원 및 경쟁률 (정원내)

	지역	학교명	2026학년도			2025학년도		
			모집정원	지원인원	경쟁률	모집정원	지원인원	경쟁률
과학고 (2025-26) 일반 + 사회통합 합산	서울	한성과학고	140	626 (-34)	4.47 (-0.24)	140	660	4.71
		세종과학고	160	580 (-62)	3.63 (-0.39)	160	642	4.01
	경기	경기북과학고	100	776 (-32)	7.76 (-0.32)	100	808	8.08
	인천	인천과학고	80	290 (+24)	3.63 (+0.30)	80	266	3.33
		인천전산과학고	80	271 (-24)	3.39 (-0.30)	80	295	3.69
	강원	강원과학고	60	145 (-13)	2.42 (-0.21)	60	158	2.63
	충남	충남과학고	64 (-3)	172 (-43)	2.69 (-0.30)	72	215	2.99
	충북	충북과학고	54	194 (+20)	3.59 (+0.37)	54	174	3.22
	대전	대전동신과학고	80	283 (+14)	3.54 (+0.18)	80	269	3.36
	경북	경산과학고	60	145 (+3)	2.42 (+0.05)	60	142	2.37
		경북과학고	60	141 (+18)	2.35 (+0.30)	60	123	2.05
	대구	대구일과학고	80	225 (-1)	2.81 (-0.02)	80	226	2.83
	전북	전북과학고	80 (+16)	156 (+30)	1.95 (-0.02)	64	126	1.97
	전남	전남과학고	72 (-8)	223 (+10)	3.10 (+0.44)	80	213	2.66
	울산	울산과학고	72	215 (-32)	2.99 (-0.44)	72	247	3.43
	부산	부산일과학고	90	265 (-16)	2.94 (-0.18)	90	281	3.12
		부산과학고	90	261 (+22)	2.90 (+0.24)	90	239	2.66
	경남	경남과학고	100	292 (-7)	2.92 (-0.07)	100	299	2.99
		창원과학고	80	217 (-36)	2.71 (-0.45)	80	253	3.16
	제주	제주과학고	40	125 (+23)	3.13 (+0.58)	40	102	2.55
		20개교 총합	1,642	5,602 (-136)	3.41 (-0.08)	1,642	5,738	3.49

2026 고입 선발 방식

1장 판을 읽고 해석하면 입시가 보인다

2025-26 고입 기준 각 유형 학교별 선발 방식

한국과학영재학교(영재학교) [2026 고입 기준]

구분	내용
선발인원	정원내 : 90명 내외 / 정원외 : 8명 이내
원서 및 자기소개서 접수	5월 7일(수) 09시 ~ 14일(수) 17시
1단계 전형 방식	서류평가 제출 서류에 의한 영재성평가 [6/10(화) 합격 발표]
2단계 전형 방식	창의적 문제해결력평가 - 창의적 문제해결력 검사를 포함한 학생 기록물 등을 종합적으로 평가 [7/12(토) 진행 / 8/8(금) 합격 발표]
3단계 전형 방식	영재성다면평가 - 글로벌 과학자로의자질 및 잠재성 평가 [8/16(토) 진행 / 8/26(화) 합격 발표]
최종 합격생 선발	최종 합격 대상자 발표 후 그 결과를 소속 학교로 공문통지하며, 합격증은 입학 전 집중교육시 수여함
자기소개서 문항	① 한국과학영재학교가 왜 지원 학생(본인)을 선발해야 한다고 생각하는지 그 이유를 기술해 주십시오 (띄어쓰기 포함 500자 이내). ② 현재의 '나'를 소개하는데 도움이 될 것으로 생각되는 가정환경, 학교 및 지역환경 등에 관한 사항을 기술해 주십시오(띄어쓰기 포함 500자 이내). ③ 수학, 과학적 재능과 관련하여 스스로 재능이 있다고 생각하게 된 계기나 경험들을 구체적으로 기술해 주십시오(띄어쓰기 포함 1,000자 이내). ④ 수학 또는 과학분야 이외에 관심을 갖고 지속적으로 하고 있는 활동이나 경험이 있다면 기술해 주십시오(띄어쓰기 포함 500자 이내). ⑤ 교내외친구관계 및 자신과 선생님과의 관계에 대해 기술하고, 스스로 행한 봉사활동 중 특별히 의미있는 활동이 있다면 구체적으로 기술해 주십시오(띄어쓰기 포함 500자 이내). ⑥ 본인과 관련하여 추가로 언급할 사항이 있는 경우에 기술해 주십시오.

구분		세종과학고(과학고) [2026 기준]	한성과학고(과학고) [2026 기준]
선발인원	정원내	8학급, 160명 / 일반 128명 / 사회통합 32명	7학급, 140명 / 일반 112명 / 사회통합 28명
	정원외	10명 이내 / 보훈자자녀중교육지원대상 4명 특수교육대상자 3명 / 고입특례대상자 3명	8명 이내 / 보훈자자녀중교육지원대상 4명 특수교육대상자 2명 / 고입특례대상자 2명
원서 및 자기소개서 접수		1단계: 서류평가 및 출석면담(1.5배수 내외) / 2단계: 소집면접	
1단계 전형 방식		중학교 교육과정에 충실하고 과학/수학 기본개념에 기반한 창의성, 인성, 잠재력 등을 종합적으로 평가할 수 있는 열린문항 형태의 면접	
2단계 전형 방식		반영과목 : 과학, 수학 / 1단계 평가 반영 학기 : 2-1학기 ~ 3-1학기 / 2단계 평가 반영 학기 : 2-1학기 ~ 3-2학기	
3단계 전형 방식		인터넷 접수: 25/8/19(화) ~ 27(수) 17시 / 원서 접수 및 서류제출: 8/25(월) ~ 27(수) [고입특례대상자 : 25/10/20(월) ~ 21(화)] 출석면담: 25/9/3(수) ~ 10/31(금) [고입특례대상자 : 25/10/23(목) ~ 24(금)] 소집면접대상자발표: 25/11/7(금) / 소집면접: 25/11/22(토)(소집면접 전 3-2학기 성적 포함된 학생부 출력본 11월 20일까지 제출) 최종 합격발표 : 25/11/28(금)	
자기소개서 문항		① 지원자가 중학교 재학기간 또는 최근 3년간 기간(초등학교 졸업 후) 중 자신의 꿈과 끼를 살리기 위해 수행했던 진로탐색활동을 쓰고 앞으로의 진로계획을 구체적으로 기술하시오(띄어쓰기 포함 400자 이내). ② 지원자가 과학분야에서 자기주도적으로 수행한 탐구사례를 자세하게 기술하시오. 그 탐구 사례의 주제, 동기, 과정, 결과를 쓰고 그것이 자신에게 어떤 영향을 주었는지 구체적으로 설명하시오(띄어쓰기 포함 800자 이내)(중학교 재학기간 또는 최근 3년간 수행한 활동을 작성하고, 자신의 열정, 성장가능성, 창의성이 드러나도록 기술 - 초등학교 졸업 후 사례). ③ 지원자가 수학분야에서 자기주도적으로 수행한 탐구사례를 자세하게 기술하시오. 그 탐구 사례의 주제, 동기, 과정, 결과를 쓰고 그것이 자신에게 어떤 영향을 주었는지 구체적으로 설명하시오(띄어쓰기 포함 800자 이내)(중학교 재학기간 또는 최근 3년간 수행한 활동을 작성하고, 자신의 열정, 성장가능성, 창의성이 드러나도록 기술 - 초등학교 졸업 후 사례). ④ 지원자가 봉사 및 체험활동을 포함한 배려, 나눔, 협력, 타인존중, 규칙준수, 소통능력, 리더십과 같은 덕목들 중에서 구체적으로 실천한 사례를 들고 그 과정을 통해 배우고 느낀 점을 기술하시오(띄어쓰기 포함 400자 이내)(중학교 재학기간 또는 3년간 실천한 사례 작성 - 초등학교 졸업 후 사례). ⑤ 지원자가 중학교 재학기간 또는 최근 3년 간의 기간 중(초등학교 졸업 후) 의미있게 읽은 도서 3권과 관련 핵심 단어를 각각 3개씩 쓰시오.	

	서울 지역 광역단위 자율형 사립고 자기주도학습전형 매뉴얼 (휘문 등 해당)	
지원방법	• 모집단위는 서울특별시로 하되, 자율형 사립고가 없는 시·도 중 서울특별시교육감과 협의한 지역(경남, 제주, 세종)의 소속 중학교 졸업자(학력 인정자 포함) 및 졸업예정자는 지원이 가능함 • 교육감의 승인을 받은 학교별 전형요강에 따라 지원함(해당 고등학교 홈페이지 참조) • 입학원서, 자기소개서, 학교생활기록부, 기타 제출서류를 해당 고등학교에 직접 개별 제출함	
전형방법	《1단계》 내신성적 관계없이 정원의 1.5배수 추첨 선발 • 1단계에서 지원율이 100% 이하인 경우 2단계 면접 절차 생략 • 1단계에서 지원율이 100~150%인 경우 면접 실시 여부를 학교가 결정(추첨으로 최종 합격자 선발 가능) • 1단계에서 지원율이 150% 이상인 경우는 추첨을 실시하여 정원의 1.5배수를 선발하고, 2단계에서 면접을 실시하여 최종 합격자 선발 《2단계》 면접으로 최종 합격자 선발 [자기주도학습 영역(꿈과 끼 영역)] • 자기주도학습과정: 학습을 위해 주도적으로 수행한 목표설정·계획·학습을 통한 결과 및 평가까지의 전 과정(교육과정에서 진로체험 및 동아리 활동, 꿈과 끼를 살리기 위한 활동 및 경험 등 포함) • 지원동기 및 진로계획: 건학이념과 연계해 지원학교에 관심을 갖게 된 동기, 꿈과 끼를 살리기 위한 활동계획과 진로 계획 [인성 영역] • 핵심인성요소에 대한 중학교 활동 실적: 봉사활동 체험활동을 포함한 배려, 나눔, 협력, 타인존중, 규칙준수 등에 대한 중학교 활동 실적 • 인성영역 활동을 통해 느낀 점: 봉사체험활동을 포함한 배려, 나눔, 협력, 타인 존중, 규칙준수 등의 활동을 통해 배우고 느낀 점 ※ 면접 시 교과학습발달상황을 포함한 교과 관련 영역에 대한 평가를 금지함	

전국 단위 자율형사립고 선발 요강 요약 샘플 (용인외대부고)		
구분		내용
선발인원	정원내	전국 단위(일반전형) 196명 / 전국 단위(사회통합) 49명 / 지역우수(용인-일반) 84명 / 지역우수(용인-사통) 21명
	정원외	전국 단위(특례입학) 7명 / 국가유공자녀(교육지원대상자) 10명
전형방식		1단계: 교과성적, 출결상황 평가 40점(2배수) / 2단계: 면접평가 60점
교과성적 반영과목		국어, 수학, 영어, 사회(또는 역사), 과학 과목 성취수준 반영 / 2학년 1학기부터 3학년 2학기까지
전형일정		24/12/6(금) ~ 11(수)(원서 접수) / 12/13(금) 15시(1단계 합격생 발표) 24/12/16(월) 9시 ~ 17(화) 17시(2단계 서류 제출 및 자기소개서 작성) 12/21(토) ~ 22(일)(2단계 면접평가) / 12/27(목) 17시(최종 합격발표) / 25/1/4(토)(합격생 소집일)
자기소개서 문항		[나의 꿈과 끼, 인성(1,500자 이내)] • 본인이 스스로 학습계획을 세우고 학습해 온 과정과 그 과정에서 느꼈던 점, 건학이념과 연계해 용인한국외국어대학교부설고등학교에 지원하게 된 동기, 고등학교 입학 후 자기주도적으로 본인의 꿈과 끼를 살리기 위한 활동계획 그리고 고등학교 졸업 후 진로계획에 관하여 구체적으로 기술하십시오. • 본인의 인성(배려, 나눔, 협력, 타인 존중, 규칙준수 등)을 나타낼 수 있는 개인적 경험 및 이를 통해 배우고 느낀 점을 구체적으로 기술하십시오.

2026학년도 전국단위 자사고 모집인원 및 전형방식 한눈에 보기

학교	인원	일정	전형방식	반영교과	자기소개서 마감
하나고	160(서울)	접수: 12/3(수) ~ 5(금) / 1단계합격: 12/11(목) / 면접: 12/23(월) ~ 23(화) / 합격발표: 12/31(수)	1단계: 교과40+출결감점(2배수) 2단계: 서류20+면접40+체력검사	교과: 국수영사과 2-1-3-2가중치: 30/30/40/0	1단계 합격생 12/15(월) 10시까지 제출
상산고	190(전국) 68(전북)	접수: 12/4(목) ~ 9(화) / 1단계합격: 12/17(수) / 면접: 12/22(월) ~ 23(화) / 합격발표: 12/30(화)	1단계: 교과320+출결감점(2배수) 2단계: 1단계320+면접80	교과: 국수영사과 2-1-3-2가중치: 20/30/50/0	원서접수 시 동시 제출 (유웨이어플라이 온라인 제출)
북일고	138(전국) 138(충남)	접수: 12/5(금) ~ 10(수) / 1단계합격: 12/15(월) / 면접: 12/28(일) ~ 29(월) / 합격발표: 12/31(수)	1단계: 교과160+출결감점(1.5배수) 2단계: 1단계160+면접40	교과: 국수영사과(음미체감점) [음미체C 1개당 0.1 감점] 2-1-3-2가중치: 20/20/30/30	원서접수 시 동시 제출 (온라인 작성 후 출력본 직접 혹은 우편 제출)
외대부고	196(전국) 84(용인)	접수: 12/5(금) ~ 11(목) / 1단계합격: 12/13(토) / 면접: 12/20(토) ~ 21(일) / 합격발표: 12/26(금)	1단계: 교과40+출결감점(2배수) 2단계: 1단계40+면접60	교과: 국수영사과 2-1-3-2가중치: 20/20/30/30	1단계 합격생 12/17(수) 17시까지 제출
현대청운고	138(전국)	접수: 12/8(월) ~ 10(수) / 1단계합격: 12/12(금) / 면접: 12/18(목) ~ 19(금) / 합격발표: 12/26(금)	1단계: 교과200+출결감점(2배수) 2단계: 1단계200+서류30+면접70	교과(일반/사통): 국수영+사/과 교과(이공계우수): 국수영 2-1-3-2가중치: 20/20/30/30	원서접수 시 동시 제출
광양제철고	72(전국) 24(전남)	접수: 12/8(월) ~ 11(목) / 1단계합격: 12/16(화) / 면접: 12/27(토) ~ 29(월) / 합격발표: 12/31(수)	1단계: 교과160+출결감점(1.5~2배수) 2단계: 1단계160+면접40	교과: 국수영사과 2-1-3-2가중치: 30/30/40/0	원서접수 시 동시 제출 [인터넷 접수 후 우편 제출]
포항제철고	60(전국) 60(포항)	접수: 12/8(월) ~ 12(금) / 1단계합격: 12/17(수) / 면접: 12/23(화) / 합격발표: 12/26(금)	1단계: 교과160+출결10점(2배수) 2단계: 1단계170+면접30	교과: 국수영사과 2-1-3-2가중치: 20/20/30/30	원서접수 시 동시 제출
김천고	96(전국) 89(경북)		1단계: 교과240+출결10(2배수) 2단계: 1단계250+면접60	교과: 국수영사과 2-1-3-2가중치: 17/17/33/33	
민사고	96(전국)	접수: 12/9(화) ~ 11(목) / 1단계합격: 12/18(목) / 면접: 12/22(월) ~ 23(화) / 합격발표: 12/31(수)	1단계: 교과40+출결감점(2배수) 2단계: 교과40+면접60+체력검사	교과: 국수영사과체+음/미(택) 2-1-3-2가중치: 20/20/30/30	
인천하늘고	25(전국) 40(영종도)	접수: 12/9(화) ~ 12(금) / 1단계합격: 12/15(월) / 면접: 12/23(화) / 합격발표: 12/29(월)	1단계: 교과240+출결감점(2배수) 2단계: 1단계240+면접80	교과: 국수영사과 가중치: 2학년 40%+3학년 60%	1단계 합격생 12월 16일 16시까지 입력

2026학년도 전국단위 자사고 자기소개서 문항 한눈에 보기

학교	1번	2번
하나고	나의 꿈과 끼, 인성 (띄어쓰기 제외 1,500자 이내) [항목별 분량 지정은 없으나 다음 항목 모두 포함하여 서술 필수] - 본인이 스스로 학습계획을 세우고 학습해 온 과정과 그 과정에서 느꼈던 점 / 본교의 건학이념과 연계해 하나고등학교에 관심을 갖게 된 동기 / 고등학교 입학 후 자기주도적으로 본인의 꿈과 끼를 살리기 위한 활동계획 및 고등학교 졸업 후 진로계획 / 본인의 인성(배려, 나눔, 협력, 타인 존중, 규칙준수 등)을 나타낼 수 있는 개인적 경험 및 이를 통해 배우고 느낀 점	
상산고	○ 본인 스스로 계획을 세우고 실천하여 성취감을 느낀 학습 경험과 학업에 기울인 노력에 관하여 배우고 느낀 점을 중심으로 구체적으로 기술하십시오. (1000자 내외) ○ 본인의 인성(배려, 나눔, 협력, 타인 존중, 규칙준수 등)을 나타낼 수 있는 개인적 경험 및 이를 통해 배우고 느낀 점을 구체적으로 기술하십시오. (500자 내외) *전체 1500자 이내(띄어쓰기 제외)	중학교 재학 기간 중 (혹은 최근 3년 동안) 가장 의미 있게 읽은 책 3권을 고르고, 책을 읽게 된 동기와 책을 읽고 난 후의 소감에 대하여 구체적으로 기술하십시오. (단순한 책 내용 요약은 지양함) * 각 도서별 300자 이내, 전체 900자 이내(띄어쓰기 제외)
북일고	북일고등학교에 입학을 희망하는 이유와 지금까지 스스로 학습(學習)계획을 세워 학습해 온 과정 그리고 진학 후 학업(學業)계획에 대해 구체적으로 기술하십시오. (800자 이내 - 띄어쓰기 제외)	지원자의 인성을 보여 주는 사례와 본인의 꿈을 키우기 위해 활동한 경험에 대해 구체적으로 기술하십시오. (800자 이내 - 띄어쓰기 제외)
외대부고	나의 꿈과 끼, 인성 (띄어쓰기 제외 1,500자 이내) - 본인이 스스로 학습계획을 세우고 학습해 온 과정과 그 과정에서 느꼈던 점, 건학이념과 연계해 용인한국외국어대학교부설고등학교에 지원하게 된 동기, 고등학교 입학 후 자기주도적으로 본인의 꿈과 끼를 살리기 위한 활동계획 그리고 고등학교 졸업 후 진로계획에 관하여 구체적으로 기술하십시오. / 본인의 인성(배려, 나눔, 협력, 타인 존중, 규칙준수 등)을 나타낼 수 있는 개인적 경험 및 이를 통해 배우고 느낀 점을 구체적으로 기술하십시오.	
현대 청운고	1-1 본교에 지원하게 된 동기와 고등학교 입학 후 꿈과 끼를 살리기 위한 활동계획 및 중학교 재학 중 자기주도적으로 수행한 활동 중 가장 큰 성취감을 느꼈던 학습경험에 대하여 기술하십시오. (띄어쓰기 제외 800자 이내) 1-2 지원자가 생각하는 정주영 정신을 기술하십시오. (띄어쓰기 제외 200자 이내)	1-1 본교에 지원하게 된 동기와 고등학교 입학 후 꿈과 끼를 살리기 위한 활동계획 및 중학교 재학 중 자기주도적으로 수행한 활동 중 가장 큰 성취감을 느꼈던 학습경험에 대하여 기술하십시오. (띄어쓰기 제외 800자 이내) 1-2 지원자가 생각하는 정주영 정신을 기술하십시오. (띄어쓰기 제외 200자 이내)
광양 제철고	나의 꿈과 끼, 인성 (띄어쓰기 제외 1,500자 이내) [항목별 분량 지정은 없으나 다음 항목 모두 포함하여 서술 필수] - 지원학교에 관심을 갖게 된 동기, 고등학교 입학 후 자기주도적으로 본인의 꿈과 끼를 살리기 위한 활동 계획 그리고 고등학교 졸업 후 진로 계획에 대해 구체적으로 기술하십시오. / 본인이 스스로 학습계획을 세우고 학습해 온 과정과 그 과정에서 느꼈던 점에 대해 구체적으로 기술하십시오. / 독서 활동이 자신의 삶에 끼친 영향에 관하여 구체적으로 기술하십시오. / 본인의 인성(배려, 나눔, 협력, 타인 존중, 규칙준수 등)을 나타낼 수 있는 개인적 경험 및 이를 통해 배우고 느낀 점을 구체적으로 기술하십시오.	
포항 제철고	○ 지원동기 및 진로계획: 본교에 관심을 갖게 된 동기, 꿈과 끼를 살리기 위한 활동 및 진로계획을 기술하십시오. (400자) ○ 자기주도학습 과정: 학생부 기재 내용 중에 자신의 학업역량을 심화·발전시키기 위한 '자기주도학습'과 관련된 활동 2가지를 골라 그 내용과 깨달은 바를 구체적으로 기술하십시오. (700자) ○ 인성 영역: 봉사 체험활동을 포함한 배려, 나눔, 협력, 타인 존중, 규칙준수에 관한 중학교 활동 실적 및 이를 통해 배우고 느낀 점은 물론 학생이 발굴한 내용을 기술하십시오. (400자)	
김천고	나의 학습계획, 꿈, 끼, 인성(띄어쓰기 제외 1,500자 이내) [각 항목별(3개 단락)로 나누어 작성] ◆ 본인이 스스로 학습계획을 세우고 학습해 온 과정과 그 과정에서 느꼈던 점과 건학이념과 연계해 김천고등학교에 관심을 갖게 된 동기를 기술하십시오. ◆ 우리학교 입학 후 자기주도적으로 본인의 꿈과 끼를 살리기 위한 활동계획과 고등학교 졸업 후 진로계획에 관하여 구체적으로 기술하십시오. ◆ 본인의 인성(배려, 나눔, 협력, 타인 존중, 규칙준수 등)을 나타낼 수 있는 개인적 경험 및 이를 통해 배우고 느낀 점을 구체적으로 기술하십시오.	
민사고	[10월 1일 기준 자기소개서 양식 미공개]	
인천 하늘고	나의 꿈과 끼, 인성 (띄어쓰기 제외 1,500자 이내) [항목별 분량 지정은 없으나 다음 항목 모두 포함하여 서술 필수] - 본인이 스스로 학습계획을 세우고 학습해 온 과정과 그 과정에서 느꼈던 점, 인천하늘고등학교 건학이념과 연계해 우리 학교에 관심을 갖게 된 동기, 고등학교 입학 후 자기주도적으로 본인의 꿈과 끼를 살리기 위한 활동계획 그리고 고등학교 졸업 후 진로계획에 관하여 구체적으로 기술하십시오. / 본인의 인성(배려, 나눔, 협력, 타인 존중, 규칙준수 등)을 나타낼 수 있는 개인적 경험 및 이를 통해 배우고 느낀 점을 구체적으로 기술하십시오.	

실제로 대치동에서는 10명 중 7명은 의대를 목표로 할 만큼 방향성이 뚜렷하지만, 전략에 대한 고민은 다양하다. 자사고에서 재수까지 고려하여 의대를 가는 방법도 있지만, 그럴 바에는 일반고에서 내신 경쟁을 하는 방안을 고려할 수도 있다. 반드시 자사고를 거쳐 서울대에 갈 거라는 식으로 선을 긋고 단일한 목표에만 국한하면 식견이 좁아져서 오히려 위험하다. 아이 입장에서도 1안이 실패했을 때의 대안이 있어야 부담이 준다. 그래야 입시 과정에서 흔들리지 않고 새롭게 방향을 탐색해 갈 여유가 생긴다.

대치동 고교 선택 기준의 현실

아무래도 대치동 학생들의 고교 입시 전략에서 핵심 키워드는 단연 의대 진학이다. 오직 의대를 위한 고교 선택, 의대를 향한 입시 전략을 세우는 경우가 다수이다 보니 고교 선택은 그 첫걸음이라고도 할 수 있다. 2026학년도 영재고·과학고 경쟁률에서도 알 수 있듯이 대치 학생들에게도 영재고·과학고의 인기는 여전히 높지만, 자사고·일반고에 비해 선택 폭이 좁고 전국 39개 의대에 진학하기에는 한계가 있기에 자사고·일반고를 선호하는 경우가 압도적으로 많다.

그중에서도 의대 수시는 특히 교과 성적이 우선이다보니 대치동 학부모들에게는 휘문고와 중동고 같은 남자 광역 자사고나 현대고, 세화여고와 같은 여학생이 지원 가능한 광역 자사고가 주된 선택지다. 혹은 일반고에서 성적 관리에 유리한 학교를 고려하는 경우도 많다. 자사고도 결국 일반고보다 등수 관리가 쉽지 않고, 그렇다고 학생부 관리에도 두드러진 강점이 있다고 보기 어렵다 보니 실제로 2025년 광역 자사고 경쟁률에서는 휘문고가 미달된 사례도 나타났다. 현재 대치동 고교 선택의 현실을 보여 주는 단적인 예라고 할 수 있겠다.

상담 현장에서 중3 학생들과 이야기를 나누어 보면, "어느 학교에 가야 등수 관리가 잘될까?", "지필 시험의 리스크가 덜한 학교는 어디일까?", "의대 진학 전략에 유리한 학교는 어디일까?"와 같은 질문이 대부분이다. 이러한 고민을 바탕으로 고교 선택이 이루어지고 있으며, 당분간 이러한 분위기는 변화하기 쉽지 않을 것으로 보인다.

입결 숫자가 모든 것을 말해 주지는 않는다: 서연고 2024-25 수시 입결과 2026 수시 방식

다음 자료는 2024-25 수시 입시 결과를 정리한 것이다. 대학교육협의회에서 운영하는 대입 정보 포털인 '어디가(www.adiga.kr)'에서 각 대학의 입결(대학 입시 결과) 자료를 정리하여 공개하고 있는데, 이 입결은 대입 전략에서 매우 중요한 참고 자료다. 이때 중요한 것은 단순히 숫자만 보고 판단해서는 안 된다는 점이다.

모집단위	계열	2025 인원	2025 경쟁률	2025 추가합격	2025 50% 컷	2025 70% 컷	2024 인원	2024 경쟁률	2024 추가합격	2024 50% 컷	2024 70% 컷
자유전공학부	공통	20	5.85:1	1	1.20	1.26	20	4.15	7	1.24	1.28
간호대학	공통	10	6.60:1	1	1.53	1.60	10	8.20	3	1.52	1.56
의류학과	공통	8	2.75:1	0	1.72	1.90	9	2.44	0	1.48	1.60
경제학부	인문	7	3.14:1	0	1.09	1.11	12	2.33	0	1.09	1.18
사회학과	인문	6	4.00:1	1	1.09	1.12	6	4.33	0	1.03	1.07
영어교육과	인문	4	2.50:1	0	1.13	1.13	4	3.25	1	1.02	1.02
국어교육과	인문	5	3.60:1	0	1.14	1.14	5	3.40	1	1.03	1.18
정치외교학부	인문	17	2.59:1	0	1.11	1.21	17	3.35	2	1.12	1.13
경영대학	인문	26	2.92:1	0	1.16	1.22	26	2.42	0	1.12	1.18
농경제사회학부	인문	11	4.64:1	0	1.23	1.23	11	4.09	0	1.39	1.42
심리학과	인문	6	2.83:1	1	1.09	1.26	6	2.50	0	1.27	1.30
독어교육과	인문	4	1.50:1	1	1.28	1.28	4	4.50	0	1.30	1.30
사회교육과	인문	5	2.40:1	0	1.20	1.31	5	4.40	0	1.12	1.13
사회복지학과	인문	6	4.00:1	0	1.22	1.32	6	3.00	0	1.32	1.39
소비자아동학부 소비자학전공	인문	6	4.67:1	0	1.22	1.32	6	5.83	0	1.29	1.35
지리교육과	인문	5	1.40:1	0	1.37	1.37	5	3.80	1	1.20	1.30
지리학과	인문	6	2.33:1	0	1.39	1.39	6	2.17	1	1.26	1.42
인문계열	인문	28	3.75:1	3	1.33	1.40	27	4.81	3	1.20	1.31
역사학부	인문	9	2.44:1	1	1.36	1.43	9	2.33	1	1.35	1.46
소비자아동학부 아동가족학전공	인문	5	2.40:1	1	1.44	1.44	5	2.60	2	1.15	1.15
불어교육과	인문	5	1.40:1	0	1.55	1.55	5	2.40	1	1.32	1.32
역사교육과	인문	5	1.00:1	0	-	-	5	3.00	0	1.13	1.31
윤리교육과	인문	3	2.33:1	1	-	-	3	6.33	1	-	-
의예과	의학	39	8.97:1	0	1.03	1.06	39	8.03	0	1.04	1.11
약학계열	의학	11	13.09:1	2	1.05	1.12	11	9.64	5	1.13	1.16
수의예과	의학	6	6.00:1	0	1.11	1.13	4	8.50	0	1.06	1.06
수학교육과	자연	4	3.75:1	0	1.10	1.10	4	4.50	0	1.22	1.22
전기·정보공학부	자연	11	4.45:1	0	1.06	1.10	11	4.73	6	1.11	1.16
컴퓨터공학부	자연	6	5.83:1	0	1.09	1.11	6	6.83	0	1.07	1.10
통계학과	자연	6	4.33:1	0	1.13	1.15	7	3.71	0	1.26	1.26
생명과학부	자연	7	11.86:1	1	1.16	1.18	7	11.86	4	1.31	1.36
수리과학부	자연	7	3.14:1	0	1.17	1.18	7	4.00	1	1.19	1.26
항공우주공학과	자연	4	3.50:1	0	1.18	1.18	4	4.50	0	1.07	1.07
건설환경공학부	자연	8	3.38:1	0	1.19	1.21	8	4.25	0	1.47	1.48
응용생물화학부	자연	9	7.78:1	5	1.19	1.23	9	11.44	8	1.19	1.19
물리·천문학부 물리학전공	자연	8	4.00:1	0	1.21	1.24	8	2.50	2	1.22	1.24
재료공학부	자연	15	3.07:1	0	1.21	1.25	15	3.67	3	1.26	1.29
생물교육과	자연	5	3.80:1	0	1.26	1.26	5	4.80	3	-	-
첨단융합학부	자연	30	7.03:1	0	1.18	1.26	30	6.87	10	1.24	1.29
에너지자원공학과	자연	5	4.00:1	0	1.15	1.27	5	3.80	2	1.08	1.17
산업공학과	자연	4	8.50:1	0	1.28	1.28	4	6.75	0	1.42	1.42
원자핵공학과	자연	9	4.67:1	1	1.14	1.28	9	4.67	4	1.43	1.45
기계공학부	자연	16	4.25:1	5	1.25	1.30	16	3.69	3	1.26	1.31
화학생물공학부	자연	12	4.42:1	3	1.26	1.30	12	4.17	2	1.12	1.22
건축학과	자연	8	4.13:1	0	1.28	1.32	8	2.75	1	1.45	1.52
식물생산과학부	자연	6	5.83:1	2	1.33	1.34	6	6.00	3	1.34	1.40
바이오시스템·소재학부	자연	7	7.14:1	2	1.35	1.37	7	7.00	2	1.37	1.38
지구환경과학부	자연	5	4.20:1	2	1.22	1.39	5	3.40	0	1.18	1.39
화학부	자연	7	4.43:1	1	1.18	1.39	7	5.14	2	1.24	1.24
스마트시스템과학과	자연	4	9.00:1	0	1.40	1.40	-	-	-	-	-
조경·지역시스템공학부	자연	5	4.60:1	1	1.42	1.46	5	3.80	0	1.36	1.37
식품·동물생명공학부	자연	6	5.50:1	1	1.43	1.48	6	7.00	1	1.22	1.31
화학교육과	자연	6	1.83:1	1	1.44	1.50	6	5.00	0	1.27	1.27
산림과학부	자연	5	4.40:1	2	1.44	1.53	6	6.80	1	1.33	1.33
조선해양공학과	자연	6	4.50:1	0	1.52	1.54	6	3.50	1	1.54	1.65
물리교육과	자연	3	4.00:1	0	-	-	3	3.67	2	-	-
식품영양학과	자연	4	6.00:1	4	-	-	4	6.75	3	1.41	1.41
지구과학교육과	자연	3	3.67:1	0	-	-	3	4.33	1	-	-

서울대 수시 종합(지역균형) 2024-25 입결 통계(대입정보포털)

모집단위	계열	2025					2024				
		인원	경쟁률	추가합격	50% 컷	70% 컷	인원	경쟁률	추가합격	50% 컷	70% 컷
의류학과	공통	12	9.08:1	1	2.22	2.29	12	9.08	0	2.02	2.04
자유전공학부		48	11.42:1	1	1.98	2.34	48	8.85	0	1.90	2.21
간호대학		27	9.89:1	1	2.02	2.54	27	9.78	3	1.98	2.50
사회교육과	인문	6	13.17:1	0	1.49	1.50	6	12.00	0	1.93	2.46
소비자아동학부 소비자학전공		8	14.25:1	3	1.47	1.51	7	17.14	1	1.76	1.77
역사교육과		6	10.67:1	0	1.51	1.53	6	9.83	0	1.62	2.70
국어교육과		9	7.67:1	0	1.50	1.55	9	12.33	1	1.44	1.51
교육학과		11	9.73:1	1	1.66	1.74	11	12.73	2	1.38	1.49
영어교육과		12	6.83:1	0	1.66	1.81	12	8.67	0	1.78	1.83
경영대학		47	6.17:1	1	1.73	1.85	47	6.96	0	1.68	1.95
국어국문학과		9	12.56:1	1	1.77	1.86	9	12.11	0	1.75	2.35
지리교육과		6	9.00:1	0	1.82	1.89	6	10.17	0	1.69	1.81
언론정보학과		13	9.15:1	0	1.41	1.90	13	9.54	0	1.61	1.87
아시아언어문명학부		9	9.89:1	1	1.71	1.95	9	11.11	0	1.82	1.96
언어학과		9	9.22:1	0	1.92	2.02	9	10.00	0	1.85	2.03
정치외교학부		25	10.48:1	3	1.73	2.02	25	12.00	0	1.71	1.82
경제학부		60	5.57:1	0	1.84	2.03	60	5.60	1	1.91	2.32
윤리교육과		9	11.11:1	0	1.42	2.04	9	12.22	0	1.53	1.68
사회학과		10	18.50:1	0	1.90	2.05	10	17.30	0	1.75	2.17
심리학과		8	14.00:1	0	1.90	2.07	8	12.50	0	2.09	2.28
불어불문학과		9	5.56:1	0	2.09	2.10	9	8.11	0	1.55	1.85
영어영문학과		9	11.78:1	2	2.02	2.18	9	12.56	0	2.24	2.29
소비자아동학부 아동가족학전공		10	12.20:1	0	1.92	2.20	10	14.30	0	1.72	1.91
미학과		9	13.56:1	0	1.51	2.25	9	12.00	0	2.07	2.43
인류학과		12	16.33:1	0	2.08	2.28	13	13.31	0	1.98	2.40
철학과		9	17.89:1	0	1.56	2.29	9	20.78	0	1.89	2.13
사회복지학과		6	15.67:1	0	1.73	2.31	7	14.57	0	1.53	2.01
중어중문학과		9	8.00:1	0	1.84	2.32	9	8.78	0	1.76	1.82
역사학부		9	14.44:1	0	2.22	2.36	9	14.67	0	2.68	2.99
지리학과		9	11.56:1	0	1.86	2.36	9	10.89	0	2.39	2.50
노어노문학과		9	7.44:1	0	2.28	2.51	9	8.22	1	1.96	2.56
불어교육과		9	5.89:1	0	2.34	2.51	9	7.22	0	2.09	2.43
독어독문학과		9	6.22:1	0	2.16	2.56	9	7.33	0	2.16	2.49
고고미술사학과		9	11.33:1	0	2.14	2.64	9	11.11	0	2.51	2.94
농경제사회학부		15	13.20:1	0	2.60	2.75	15	11.53	0	2.57	2.98
서어서문학과		9	7.22:1	0	2.56	2.87	9	8.56	0	2.24	2.46
종교학과		9	12.33:1	1	2.66	3.20	9	11.67	0	2.60	2.79
독어교육과		10	5.40:1	0	2.35	3.25	10	6.80	0	2.41	2.43
의예과	의학	49	16.12:1	0	1.14	1.22	50	15.64	0	1.18	1.29
수의예과		17	16.24:1	3	1.42	1.45	19	13.74	2	1.50	1.76
치의학과		25	14.4:1	8	1.35	1.52	25	13.40	9	1.35	1.51
약학계열		29	12.34:1	11	1.53	1.58	29	10.38	3	1.47	1.65

서울대 수시 종합(일반전형) 2024-25 입결 통계(대입정보포털)

모집단위	계열	2025					2024				
		인원	경쟁률	추가합격	50% 컷	70% 컷	인원	경쟁률	추가합격	50% 컷	70% 컷
컴퓨터공학부	자연	28	8.18:1	1	1.16	1.39	28	7.39	1	1.39	1.39
식품영양학과		12	10.25:1	3	1.58	1.76	12	11.58	1	1.87	1.90
식품·동물생명공학부		16	15.00:1	5	1.67	1.80	16	15.56	4	1.66	1.85
물리교육과		7	11.29:1	2	1.74	1.88	7	10.86	3	2.09	2.43
화학생물공학부		41	6.98:1	10	1.74	1.95	41	7.10	7	1.79	1.88
산업공학과		12	10.42:1	0	1.91	1.97	12	9.25	2	1.40	1.56
전기·정보공학		80	6.65:1	8	1.72	2.00	80	6.25	3	1.66	2.11
첨단융합학부		98	9.95:1	12	1.66	2.01	98	10.96	8	1.94	2.65
스마트시스템과학과		10	19.50:1	1	1.90	2.02	-	-	-	-	-
수학교육과		11	11.18:1	0	1.91	2.04	11	9.64	1	1.51	2.02
건축학과		25	7.76:1	0	1.99	2.08	25	6.72	5	2.17	2.38
생물교육과		7	16.57:1	1	2.13	2.13	7	15.71	2	2.12	2.18
생명과학부		27	13.85:1	2	2.09	2.14	27	12.78	8	2.32	2.65
재료공학부		37	7.08:1	2	2.00	2.16	38	6.39	4	2.12	2.41
지구과학교육과		9	8.44:1	0	1.61	2.24	9	9.22	1	1.78	1.83
에너지자원공학과		15	10.60:1	1	1.81	2.28	15	9.13	1	2.45	2.68
물리·천문학부 물리학전공		20	8.55:1	0	2.02	2.32	20	8.00	1	2.03	2.54
조경·지역시스템공학부		14	10.14:1	1	2.05	2.35	14	11.86	3	1.84	1.92
건설환경공학부		26	9.12:1	0	1.94	2.43	26	8.46	3	2.01	2.38
기계공학부		54	6.94:1	2	1.97	2.50	54	6.33	2	1.88	2.21
산림과학부		19	10.79:1	7	1.89	2.52	19	10.21	6	2.09	2.14
식물생산과학부		24	14.46:1	3	1.89	2.76	24	13.29	4	2.44	2.69
화학부		20	8.90:1	6	2.60	2.76	20	9.50	3	2.33	2.34
화학교육과		7	14.14:1	1	1.78	2.79	7	11.71	0	1.99	2.16
응용생물화학부		15	16.60:1	10	2.49	2.84	15	14.07	4	2.34	2.95
지구환경과학부		19	10.74:1	1	2.56	3.13	18	10.83	2	2.10	2.49
원자핵공학과		15	12.13:1	2	3.11	3.16	15	11.00	1	2.65	3.18
바이오시스템·소재학부		13	15.85:1	3	1.93	3.29	13	16.00	4	1.69	2.06
항공우주공학과		18	9.56:1	3	3.30	3.35	18	8.94	1	2.40	2.54
조선해양공학과		22	10.23:1	1	2.71	3.48	22	10.00	2	3.28	3.30
물리·천문학부 천문학전공		6	11.00:1	1	-	-	6	10.00	3	1.54	1.54
수리과학부		16	6.69:1	0	-	-	16	8.06	0	1.32	1.32
통계학과		13	8.15:1	2	-	-	12	8.08	0	1.56	1.71

계열	모집단위	2025					2024		
		모집	경쟁률	추가합격	50%	70%	환산 70%	추가합격	50%	70%
공통	간호학과	10	11.30	14	1.44	1.46	97.00	3	1.56	1.63
	식품영양학과	5	11.80	4	1.42	1.42	96.91	0	1.50	1.50
	실내건축학과	5	6.60	7	1.56	1.56	96.53	1	1.47	1.47
	통합디자인학과	5	5.40	4	1.42	1.50	96.47	3	1.48	1.48
	의류환경학과	5	10.20	2	1.64	1.64	96.21	0	1.38	1.38
인문	언론홍보영상학부	7	5.14	9	1.16	1.16	98.03	4	1.30	1.33
	경영학과	45	5.53	68	1.22	1.27	97.64	29	1.32	1.44
	행정학과	14	5.00	15	1.27	1.30	97.51	10	1.36	1.45
	정치외교학과	14	4.36	23	1.26	1.30	97.50	14	1.28	1.36
	응용통계학과	7	8.86	12	1.28	1.32	97.35	2	1.41	1.69
	아동가족학과	5	14.80	5	1.43	1.43	97.00	4	1.52	1.52
	철학과	6	6.00	7	1.43	1.47	96.98	2	1.45	1.51
	중어중문학과	5	7.20	3	1.37	1.37	96.97	5	1.54	1.64
	심리학과	6	6.33	5	1.37	1.47	96.92	8	1.35	1.47
	국어국문학과	8	5.25	13	1.40	1.42	96.84	3	1.48	1.54
	사학과	8	6.13	11	1.43	1.49	96.84	0	1.52	1.56
	경제학부	29	5.34	32	1.37	1.46	96.81	24	1.29	1.42
	사회복지학과	5	7.00	5	1.45	1.45	96.78	0	1.71	2.33
	노어노문학과	5	8.40	1	1.58	1.58	96.60	2	1.76	1.76
	불어불문학과	6	8.83	7	1.43	1.60	96.60	1	1.47	1.53
	영어영문학과	13	6.00	13	1.33	1.36	96.53	14	1.38	1.54
	독어독문학과	5	7.20	4	1.51	1.52	96.53	1	1.34	1.43
	문헌정보학과	5	7.00	8	1.52	1.60	96.17	1	1.48	1.66
	문화인류학과	4	9.00	3	1.56	1.56	96.10	3	미공개	미공개
	신학과	10	7.30	6	1.65	1.78	95.80	2	1.68	1.83
	사회학과	6	8.67	12	1.58	1.64	95.54	3	1.29	1.30
	교육학부	9	5.56	18	1.69	1.87	94.60	9	1.32	1.37
의학	의예과	15	10.20	6	1.00	1.01	99.03	3	1.00	1.03
	약학과	5	10.00	6	1.04	1.04	98.56	2	1.06	1.18
	치의예과	10	10.90	11	1.10	1.11	98.29	0	1.09	1.11
자연	첨단컴퓨팅학부	25	8.04	49	1.16	1.18	97.80	25신설	25신설	25신설
	시스템반도체공학과	20	11.15	38	1.15	1.20	98.10	16	1.43	1.47
	생명공학과	9	16.11	16	1.14	1.19	98.09	6	1.41	1.42
	수학과	5	11.20	13	1.24	1.24	97.83	5	1.46	1.48
	화공생명공학부	14	13.14	29	1.17	1.18	97.82	12	1.35	1.39
	전기전자공학부	31	8.94	49	1.20	1.26	97.82	19	1.41	1.45
	IT융합공학전공	5	9.80	7	1.21	1.21	97.65	1	1.53	1.53
	신소재공학부	17	10.29	17	1.24	1.27	97.62	17	1.37	1.41
	생화학과	4	12.25	12	1.30	1.30	97.40	2	1.35	1.35
	화학과	7	11.71	15	1.27	1.30	97.38	9	1.45	1.46
	물리학과	5	7.60	10	1.28	1.33	97.36	5	1.41	1.44
	산업공학과	5	11.00	5	1.24	1.29	97.31	1	1.39	1.41
	기계공학부	21	10.14	20	1.34	1.37	97.31	8	1.55	1.56
	천문우주학과	5	7.40	3	1.33	1.34	97.11	5	1.52	1.52
	도시공학과	5	13.80	4	1.44	1.46	97.05	5	1.62	1.66
	사회환경시스템공학	13	11.77	11	1.36	1.39	97.03	5	1.53	1.62
	지능형반도체전공	6	11.33	5	1.43	1.48	96.98	25신설	25신설	25신설
	건축공학과	12	9.75	12	1.32	1.42	96.85	6	1.55	1.59
	지구시스템과학과	5	8.20	3	1.39	1.39	96.81	2	1.40	1.46
	대기과학과	5	11.00	5	1.44	1.46	96.67	5	1.65	1.65
	컴퓨터과학과	첨단컴퓨팅으로 통합						24	1.28	1.31
	인공지능학과							4	1.62	1.71
	디스플레이융합공학	5	11.20	3	미공개	미공개	미공개	0	1.50	1.51
	시스템생물학과	5	14.60	5	미공개	미공개	미공개	0	1.50	1.51

연세대 교과(추천형) 2024-25 입결 통계(대입정보포털)

계열	모집단위	2025					2024				
		모집	경쟁률	추가합격	50%	70%	모집	경쟁률	추가합격	50%	70%
공통	식품영양학과	9	14.22	5	1.64	1.71	10	15.60	9	1.60	1.86
	간호학과	24	8.54	3	1.87	1.91	24	7.58	7	1.74	1.93
	통합디자인학과	10	11.60	5	1.85	1.95	11	13.45	6	1.91	1.99
	의류환경학과	10	10.10	5	1.84	1.99	10	9.40	5	1.87	2.00
	실내건축학과	9	10.11	4	2.03	2.20	8	15.75	4	1.93	2.02
국제	융합과학공학부(ISE)	40	21.78	41	1.64	1.72	51	19.96	0	1.72	1.82
	융합인문사회과학(HASS)	100	10.50	139	1.72	1.80	107	11.95	0	1.93	2.43
	아시아학전공	20	11.80	20	2.92	3.11	20	10.60	0	2.97	3.23
인문	심리학과	8	8.38	7	1.56	1.68	6	14.50	8	1.66	1.66
	문화인류학과	4	12.50	3	1.69	1.69	33	11.67	3	-	-
	사회학과	8	9.50	13	1.67	1.73	7	11.57	6	1.58	1.75
	교육학부	12	8.42	6	1.64	1.78	9	11.22	9	1.50	1.67
	아동가족학과	10	9.20	14	1.65	1.80	11	9.00	8	2.10	2.71
	영어영문학과	16	6.25	17	1.73	1.87	12	8.42	13	1.56	1.78
	정치외교학과	16	8.13	18	1.63	1.88	15	9.13	11	1.66	1.90
	경영학과	47	7.87	58	1.73	1.91	49	8.29	48	1.79	1.92
	노어노문학과	6	6.17	4	1.73	1.91	5	9.60	6	1.86	1.86
	사회복지학과	7	11.86	6	1.78	1.94	5	11.40	2	-	-
	언론홍보영상학부	8	9.25	6	1.99	1.99	8	8.13	5	1.60	1.62
	경제학부	33	7.06	30	1.75	2.02	32	7.47	33	1.73	2.15
	응용통계학과	11	17.73	6	2.00	2.03	10	18.40	7	2.06	2.65
	행정학과	16	8.63	19	1.70	2.05	14	13.57	14	1.67	1.67
	철학과	7	13.86	7	2.01	2.25	6	26.67	13	1.77	2.16
	사학과	9	13.33	9	2.28	2.36	8	14.88	12	2.64	3.22
	중어중문학과	7	6.29	4	2.28	2.41	5	9.80	3	1.91	2.20
	불어불문학과	7	6.00	13	2.73	2.80	6	9.00	5	2.64	2.64
	국어국문학과	11	9.91	10	2.57	2.81	8	8.50	7	2.80	2.83
	문헌정보학과	6	7.83	7	1.84	2.98	5	10.60	3	1.65	1.78
	신학과	12	11.92	1	3.01	3.46	8	14.63	2	2.45	3.75
	독어독문학과	6	6.17	5	-	-	5	9.20	3	-	-
의약	의예과	45	14.25	29	1.04	1.09	42	11.33	21	1.12	1.28
	치의예과	12	17.08	12	1.26	1.32	12	17.25	8	1.31	1.49
	약학과	7	19.00	3	1.35	1.37	6	15.83	2	-	-
자연	시스템생물학과	5	19.20	2	1.46	1.46	5	27.60	7	1.44	1.44
	생명공학과	10	20.60	12	1.49	1.58	9	21.33	5	1.43	1.59
	물리학과	6	14.67	6	1.54	1.59	6	12.67	5	1.49	1.57
	수학과	7	15.00	3	1.53	1.62	6	14.17	9	1.84	2.14
	산업공학과	7	13.00	2	1.56	1.65	6	11.00	7	1.64	1.72
	천문우주학과	5	18.80	0	1.59	1.67	5	14.60	2	1.72	1.78
	첨단컴퓨팅학부	35	12.20	42	1.63	1.67	-	-	-	-	-
	신소재공학부	18	14.94	11	1.64	1.68	17	13.06	17	1.82	1.97
	지능형반도체전공	8	14.38	3	1.64	1.72	-	-	-	-	-
	생화학과	5	20.20	8	1.72	1.72	5	16.80	3	1.54	1.57
	전기전자공학부	36	10.22	35	1.59	1.73	33	9.97	27	1.55	1.67
	화공생명공학부	16	16.75	18	1.59	1.76	14	14.07	10	1.57	1.74
	대기과학과	5	12.40	3	1.69	1.76	5	14.40	1	1.68	1.91
	화학과	10	16.10	3	1.69	1.76	8	13.13	7	1.69	1.80
	IT융합공학전공	5	16.60	2	1.78	1.81	7	15.57	7	1.64	1.87
	기계공학부	22	13.68	17	1.76	1.86	21	11.86	21	1.90	2.22
	디스플레이융합공학	14	11.14	4	2.00	2.04	14	10.50	5	2.24	2.48
	건축공학과	14	11.00	8	1.95	2.05	13	10.38	11	2.20	2.57
	시스템반도체공학과	38	9.58	25	1.91	2.15	38	7.11	19	1.86	2.17
	지구시스템과학과	5	14.20	2	2.07	2.16	5	11.60	4	2.00	2.41
	도시공학과	6	12.00	6	2.16	2.27	6	12.67	5	1.70	2.25
	사회환경시스템공학	14	13.21	12	2.10	2.34	13	14.54	6	1.93	1.99
	컴퓨터과학과	첨단컴퓨팅으로 통합					11	13.91	6	1.33	1.36
	인공지능학과						20	14.15	18	1.60	1.69

연세대 종합(활동우수형/국제형) 2024-25 입결 통계(대입정보포털)

계열	학과	2025					2024				
		모집	경쟁률	추가합격	50%	70%	모집	경쟁률	추가합격	50%	70%
인문	미디어학부	12	5.25	19	1.26	1.31	12	5.58	20	1.43	1.44
	행정학과	12	5.83	9	1.33	1.35	13	4.85	14	1.44	1.49
	경영대학	52	6.13	77	1.29	1.36	55	5.13	83	1.35	1.45
	자유전공학부	18	7.78	17	1.36	1.39	21	4.33	24	1.37	1.46
	정치외교학과	12	5.75	33	1.34	1.39	13	6.85	25	1.27	1.35
	영어교육과	9	5.22	9	1.36	1.40	11	5.00	16	1.27	1.44
	사회학과	12	5.17	22	1.44	1.47	13	6.08	17	1.32	1.39
	심리학부	7	6.29	9	1.44	1.48	8	5.63	7	1.47	1.50
	통계학과	13	6.77	7	1.48	1.49	12	12.33	3	1.58	1.59
	언어학과	4	7.75	6	1.49	1.50	5	13.20	3	1.64	1.64
	역사교육과	5	4.40	7	1.49	1.51	5	6.40	7	1.40	1.40
	경제학과	21	6.10	44	1.47	1.52	22	6.05	44	1.44	1.52
	국어국문학과	9	7.44	13	1.48	1.53	9	11.00	9	1.49	1.54
	영어영문학과	16	4.56	14	1.52	1.54	17	5.35	21	1.45	1.48
	사학과	7	7.86	8	1.54	1.55	7	5.57	14	1.54	1.63
	식품자원경제학과	9	7.44	6	1.52	1.55	9	8.33	7	1.46	1.55
	철학과	11	6.18	14	1.48	1.55	13	8.38	18	1.50	1.54
	한국사학과	4	9.25	2	1.54	1.55	4	7.25	1	1.45	1.49
	국제학부	7	10.00	14	1.49	1.56	5	7.80	4	1.66	1.86
	보건정책관리학부	12	10.00	11	1.53	1.58	13	14.38	3	1.57	1.63
	교육학과	8	5.63	13	1.40	1.60	8	9.50	18	1.25	1.31
	국어교육과	8	4.88	16	1.43	1.61	7	7.86	8	1.33	1.34
	한문학과	4	8.00	1	1.61	1.62	4	7.50	0	1.67	1.70
	일어일문학과	7	7.00	5	1.60	1.63	7	5.29	3	1.66	1.70
	불어불문학과	6	7.33	3	1.62	1.65	7	12.29	7	1.63	1.64
	독어독문학과	6	6.83	5	1.62	1.66	6	9.67	1	1.61	1.66
	중어중문학과	8	6.38	6	1.65	1.66	9	8.22	3	1.58	1.70
	지리교육과	6	5.33	3	1.65	1.67	6	11.83	5	1.48	1.50
	노어노문학과	6	7.67	6	1.67	1.70	6	12.17	6	1.67	1.73
	서어서문학과	7	8.29	6	1.67	1.70	8	9.63	7	1.58	1.59
의예	의과대학	18	20.50	29	1.05	1.07	18	23.44	24	1.06	1.08
자연	컴퓨터학과	20	8.45	73	1.25	1.26	21	10.86	62	1.27	1.32
	생명공학부	17	8.88	27	1.25	1.27	18	10.22	33	1.27	1.33
	바이오시스템의과학부	10	8.90	18	1.24	1.28	11	11.09	12	1.27	1.30
	화공생명공학과	14	11.71	36	1.24	1.28	21	8.62	36	1.33	1.40
	생명과학부	15	10.93	24	1.26	1.30	16	13.75	23	1.35	1.38
	전기전자공학부	34	8.03	75	1.32	1.34	35	7.51	70	1.30	1.37
	보건환경융합과학부	18	16.17	11	1.35	1.36	19	16.00	18	1.43	1.52
	화학과	7	18.00	12	1.32	1.36	8	18.63	17	1.43	1.53
	수학교육과	6	6.67	1	1.34	1.37	6	5.33	13	1.32	1.59
	인공지능학과	16	11.25	16	1.35	1.37	-	-	-	-	-
	데이터과학과	7	10.29	6	1.38	1.39	6	7.67	10	1.43	1.75
	산업경영공학부	8	13.50	10	1.38	1.39	9	21.00	11	1.37	1.50
	수학과	8	8.50	20	1.39	1.40	8	14.75	12	1.41	1.49
	융합에너지공학과	5	16.40	6	1.38	1.40	5	9.40	8	1.44	1.66
	바이오의공학부	12	9.50	20	1.40	1.41	12	12.83	12	1.35	1.46
	식품공학과	7	12.29	5	1.42	1.43	8	15.00	12	1.48	1.54
	신소재공학부	22	8.59	26	1.40	1.43	30	7.90	44	1.42	1.48
	기계공학부	21	10.24	32	1.38	1.44	23	11.43	39	1.45	1.49
	환경생태공학부	11	22.64	14	1.43	1.45	12	23.25	15	1.59	1.60
	건축학과	6	8.33	8	1.43	1.47	7	9.86	13	1.45	1.56
	간호대학	10	10.30	12	1.43	1.49	10	26.50	7	1.48	1.51
	스마트보안학부	8	8.88	5	1.41	1.49	5	11.00	2	1.48	1.51
	지구환경과학과	4	18.25	12	1.48	1.49	6	17.83	10	1.67	1.70
	물리학과	8	8.50	25	1.48	1.50	8	11.50	13	1.47	1.48
	건축사회환경공학부	15	15.40	12	1.54	1.55	16	17.50	10	1.63	1.65
	가정교육과	7	10.29	3	1.70	1.75	6	19.50	2	1.61	1.67

고려대 교과(학교추천)전형 2024-25 입결 통계(대입정보포털)

계열	학과	2025					2024				
		모집	경쟁률	추가합격	50%	70%	모집	경쟁률	추가합격	50%	70%
공통	자유전공학부	22	19.50	24	1.90	2.27	33	9.00	20	2.12	2.40
인문	교육학과	10	13.40	9	1.79	1.86	12	12.67	3	2.06	2.58
	사회학과	15	15.00	6	1.78	1.93	18	14.94	16	1.92	2.25
	심리학부	8	14.88	5	1.65	2.01	11	13.18	5	2.13	2.65
	미디어학부	14	13.14	14	1.78	2.02	18	7.83	8	2.49	2.60
	국어교육과	9	11.44	8	1.86	2.09	10	9.80	2	2.19	2.84
	한문학과	5	13.60	3	2.07	2.10	6	15.50	0	2.31	2.74
	행정학과	14	15.50	7	1.81	2.12	18	11.28	3	2.31	2.72
	보건정책관리학부	15	15.93	1	1.97	2.13	18	19.78	3	2.10	2.38
	역사교육과	6	9.33	1	1.93	2.22	7	9.00	1	2.12	2.36
	한국사학과	5	13.40	4	2.07	2.28	6	11.33	1	2.43	2.68
	철학과	5	19.80	6	2.12	2.31	66	22.50	2	1.95	1.96
	식품자원경제학과	10	16.60	6	1.90	2.32	13	18.38	5	2.18	2.55
	통계학과	15	17.27	10	1.94	2.36	18	14.17	3	2.20	2.74
	정치외교학과	15	10.80	23	1.74	2.38	18	9.39	20	1.83	1.91
	지리교육과	7	13.14	2	2.13	2.40	9	10.78	2	2.82	2.97
	사학과	8	12.00	3	2.07	2.41	11	10.55	3	2.36	2.80
	언어학과	6	12.83	8	2.17	2.43	7	11.86	3	2.10	2.69
	국제학부	10	15.00	11	2.20	2.44	17	14.76	10	2.61	2.77
	경영대학	72	10.97	98	2.26	2.54	79	9.27	81	2.15	2.38
	중어중문학과	10	11.40	3	2.19	2.54	13	11.92	2	2.93	3.15
	경제학과	25	10.48	28	2.13	2.64	33	10.00	36	1.86	2.25
	국어국문학과	11	16.55	7	2.54	2.64	13	11.92	5	2.93	3.25
	일어일문학과	8	11.13	3	2.61	2.78	10	11.20	2	2.88	2.97
	영어교육과	11	9.00	6	2.68	2.86	16	9.50	4	2.19	2.79
	영어영문학과	20	12.20	19	2.41	2.86	25	9.32	10	2.53	2.82
	서어서문학과	9	10.11	2	2.82	3.09	11	12.36	1	2.56	3.08
	독어독문학과	7	12.71	5	2.78	3.17	9	13.78	4	2.92	3.27
	불어불문학과	7	11.14	6	2.99	3.36	9	11.11	1	2.63	2.94
	노어노문학과	7	12.43	8	3.26	3.43	9	15.56	4	2.76	3.25
의학	의과대학	29	38.34	33	1.21	1.27	29	30.28	42	1.15	1.22
자연	반도체공학과	10	13.30	8	1.69	1.72	10	13.50	5	1.97	2.13
	수학교육과	7	12.29	3	1.67	1.74	9	9.56	3	1.63	2.33
	바이오시스템의과학부	13	24.92	11	1.86	1.88	16	24.13	12	1.70	1.81
	보건환경융합과학부	22	25.00	10	1.76	1.90	28	27.39	11	1.85	1.98
	화학과	9	18.56	3	1.76	1.90	12	19.17	3	1.65	1.79
	생명과학부	19	17.21	14	1.75	1.91	23	21.26	14	1.67	1.74
	산업경영공학부	7	15.29	2	1.88	1.92	13	16.38	9	1.76	1.91
	융합에너지공학과	6	19.33	2	1.76	1.92	7	16.57	4	2.21	2.26
	화공생명공학과	16	18.19	16	1.70	1.95	23	17.22	21	1.63	1.68
	식품공학과	10	23.10	1	1.65	1.96	11	27.91	4	2.02	2.14
	전기전자공학부	43	12.63	32	1.81	1.96	60	12.85	41	1.76	1.95
	물리학과	10	20.70	7	1.94	1.97	11	19.00	4	2.08	2.51
	기계공학부	22	15.95	13	1.69	1.98	33	11.94	30	2.03	2.17
	생명공학부	23	17.04	20	1.67	1.99	26	18.96	23	1.62	1.67
	컴퓨터학과	25	10.72	17	1.82	1.99	31	11.94	33	1.67	1.73
	인공지능학과	21	16.10	9	1.86	2.00	-	-	-	-	-
	수학과	10	13.30	4	1.78	2.01	11	16.55	6	1.88	2.19
	공과대학(광역선발)	33	18.39	18	1.88	2.03	-	-	-	-	-
	신소재공학부	19	15.63	9	1.81	2.04	35	16.43	19	1.90	1.97
	지구환경과학과	6	16.83	3	2.02	2.05	8	23.50	2	1.97	2.08
	간호대학	12	18.17	5	1.75	2.06	15	13.93	4	2.13	2.22
	환경생태공학부	13	26.85	6	1.89	2.12	17	26.59	2	1.91	2.22
	스마트모빌리티학부	10	14.30	2	2.14	2.17	10	13.60	2	2.16	2.29
	건축사회환경공학부	15	21.60	6	2.09	2.20	22	16.95	9	2.11	2.38
	가정교육과	7	20.29	2	2.07	2.23	9	20.56	1	2.15	2.44
	건축학과	8	14.13	3	2.21	2.30	11	13.73	0	2.05	2.29
	바이오의공학부	17	17.18	8	2.01	2.37	18	28.72	12	1.59	1.81
	데이터과학과	8	14.25	6	2.16	2.39	8	14.38	3	1.85	1.94
	차세대통신학과	10	16.90	7	2.26	2.39	10	15.00	3	2.46	2.54
	스마트보안학부	10	13.80	3	2.16	2.49	7	12.57	1	2.06	2.17

고려대 종합(학업우수)전형 2024-25 입결 통계(대입정보포털)

계열	학과	2025					2024			
		모집	경쟁률	추가합격	50%	70%	모집	경쟁률	추가합격	50%	70%
인문	교육학과	6	18.17	5	1.74	1.88	8	15.75	10	2.06	2.49
	미디어학부	9	17.44	16	2.01	2.11	11	15.36	14	2.27	2.33
	지리교육과	4	15.00	5	1.79	2.13	5	13.80	8	2.12	2.39
	철학과	3	27.00	7	-	2.19	4	23.25	4	2.56	2.80
	역사교육과	4	13.75	3	2.14	2.26	6	14.17	5	2.49	2.66
	독어독문학과	4	12.50	5	2.24	2.31	5	16.00	7	2.80	2.97
	국어교육과	6	11.33	5	1.95	2.40	7	12.14	5	1.67	1.96
	경영대학	46	11.78	64	2.05	2.43	51	9.80	72	2.16	2.43
	언어학과	3	17.33	7	-	2.46	5	12.80	10	2.82	3.18
	사회학과	9	18.44	24	2.35	2.49	11	13.00	27	2.44	2.76
	영어영문학과	12	15.08	28	2.34	2.56	15	11.33	28	2.37	3.05
	영어교육과	7	12.00	9	2.53	2.59	10	9.60	10	2.57	2.84
	심리학부	5	15.80	3	2.56	2.61	7	16.71	6	1.85	2.23
	경제학과	15	12.93	44	2.48	2.62	20	10.00	43	2.45	2.67
	중어중문학과	6	13.83	10	2.59	2.66	8	12.25	2	2.26	2.37
	정치외교학과	9	16.00	33	2.51	2.68	11	13.55	27	2.39	2.48
	서어서문학과	6	12.33	9	2.59	2.73	8	10.63	4	2.75	2.90
	행정학과	9	14.78	21	2.14	2.77	11	13.73	17	2.16	2.37
	국제학부	10	18.60	21	2.49	2.81	16	17.00	38	2.50	2.77
	사학과	5	19.00	10	2.77	2.87	7	11.86	13	2.94	3.24
	식품자원경제학과	6	15.33	3	2.66	2.88	8	15.25	5	2.48	2.67
	일어일문학과	5	14.40	6	2.88	2.98	6	14.00	2	2.37	2.64
	노어노문학과	4	11.75	8	2.92	2.99	5	15.20	5	2.22	2.76
	통계학과	10	13.40	8	2.62	3.04	12	10.08	15	2.78	3.07
	불어불문학과	5	12.00	6	2.78	3.14	6	12.83	6	2.38	2.46
	국어국문학과	7	15.14	10	2.92	3.15	9	12.44	19	2.96	3.02
	한문학과	3	15.67	3	-	3.16	4	14.25	2	3.06	3.21
	보건정책관리학부	9	17.00	6	2.83	3.17	11	17.91	8	2.82	2.89
	글로벌한국융합학부	5	18.40	3	3.17	3.22	5	18.40	2	2.89	2.97
	한국사학과	3	20.67	2	-	3.38	4	10.75	2	3.87	3.91
의학	의과대학	15	28.60	10	1.66	1.69	15	24.93	20	1.78	1.92
자연	수학교육과	4	13.50	2	1.89	2.04	6	8.50	7	1.79	2.94
	전기전자공학부	28	12.68	88	1.75	2.06	35	10.11	114	1.91	2.62
	생명공학부	13	15.23	38	2.01	2.11	17	11.59	49	2.14	2.42
	환경생태공학부	8	17.88	8	2.01	2.24	10	15.00	8	2.84	3.20
	스마트보안학부	6	11.67	5	2.18	2.33	6	14.50	14	2.44	2.72
	간호대학	7	12.86	1	2.33	2.47	9	13.44	5	1.88	1.99
	생명과학부	11	12.82	27	2.18	2.50	15	10.53	18	2.14	2.34
	바이오의공학부	10	14.20	9	2.25	2.55	13	12.23	12	2.17	2.59
	기계공학부	16	15.19	51	2.04	2.62	22	11.23	71	2.44	3.17
	건축사회환경공학부	11	17.27	18	2.74	2.77	15	11.93	15	2.75	3.16
	가정교육과	4	14.50	1	2.43	2.90	3	15.33	0	-	-
	신소재공학부	17	14.76	52	2.52	2.90	16	12.81	45	1.94	2.36
	화공생명공학과	5	18.40	14	-	2.92	6	12.33	21	2.13	2.38
	건축학과	5	16.60	4	2.72	2.95	6	13.33	11	3.37	3.42
	바이오시스템의과학부	8	17.88	9	2.66	2.98	11	13.09	7	2.07	3.26
	식품공학과	5	18.00	0	2.63	3.09	7	18.57	1	2.17	4.02
	컴퓨터학과	15	14.00	46	2.78	3.29	20	15.50	54	3.19	3.36
	물리학과	6	18.83	19	-	3.50	7	15.71	19	2.53	2.71
	인공지능학과	13	15.15	29	3.29	3.58	-	-	-	-	-
	산업경영공학부	6	13.83	12	3.68	3.73	8	14.38	15	2.11	2.23
	데이터과학과	6	14.50	12	2.70	3.77	7	14.86	24	2.24	2.34
	스마트모빌리티학부	20	13.80	31	3.64	3.78	20	10.70	20	3.81	4.03
	반도체공학과	10	15.60	19	3.41	3.79	10	13.50	21	3.37	3.85
	화학과	5	16.60	12	3.74	3.88	7	15.00	15	2.41	2.75
	융합에너지공학과	4	17.50	2	-	3.92	6	12.17	7	3.00	3.42
	수학과	6	15.67	18	3.09	4.06	7	12.71	24	3.83	4.04
	차세대통신학과	10	12.00	12	4.08	4.14	10	10.30	20	3.29	3.64
	지구환경과학과	5	13.00	3	4.24	4.42	5	19.00	4	1.90	3.57
	보건환경융합과학부	13	18.69	5	3.20	4.51	17	14.41	11	2.47	2.82

고려대 종합(계열적합)전형 2024-25 입결 통계(대입정보포털)

전형별 수시 결과 읽는 법

우선 각 대학의 전형별로 모집 특성이 다르다. 대표적으로 서울대, 연세대, 고려대의 수시 결과 자료를 살펴보자.

서울대는 지역균형과 일반전형으로 나뉜다. 지역균형은 학교장 추천으로 2명을 선발하는데, 현 고2·고3 기준으로 보면 주로 일반고 학생들의 합격 비중이 높으며 내신은 보통 1.0~1.3대가 합격선이다. 일반전형은 영재고·과학고·자사고·외고·국제고·일반고 등에서 다수 선발된다. 지역균형에 비해 특목고·자사고의 합격 비율이 높은 편이고, 합격선은 1점대 초반부터 3점대 후반까지 폭이 넓다.

연세대의 경우 교과 추천형과 활동 우수형이 있다. 교과 추천형은 교과 100%로 선발하는데, Z점수로 환산 점수를 산출하지만 결국 교과 성적이 우수해야 한다. 주요 합격선은 일반학과 문·이과 기준으로 1.1~1.5점대(연세대식 환산 점수로 99에서 97점대)다. 반면 활동 우수형은 합격선이 비교적 낮지만, 서울대나 고려대에 비하면 학생부종합전형에서도 정량 평가를 하므로 문·이과 기준 1.5~1.8점대로 점수 관리가 꽤 중요하다.

고려대는 전형이 다양해서 특히 세부적인 체크가 필요하다. 대표적으로 교과전형과 학생부종합전형으로 구분하며 교과전형에서는 학교추천, 학생부종합전형에서는 학업우수와 계열적합전형을 선발한다.

학교추천은 교과 90%와 비교과 10%를 반영하는데, 연세대와 달리 비교과 비율이 있어 변수는 존재하지만 정량적 경쟁력이 무엇보다 중요하다. 2025학년도 일반학과 기준으로 합격선은 1.2~1.5점대였다.

학업우수형은 수능 최저 학력 기준을 유의해야 한다. 문·이과는 4과목 등급 합산 8, 의대는 4과목 합산 5로 수능 최저 학력 기준이 높은 편이다. 면접도 없고 교과·비교과·수능 최저까지 고른 역량 평가로 선발되기에, 합격선은 1.7~2.4로 일반학과 기준 2점대도 다수 합격하는 편이다. 다만 이 구간 점수대의 합격생은 수능 역량이 높은 자사고, 특목고 학생들이 대부분이다.

계열적합형은 수능 최저 학력 기준이 없고, 학생부로 1단계 합격자를 선발한 후 면접으로 최종 합격되는 방식이다. 아무래도 수능 최저 학력 기준이 없다 보니 특목고(영재고·과학고)부터 외고, 국제고, 전국·광역 자사고까지 역량 높은 학생들이 다수 지원한다. 또 일반고에서는 학업우수형과 계열적합형 동시 지원이 가능하여 과학중점반 등 과학 역량이 높은 일반고 학생들도 몰리는 전형이다. 합격선은 2점대 초반부터 4점대까지 다양하지만 결과적으로 확인했을 때 확실히 특목·자사고 학생들의 경쟁력이 높다.

즉 입시 결과를 분석할 때는 합격선을 확인하는 것도 중요하지만, 그 점수가 일반고 기준인지 특목·자사고 기준인지 구분하여 전략적인 접근을 해야 한다. 또 50%, 70% 합격컷은 아이의 성적이 기준보다 얼마나 안정적인지, 혹은 얼마나 상향 지원인지 가늠할 수 있는 수치다. 다만 이는 추가 합격까지 포함한 기준이기 때문에 단순히 점수만으로 합격 여부를 가늠하기는 어렵다. 점수는 안정권처럼 보일지라도 학생부, 면접 등의 변수가 복합적으로 작용한 결과라는 사실을 이해해야 한다.

학교	전형명	졸업제한 (추천제한인원)	인원	전형 방식 (비율)	수능 최저 학력 기준
연세대	추천형	재학생(10명)	504 + 계약25	교과100 [국수영사과 (공통과목30%+일반선택50%+진로선택20%) / 기타 과목 9등급 또는 성취도 C일 경우 최대 5점까지 감점 처리] ※공통/일반과목 원점수/평균/표준편차 활용한 석차 백분율 점수 적용	인문: 국수탐탐 중 [국/수] 포함 2개 합 4, 영어 3, 한국사 4 자연: 국수(미/기)과과 중 수학 포함 2개 합 5, 영어 3, 한국사 4 의치: 국수(미/기)과과 중 [국/수] 포함 2개 이상 각 1, 영어 3, 한국사 4
고려대	학교추천	재학생(12명)	651	교과90 [진로선택 포함한 전교과 반영 (진로선택과목은 등급으로 환산 반영)] +학생부종합평가10	일반: 국수영탐(1) 중 3개 합 7, 한국사 4 의대: 국수영탐(1) 합 5, 한국사 4

2026 연세대/고려대 학생부교과전형 방식 정리

학교명	내용
연세대	■ 반영과목 A(100점) : 국어, 수학, 영어, 사회(한국사, 역사, 도덕 포함), 과학 ▶ 공통과목 30%, 일반선택 50%, 진로선택 20% 비율로 반영, 학년별 비율은 적용하지 않음 ▶ 공통선택과 일반선택은 원점수, 평균, 표준편차를 활용한 Z점수(50%)와 석차등급을 활용한 등급점수 (50%)를 교과 이수단위 가중평균하여 반영 ▶ 진로선택과목(전문교과 포함)은 3단계 평가 A/B/C를 기준으로 A=20, B=15, C=10으로 계산 (5단계 평가의 경우 A/B는 A, C/D는 B, E는 C로 계산) ▶ 등급별 반영점수 : 1등급 100, 2등급 95, 3등급 87.5, 4등급 75, 5등급 60, 6등급 40, 7등급 25, 8등급 12.5, 9등급 5 ■ 반영과목 B(최대 5점 감점) : 반영과목 A에 해당하는 과목을 제외한 기타 과목 ▶ 석차등급 9등급 또는 성취도 C인 경우에 한하여 이수단위 기준 최대 5점까지 감점 계산식 = 반영과목B 중 석차등급 9 또는 성취도 C인 과목 이수단위 합 / 반영과목B 이수단위 합 * 5
고려대	■'원점수, 평균, 표준편차, 석차등급'이 기재된 모든 과목과 '원점수, 평균, 성취도, 성취도별 분포 비율'이 기재된 모든 과목 반영(학년별 반영 비율 없이 반영) ■ 산출방법 ▶ 교과평균등급 =(과목별 석차등급 또는 변환석차등급 × 이수단위) 합 / 이수단위 합 ▶ 과목별 변환석차등급 산출법 ▶성취도 A : 비율에 관계 없이 무조건 1등급으로 처리 ▸ 성취도 B : '성취도 A 비율'에 해당하는 석차등급 +(성취도 B까지 누적비율) / 100 ▸ 성취도 C : '성취도 B까지 누적비율'에 해당하는 석차등급 +(성취도 C까지 누적비율) / 100 ▸ 석차등급 비율에 따른 등급 기준 	비율범위	~4%	~11%	~23%	~40%	~60%	~77%	~89%	~96%	~100%
---	---	---	---	---	---	---	---	---	---
석차등급	1	2	3	4	5	6	7	8	9 | ▶ 교과평균등급점수 산출(n = 산출한 교과평균등급보다 작거나 같은 가장 큰 자연수) 식 : (n등급에 해당하는 등급별 반영 점수 − n+1등급에 해당하는 등급별 반영점수)(n + 1 − 교과평균등급) + 산출한 최종수치 1.36 등급 예시 : (100 (1등급 해당 등급별 반영 점수) − 98 (2등급 해당 등급별 반영점수))(1 + 1 − 1.36 (교과 평균등급)) + 98 (100−98)(1+1−1.36)+98 = 2×0.64+98 = 99.28 ▸ 등급별 반영점수 | 등급	1	2	3	4	5	6	7	8	9
---	---	---	---	---	---	---	---	---	---
반영점수	100	98	94	86	70	55	40	20	0	

2026 연세대/고려대 교과전형 산출 방식

학교	전형명	인원	전형 방식(비율)	수능 최저 학력 기준
서울대	지역균형 (2명이내추천)	509	1단계: 학생부종합평가100(3배수) 2단계: 1단계70+면접30 (의대: MMI / 나머지: 서류면접)	인문: 국수영탐(평) 중 3개 합 7 (제2외국어/한문 필수 응시) 자연: 국수(미/기)영과(평) 중 3개 합 7 (의대 포함 일부 학과 물/화 중 1과목 필수)
서울대	일반전형	1,515	1단계: 학생부종합평가100(2배수) 2단계: 1단계50+면접50 (사범대: 면접30%+적인성면접20%) (의치수, 간호: MMI / 나머지: 제시문면접)	없음
서울대	사회통합 (농어촌 포함)	179	1단계: 학생부종합평가100(2배수) 2단계: 1단계70+서류면접30 (의대: MMI / 나머지: 서류면접)	없음
연세대	활동우수형	677 + 계약52	1단계: 학생부종합평가100(4배수) 2단계: 1단계60+제시문면접40	인문: 국수탐탐 중 [국/수] 포함 2개 합 4, 영어 3, 한국사 4 자연: 국수(미/기)과과 중 수학 포함 2개 합 5, 영어 3, 한국사 4 의치: 국수(미/기)과과 중 [국/수] 포함 2개 이상 각 1, 영어 3, 한국사 4
연세대	국제형 (국내고)	160	1단계: 학생부종합평가100(4배수) 2단계: 1단계60+제시문면접40	국수탐탐 중 [국/수] 포함 2개 합 5, 영어 2, 한국사 4
연세대	기회균형 (농어촌 포함)	191 + 계약5	1단계: 학생부종합평가100(3배수) 2단계: 1단계60+제시문면접40	없음
연세대	논술전형	319 + 계약16	논술100 (인문: 인문논술 / 자연: 수리논술) (학폭사항 1~3호 5점, 4~5호 10점, 6~7호 25점, 8~9호 50점 감점)	없음
고려대	학업우수	837 + 계약34	학생부종합평가100	일반: 국수영탐(1) 합 8, 한국사 4 의대: 국수영탐(1) 합 5, 한국사 4
고려대	계열적합	486 + 계약44	1단계: 학생부종합평가100(5배수) 2단계: 1단계60+제시문면접40	없음
고려대	고른기회 (농어촌포함)	199	1단계: 학생부종합평가100(3배수) 2단계: 1단계60+제시문면접40	없음
고려대	다문화	20	1단계: 학생부종합평가100(3배수) 2단계: 1단계60+제시문면접40	없음
고려대	재직자	17		없음
고려대	사이버국방	10	1단계: 학생부종합평가100(5배수) 2단계:1단계60+서류면접20+신원조회/ 인성검사/신체검사/체력검정/군면접20	없음

2026 서연고 학생부종합전형 방식 정리

학교	전형명	인원	전형 방식(비율)	수능 최저 학력 기준
서울대	사회통합(농어촌 포함)	179	1단계: 학생부종합평가100(2배수) / 2단계: 1단계70+서류면접30 (의대: MMI / 나머지: 서류면접)	없음
연세대	기회균형(농어촌 포함)	191 + 계약5	1단계: 학생부종합평가100(3배수) / 2단계: 1단계60+제시문면접40	없음
고려대	고른기회(농어촌포함)	199	1단계: 학생부종합평가100(3배수) / 2단계: 1단계60+제시문면접40	없음

2026 서연고 학생부종합 농어촌전형 방식 정리

논술	교과	비교과	학교	인원	계열	논술유형	논술일정	수능 최저 학력 기준	한국사
100	-	-	고려대(안암)	350	인문	인문사회통합형(80분)	11/16(일) 08:30/12:30	국수영탐(1) 전체 합 8	4등급
					자연	수학논술(80분)	11/15(토) 09:30/12:30		
			연세대	335	인문	언어논술(120분)	09/27(토) 14:00	수능 최저 학력 기준 없음	-
					자연	수리논술(90분)	09/27(토) 09:30		

2026 연세대/고려대 논술전형

일정	해당 학교
9/8(월) - 10(수) 17시	고려대
9/8(월) - 10(수) 18시	서울대
9/9(화) - 11(목) 17시	연세대

2026 서연고 원서 접수 일정

1단계 합격	전형일	전형시각	합격발표	학교명	구분	전형명	해당학과
-	09/27(토)	9:30	12/12(금) 18시	연세대	논술	논술	자연계열 논술
		14:00					인문계열 논술
10/17(금) 17시	10/25(토)	-	12/12(금) 17시	고려대	종합	사이버국방	사이버국방학과
10/24(금) 17시	11/01(토)	8:00	11/25(화) 17시	고려대	종합	계열적합형	국어국문학과, 철학과, 한국사학과, 사학과, 한문학과, 영어영문학과, 독어독문학과, 불어불문학과, 중어중문학과, 노어노문학과, 일어일문학과, 서서문학과, 언어학과, 국어교육과, 영어교육과, 역사교육과
		13:20					경영대학, 사회학과, 식품자원경제학과, 정치외교학과, 경제학과, 통계학과, 행정학과, 교육학과, 지리교육과, 국제학부, 글로벌한국융합학부, 미디어학부, 보건정책관리학부, 심리학부
10/27(월) 17시	-	-	12/12(금) 18시	연세대	특기	국제인재	언더우드(인문사회)/언더우드(생명과학공학)
10/24(금) 17시	11/02(일)	8:00	11/25(화) 17시	고려대	종합	계열적합형	생명과학부, 생명공학부, 환경생태공학부, 식품공학과, 화학과, 지구환경과학과, 수학과, 수학교육과, 가정교육과, 컴퓨터학과, 인공지능학과, 건축학과, 화공생명공학과, 의과대학, 보건환경융합과학부, 바이오시스템의과학부, 간호대학
		13:20					물리학과, 데이터과학과, 신소재공학부, 기계공학부, 전기전자공학부, 산업경영공학부, 반도체공학과, 융합에너지공학과, 건축사회환경공학부, 차세대통신학과, 스마트모빌리티학부, 스마트보안학부, 바이오의공학부

2026 서연고 전형별 일정(수능 이전)

1단계 합격	전형일	전형시각	합격발표	학교명	구분	전형명	해당학과
11/10(월) 17시	11/15(토)	오전	12/12(금) 18시	연세대	종합	활동우수형	문과대학/생활과학대학
-		8:30	12/12(금) 17시	고려대	논술	논술	생명과학부, 생명공학부, 식품공학과, 환경생태공학부, 수학과, 물리학과, 화학과, 지구환경과학과, 컴퓨터학과, 데이터과학과, 인공지능학과, 바이오의공학부, 바이오시스템의과학부, 보건환경융합과학부, 스마트보안학부, 학부대학
11/10(월) 17시		오후	12/12(금) 18시	연세대	종합	활동우수형	진리자유학부 인문선발/간호대 포함 기타 인문/통합계 모집단위
-		12:30	12/12(금) 17시	고려대	논술	논술	화공생명공학과, 신소재공학부, 건축사회환경공학부, 건축학과, 기계공학부, 산업경영공학부, 전기전자공학부, 융합에너지공학과, 가정교육과, 수학교육과, 간호대학
11/10(월) 17시	11/16(일)	오전	12/12(금) 18시	연세대	종합	활동우수형	의대/이과대/생명시스템대/인공지능융합대/치대
-		8:30	12/12(금) 17시	고려대	논술	논술	경영대학, 국어국문학과, 철학과, 한국사학과, 사학과, 사회학과, 한문학과, 영어영문학과, 독어독문학과, 불어불문학과, 중어중문학과, 노어노문학과, 일어일문학과, 서어서문학과, 언어학과, 식품자원경제학과, 국제학부
11/10(월) 17시		오후	12/12(금) 18시	연세대	종합	활동우수형	진리자유학부 자연선발/의대/약대 포함 기타 자연계 모집단위
-		12:30	12/12(금) 17시	고려대	논술	논술	정치외교학과, 경제학과, 통계학과, 행정학과, 교육학과, 국어교육과, 영어교육과, 지리교육과, 역사교육과, 미디어학부, 보건정책관리학부, 자유전공학부, 심리학부
11/14(금) 18시	11/21(금)	-	12/12(금) 18시	서울대	종합	일반전형	일반학과/사범대(사범대는 교직/적인성면접 포함)
11/14(금) 18시	11/22(토)	-	12/12(금) 18시	서울대	종합	일반전형	의대/치대/수의대
11/17(월)			12/12(금) 18시	연세대	종합	국제형	아시아학전공/융합인문사회과학부/융합과학공학부
11/21(금) 18시	11/28(금)	-	12/12(금) 18시	서울대	종합	지역균형	일반학과/사범대
11/21(금) 18시	11/29(토)	-	12/12(금) 18시	서울대	종합	지역균형	수의대, 의대

2026 서울 주요 대학 전형별 일정(수능 이후)

유리한 수시 전형을 확인하자

수시는 전형이 다양하고 같은 대학이라도 전형마다 평가 기준이나 합격선이 다르다. 수시 요강을 확인할 때는 각 대학의 전형과 수능 최저 학력 기준, 또 각 전형의 면접이나 논술 일정도 꼼꼼하게 체크하는 것이 중요하다.

교과전형은 말 그대로 내신 성적을 반영하여 선발하는데, 연세대의 경우는 공통·일반·진로선택 과목을 각각 30%·50%·20% 비율로 반영하고 고려대는 '원점수·평균·표준편차·석차등급이 기재된 모든 과목과 원점수·평균·성취도·성취도별 분포 비율이 기재된 모든 과목'을 반영한다.

학생부종합전형은 교과 성적을 비롯하여 비교과 활동과 탐구 경험 등 학생부에 기재되는 학교생활 전반을 평가하는 전형으로, 내신 등급이 다소 부족하더라도 자기주도적인 탐구 활동을 통해 강점을 보일 수 있다. 다만 지원하고자 하는 전공 분야와의 연계성을 충분히 고려하여 교과 학습과 비교과 활동을 연계해 나가야 한다.

논술 전형은 대학별 논술 시험에 응시하는 방식이다. 연세대의 경우 인문계는 언어 논술, 자연계는 수리 논술로 구분해 출제하며, 수능 최저 학력 기준이 없다. 고려대는 인문·자연 모두 통합형 논술을 치르는데, 수능 최저 학력 기준을 충족해야 하는 조건이 있다.

각 학교와 전형에 따른 지원 전략

2026학년도 기준으로 서울대·연세대·고려대의 지역균형 및 교과전형에서는 일반고 학생들이 강점을 보인다. 선발 방식이 연세대의 경우 교과 100%이고, 서울대 지역균형은 학생부 100%에 학교장 추천 2명의 제한이 있다. 따라서 2028학년도 고교학점제가 적용되는 현 고1 대상으로도 여전히 학교장 추천과 교과전형은 일반고 학생의 합격률이 높다.

반면 서울대 일반전형, 연세대 활동우수형·국제형, 고려대 학업우수형·계열적합형은 고려대 학업우수를 제외하면 대부분 1단계 서류 평가 후 면접을 진행한다. 이러한 전형 방식은 일반고보다 면접에 익숙한 영재고, 과학고, 자사고, 외고 학생들이 강점을 보이며 실제로 합격률도 높다. 즉 자신이 속한 고등학교, 면접 유무에 따른 강점을 잘 고려한 뒤에 적합한 선발 방식에 맞는 지원 전략을 세우는 것이 핵심이다.

경쟁률이 줄어도 변수는 대비하라: 2025-26 서울대 수시 지역균형, 일반전형 경쟁률 분석

이번 2026학년도 수시는 의대 증원 원점과 현 고3 학생들 증원, 그리고 예년과 같은 지역균형 수능 최저 학력 기준 및 과목별 필수과목 지정 등으로 여러 변수가 예상될 전망이었다. 이로 인해 무엇보다 서울대 수시 경쟁률 변화도 주목됐는데, 이번 서울대 수시 경쟁률 마감 후 전형별로 어떻게 변화가 나왔는지 표로 정리하여 분석해 본다.

계열	모집단위	2026(마감전 15시)			전후 차이		2026(최종)			2026-25 차이			2025(최종)		
		인원	지원	경쟁률	지원	경쟁률	인원	지원	경쟁률	인원	지원	경쟁률	인원	지원	경쟁률
공통	식품영양학과	4	25	6.25	+11	+2.75	4	36	9.00	0	+12	+3.00	4	24	6.00
	간호대학	10	69	6.90	+15	+1.50	10	84	8.40	0	+18	+1.80	10	66	6.60
	자유전공학부	20	113	5.65	+14	+0.70	20	127	6.35	0	+10	+0.50	20	117	5.85
	의류학과	9	19	2.11	+12	+1.33	9	31	3.44	+1	+9	+0.69	8	22	2.75
예체	체육교육과	2	12	6.00	+2	+1.00	2	14	7.00	0	+7	+3.50	2	7	3.50
의학	약학계열	11	96	8.73	+8	+0.73	11	104	9.45	0	-40	-3.64	11	144	13.09
	의예과	39	307	7.87	+8	+0.21	39	315	8.08	0	-35	-0.90	39	350	8.97
	수의예과	6	30	5.00	+1	+0.17	6	31	5.17	0	-5	-0.83	6	36	6.00
인문	사회복지학과	6	21	3.50	+9	+1.50	6	30	5.00	0	+6	+1.00	6	24	4.00
	독어교육과	4	4	1.00	+15	+3.75	4	19	4.75	0	+13	+3.25	4	6	1.50
	소비자아동학부 소비자학	6	18	3.00	+10	+1.67	6	28	4.67	0	0	0	6	28	4.67
	불어교육과	4	4	1.00	+14	+3.50	4	18	4.50	-1	+11	+3.10	5	7	1.40
	인문계열	27	110	4.07	+10	+0.37	27	120	4.44	-1	+15	+0.69	28	105	3.75
	경제학부	7	25	3.57	+2	+0.29	7	27	3.86	0	+5	+0.71	7	22	3.14
	정치외교학부	17	59	3.47	+4	+0.24	17	63	3.71	0	+19	+1.12	17	44	2.59
	윤리교육과	3	6	2.00	+4	+1.33	3	10	3.33	0	+3	+1.00	3	7	2.33
	영어교육과	4	10	2.50	+2	+0.50	4	12	3.00	0	+2	+0.50	4	10	2.50
	사회학과	6	11	1.83	+7	+1.17	6	18	3.00	0	-6	-1.00	6	24	4.00
	사회교육과	5	11	2.20	+3	+0.60	5	14	2.80	0	+2	+0.40	5	12	2.40
	소비자아동학부 아동가족	5	11	2.20	+3	+0.60	5	14	2.80	0	+2	+0.40	5	12	2.40
	지리학과	6	6	1.00	+10	+1.67	6	16	2.67	0	+2	+0.33	6	14	2.33
	농경제사회학부	11	16	1.45	+13	+1.18	11	29	2.64	0	-22	-2.00	11	51	4.64
	지리교육과	5	6	1.20	+7	+1.40	5	13	2.60	0	+6	+1.20	5	7	1.40
	국어교육과	5	7	1.40	+6	+1.20	5	13	2.60	0	-5	-1.00	5	18	3.60
	심리학과	6	8	1.33	+7	+1.17	6	15	2.50	0	-2	-0.33	6	17	2.83
	역사교육과	5	7	1.40	+3	+0.60	5	10	2.00	0	+5	+1.00	5	5	1.00
	역사학부	9	15	1.67	+2	+0.22	9	17	1.89	0	-5	-0.56	9	22	2.44
	경영대학	26	40	1.54	+9	+0.35	26	49	1.88	0	-27	-1.04	26	76	2.92
자연	식품동물생명공학부	7	49	7.00	+10	+1.43	7	59	8.43	+1	+26	+2.93	6	33	5.50
	산림과학부	5	31	6.20	+10	+2.00	5	41	8.20	0	+21	+4.20	5	20	4.00
	바이오시스템소재학부	7	42	6.00	+11	+1.57	7	53	7.57	0	+3	+0.43	7	50	7.14
	응용생물화학부	9	53	5.89	+15	+1.67	9	68	7.56	0	-2	-0.22	9	70	7.78
	조선해양공학과	6	37	6.17	+7	+1.17	6	44	7.33	0	+17	+2.83	6	27	4.50
	스마트시스템과학과	4	22	5.50	+5	+1.25	4	27	6.75	0	-9	-2.25	4	36	9.00
	생명과학부	7	39	5.57	+7	+1.00	7	46	6.57	0	-37	-5.29	7	83	11.86
	식물생산과학부	6	18	3.00	+20	+3.33	6	38	6.33	0	+3	+0.50	6	35	5.83
	조경지역시스템공학부	5	8	1.60	+23	+4.60	5	31	6.20	0	+8	+1.60	5	23	4.60
	화학생물공학부	12	67	5.58	+5	+0.42	12	72	6.00	0	+19	+1.58	12	53	4.42
	첨단융합학부	30	146	4.87	+19	+0.63	30	165	5.50	0	-46	-1.53	30	211	7.03
	산업공학과	4	19	4.75	+3	+0.75	4	22	5.50	0	-12	-3.00	4	34	8.50
	화학부	7	24	3.43	+10	+1.43	7	34	4.86	0	+3	+0.43	7	31	4.43
	물리교육과	3	11	3.67	+3	+1.00	3	14	4.67	0	+2	+0.67	3	12	4.00
	기계공학부	16	62	3.88	+11	+0.69	16	73	4.56	0	+5	+0.31	16	68	4.25
	화학교육과	6	18	3.00	+8	+1.33	6	26	4.33	0	+15	+2.50	6	11	1.83
	생물교육과	5	12	2.40	+9	+1.80	5	21	4.20	0	+2	+0.40	5	19	3.80
	물리천문학부 물리학	8	30	3.75	+3	+0.38	8	33	4.13	0	+1	+0.13	8	32	4.00
	항공우주공학과	4	12	3.00	+3	+0.75	4	15	3.75	0	+1	+0.25	4	14	3.50
	원자핵공학과	9	19	2.11	+12	+1.33	9	31	3.44	0	-11	-1.22	9	42	4.67
	에너지자원공학과	5	5	1.00	+12	+2.40	5	17	3.40	0	-3	-0.60	5	20	4.00
	지구과학교육과	3	8	2.67	+2	+0.67	3	10	3.33	0	-1	-0.33	3	11	3.67
	전기정보공학부	11	33	3.00	+3	+0.27	11	36	3.27	0	-13	-1.18	11	49	4.45
	건설환경도시공학부	8	14	1.75	+10	+1.25	8	24	3.00	0	-3	-0.38	8	27	3.38
	지구환경과학부	5	12	2.40	+3	+0.60	5	15	3.00	0	-6	-1.20	5	21	4.20
	재료공학부	15	33	2.20	+11	+0.73	15	44	2.93	0	-2	-0.13	15	46	3.07
	수리과학부	7	16	2.29	+2	+0.29	7	18	2.57	0	-4	-0.57	7	22	3.14
	건축학과	8	20	2.50	0	0	8	20	2.50	0	-13	-1.63	8	33	4.13
	통계학과	6	8	1.33	+7	+1.17	6	15	2.50	0	-11	-1.83	6	26	4.33
	컴퓨터공학부	9	17	1.89	+4	+0.44	9	21	2.33	+3	-14	-3.50	6	35	5.83
	수학교육과	4	9	2.25	0	0	4	9	2.25	0	-6	-1.50	4	15	3.75

2025-26 수시 서울대 지역균형 전형 경쟁률 분석

2025-26 서울대 수시 지역균형 전형 경쟁률 분석

지역균형전형은 현역들만 지원할 수 있는 전형인 만큼 항상 높지 않은 경쟁률을 보인다. 인문계열 학과의 경우는 지원자 수가 늘어난 학교가 더 많은 반면, 자연계열은 줄어든 것을 확인할 수 있다. 서울대 지역균형을 지원할만한 교과 경쟁력을 가진 학생들은 의학계열 지원을 희망하는 경우가 많기에 의대 증원 취소를 고려한 지원 결과로 예상할 수 있다.

그에 따라 농업생명과학대학 식품동물생명공학부, 산림과학부, 공과대학에서 기계공학, 항공우주 등의 상승에서 합격을 고려한 비인기 학과 지원 및 공대 소신지원 경향을, 전년 대비 줄어든 의대, 약대, 수의 경쟁률에서는 고3 인원 증가를 고려하여 상향지원 보다 소신이나 하향선으로 전략적 지원이 이루어진 것을 확인할 수 있다.

또한, 지역균형전형은 1단계를 3배수로 선발하기 때문에 경쟁률이 3:1 이하인 학과의 유무도 중요하다.

인문계열에서는 영어교육과, 사회학과, 사회교육과, 아동가족학과, 지리학과, 농경제사회학부, 지리교육과, 국어교육과, 심리학과, 역사교육과, 역사학부, 경영대학 등이, 자연계열에서는 건설환경

계열	모집단위	2026(마감전 15시)			전후 차이		2026(최종)			2026-25 차이			2025(최종)		
		인원	지원	경쟁률	지원	경쟁률	인원	지원	경쟁률	인원	지원	경쟁률	인원	지원	경쟁률
인문	영어교육과	4	10	2.50	+2	+0.50	4	12	3.00	0	+2	+0.50	4	10	2.50
	사회학과	6	11	1.83	+7	+1.17	6	18	3.00	0	-6	-1.00	6	24	4.00
	사회교육과	5	11	2.20	+3	+0.60	5	14	2.80	0	+2	+0.40	5	12	2.40
	소비자아동학부 아동가족	5	11	2.20	+3	+0.60	5	14	2.80	0	+2	+0.40	5	12	2.40
	지리학과	6	6	1.00	+10	+1.67	6	16	2.67	0	+2	+0.33	6	14	2.33
	농경제사회학부	11	16	1.45	+13	+1.18	11	29	2.64	0	-22	-2.00	11	51	4.64
	지리교육과	5	6	1.20	+7	+1.40	5	13	2.60	0	+6	+1.20	5	7	1.40
	국어교육과	5	7	1.40	+6	+1.20	5	13	2.60	0	-5	-1.00	5	18	3.60
	심리학과	6	8	1.33	+7	+1.17	6	15	2.50	0	-2	-0.33	6	17	2.83
	역사교육과	5	7	1.40	+3	+0.60	5	10	2.00	0	+5	+1.00	5	5	1.00
	역사학부	9	15	1.67	+2	+0.22	9	17	1.89	0	-5	-0.56	9	22	2.44
	경영대학	26	40	1.54	+9	+0.35	26	49	1.88	0	-27	-1.04	26	76	2.92
자연	건설환경도시공학부	8	14	1.75	+10	+1.25	8	24	3.00	0	-3	-0.38	8	27	3.38
	지구환경과학부	5	12	2.40	+3	+0.60	5	15	3.00	0	-6	-1.20	5	21	4.20
	재료공학부	15	33	2.20	+11	+0.73	15	44	2.93	0	-2	-0.13	15	46	3.07
	수리과학부	7	16	2.29	+2	+0.29	7	18	2.57	0	-4	-0.57	7	22	3.14
	건축학과	8	20	2.50	0	0	8	20	2.50	0	-13	-1.63	8	33	4.13
	통계학과	6	8	1.33	+7	+1.17	6	15	2.50	0	-11	-1.83	6	26	4.33
	컴퓨터공학부	9	17	1.89	+4	+0.44	9	21	2.33	+3	-14	-3.50	6	35	5.83
	수학교육과	4	9	2.25	0	0	4	9	2.25	0	-6	-1.50	4	15	3.75

경쟁률이 3:1 이하인 학과(서울대 수시 지역균형전형)

도시공학부, 지구환경과학부, 재료공학부, 수리과학부, 건축학과, 통계학과, 컴퓨터공학부, 수학교육과 등이 경쟁률 3.0:1 이하를 기록했다.

이 중 전년도에 배수 미달을 기록하지 않은 학과는 인문계열에서는 사회학과, 농경제사회학부 등 두 개 학과였고, 자연계열에서는 8개 학과 모두 전년도에는 배수 미달을 기록하지 않았다.

이렇게 3.0:1 이하의 경쟁률을 기록한 학과들은 전원 2단계 면접 대상자가 되거나, 입학사정관들의 서류평가 결과에 따라 일부

탈락하는 학생도 있을 수 있지만, 대체로 지역균형전형을 지원한 학생들은 수능 최저 학력 기준인 3개 합 7을 맞출 수 있으면서도 해당 전형을 지원할 수 있는 역량이 되는 각 학교 상위 2인인 만큼, 2단계 면접에서 판가름이 날 것으로 보인다.

계열	모집단위	2026(마감전 15시)			전후 차이		2026(최종)			2026-25 차이			2025(최종)		
		인원	지원	경쟁률	지원	경쟁률	인원	지원	경쟁률	인원	지원	경쟁률	인원	지원	경쟁률
인문	사회복지학과	6	21	3.50	+9	+1.50	6	30	5.00	0	+6	+1.00	6	24	4.00
	독어교육과	4	4	1.00	+15	+3.75	4	19	4.75	0	+13	+3.25	4	6	1.50
	소비자아동학부 소비자학	6	18	3.00	+10	+1.67	6	28	4.67	0	0	0	6	28	4.67
	불어교육과	4	4	1.00	+14	+3.50	4	18	4.50	-1	+11	+3.10	5	7	1.40
	인문계열	27	110	4.07	+10	+0.37	27	120	4.44	-1	+15	+0.69	28	105	3.75
자연	식품동물생명공학부	7	49	7.00	+10	+1.43	7	59	8.43	+1	+26	+2.93	6	33	5.50
	산림과학부	5	31	6.20	+10	+2.00	5	41	8.20	0	+21	+4.20	5	20	4.00
	바이오시스템소재학부	7	42	6.00	+11	+1.57	7	53	7.57	0	+3	+0.43	7	50	7.14
	응용생물화학부	9	53	5.89	+15	+1.67	9	68	7.56	0	-2	-0.22	9	70	7.78
	조선해양공학부	6	37	6.17	+7	+1.17	6	44	7.33	0	+17	+2.83	6	27	4.50

인문계/자연계 경쟁률 상위권 학과(서울대 수시 지역균형전형)

인문계/자연계 경쟁률 상위권 학과를 정리하면 위와 같다.

이 중 인문계열 상위 5개 학과는 사회복지학과와 독어교육, 소비자학, 불어교육 등의 비인기 학과와, 단과대 자체를 한번에 뽑는 인문계열로 구성되어 있다. 전년도와 지원자 수와 경쟁률이 완전히 일치하는 소비자학전공을 제외하면 모두 경쟁률이 상승했으며, 일차적으로는 서류와 면접 역량, 2차적으로는 수능 최저 학력 기준 3개 합 7을 맞추느냐에 따라서 결과 변수가 생길 것으로 보인다.

자연계열 상위 5개 학과를 보면 주로 입결이 낮게 형성되는 농업생명과학대학에 소속되어 있는 4개 학과와, 비인기 학과라고 하는 조선해양공학과가 경쟁률 상위권을 기록했다. 식품동물생명공학부, 바이오시스템소재학부는 수능에서 물리학I, 물리학Ⅱ, 화학I, 화학Ⅱ 중 1과목 이상을 반드시 응시해야하는 조건이 있기에, 정시에서도 입결이 낮게 형성되어 있다. 그렇기에 이 두 학과는 더욱 수능 최저 학력 기준 충족에 따른 입결 변동이 클 것으로 보인다.

　나머지 학과들은 물리학, 화학 응시 필수 항목에서 제외됨으로써 특히 입결만 보고 지원했을 가능성이 큰 학생이 주로 몰려있는 학과인 산림과학부와 조선해양공학과의 경우, 서류 3배수에서 일차적으로 걸러진 뒤 보는 서류 기반 면접에 따른 결과가 큰 변수가 될 것이다. 또 지역균형전형은 면접평가에서 학생부 내에 있는 의외의 기록에서 꼬리 질문이 많이 출제될 수 있는 만큼 서류면접 준비를 꼼꼼하게 하는 것이 중요하다.

2025-26 수시 서울대 일반전형 경쟁률 분석

계열	모집단위	2026(마감전 15시)			전후 차이		2026(최종)			2026-25 차이			2025(최종)		
		인원	지원	경쟁률	지원	경쟁률	인원	지원	경쟁률	인원	지원	경쟁률	인원	지원	경쟁률
공통	간호대학	27	245	9.07	+51	+1.89	27	296	10.96	0	+29	+1.07	27	267	9.89
	자유전공학부	48	399	8.31	+98	+2.04	48	497	10.35	0	-51	-1.06	48	548	11.42
	식품영양학과	12	89	7.42	+30	+2.50	12	119	9.92	0	-4	-0.33	12	123	10.25
	의류학과	12	88	7.33	+21	+1.75	12	109	9.08	0	0	0	12	109	9.08
예체	디자인과	7	167	23.86	+30	+4.29	7	197	28.14	0	+8	+1.14	7	189	27.00
	체육교육과	4	91	22.75	+14	+3.50	4	105	26.25	0	-8	-2.00	4	113	28.25
	피아노과	23	192	8.35	+19	+0.83	23	211	9.17	0	+14	+0.61	23	197	8.57
	국악과	28	215	7.68	+27	+0.96	28	242	8.64	0	-37	-1.32	28	279	9.96
	관현악과	47	356	7.57	+18	+0.38	47	374	7.96	0	+22	+0.47	47	352	7.49
의학	의예과	50	560	11.20	+75	+1.50	50	635	12.70	+1	-155	-3.42	49	790	16.12
	수의예과	17	158	9.29	+24	+1.41	17	182	10.71	0	-94	-5.53	17	276	16.24
	치의학과	25	207	8.28	+38	+1.52	25	245	9.80	0	-115	-4.60	25	360	14.40
	약학계열	29	215	7.41	+46	+1.59	29	261	9.00	0	-97	-3.34	29	358	12.34
인문	사회학과	10	134	13.40	+31	+3.10	10	165	16.50	0	-20	-2.00	10	185	18.50
	사회복지학과	7	90	12.86	+19	+2.71	7	109	15.57	+1	+15	-0.10	6	94	15.67
	철학과	9	116	12.89	+24	+2.67	9	140	15.56	0	-21	-2.33	9	161	17.89
	종교학과	9	122	13.56	+16	+1.78	9	138	15.33	0	+27	+3.00	9	111	12.33
	사회교육과	6	57	9.50	+22	+3.67	6	79	13.17	0	0	0	6	79	13.17
	미학과	9	105	11.67	+8	+0.89	9	113	12.56	0	-9	-1.00	9	122	13.56
	인류학과	12	120	10.00	+27	+2.25	12	147	12.25	0	-49	-4.08	12	196	16.33
	역사학부	9	96	10.67	+14	+1.56	9	110	12.22	0	-20	-2.22	9	130	14.44
	농경제사회학부	15	143	9.53	+30	+2.00	15	173	11.53	0	-25	-1.67	15	198	13.20
	고고미술사학과	9	90	10.00	+13	+1.44	9	103	11.44	0	+1	+0.11	9	102	11.33
	심리학과	8	78	9.75	+12	+1.50	8	90	11.25	0	-22	-2.75	8	112	14.00
	소비자아동학부 소비자학	8	72	9.00	+18	+2.25	8	90	11.25	0	-24	-3.00	8	114	14.25
	윤리교육과	9	72	8.00	+25	+2.78	9	97	10.78	0	-3	-0.33	9	100	11.11
	정치외교학부	25	228	9.12	+32	+1.28	25	260	10.40	0	-2	-0.08	25	262	10.48
	소비자아동학부 아동가족	10	71	7.10	+33	+3.30	10	104	10.40	0	-18	-1.80	10	122	12.20
	국어국문학과	9	75	8.33	+17	+1.89	9	92	10.22	0	-21	-2.33	9	113	12.56
	지리교육과	6	43	7.17	+18	+3.00	6	61	10.17	0	+7	+1.17	6	54	9.00
	교육학과	11	90	8.18	+21	+1.91	11	111	10.09	0	+4	+0.36	11	107	9.73
	아시아언어문명학부	9	76	8.44	+13	+1.44	9	89	9.89	0	0	0	9	89	9.89
	지리학과	9	63	7.00	+26	+2.89	9	89	9.89	0	-15	-1.67	9	104	11.56
	언론정보학과	12	100	8.33	+15	+1.25	12	115	9.58	-1	-4	+0.43	13	119	9.15
	영어영문학과	9	65	7.22	+18	+2.00	9	83	9.22	0	-23	-2.56	9	106	11.78
	언어학과	9	68	7.56	+13	+1.44	9	81	9.00	0	-2	-0.22	9	83	9.22
	국어교육과	9	68	7.56	+12	+1.33	9	80	8.89	0	+11	+1.22	9	69	7.67
	역사교육과	6	32	5.33	+17	+2.83	6	49	8.17	0	-15	-2.50	6	64	10.67
	중어중문학과	9	56	6.22	+11	+1.22	9	67	7.44	0	-5	-0.56	9	72	8.00
	영어교육과	12	70	5.83	+17	+1.42	12	87	7.25	0	+5	+0.42	12	82	6.83
	서어서문학과	9	48	5.33	+14	+1.56	9	62	6.89	0	-3	-0.33	9	65	7.22
	독어교육과	10	52	5.20	+13	+1.30	10	65	6.50	0	+11	+1.10	10	54	5.40
	독어독문학과	9	47	5.22	+11	+1.22	9	58	6.44	0	+2	+0.22	9	56	6.22
	불어불문학과	9	33	3.67	+22	+2.44	9	55	6.11	0	+5	+0.56	9	50	5.56
	노어노문학과	9	41	4.56	+13	+1.44	9	54	6.00	0	-13	-1.44	9	67	7.44
	불어교육과	10	41	4.10	+18	+1.80	10	59	5.90	+1	+6	+0.01	9	53	5.89
	경영대학	47	214	4.55	+50	+1.06	47	264	5.62	0	-26	-0.55	47	290	6.17
	경제학부	60	245	4.08	+51	+0.85	60	296	4.93	0	-38	-0.63	60	334	5.57

계열	모집단위	2026(마감전 15시)			전후 차이		2026(최종)			2026-25 차이			2025(최종)		
		인원	지원	경쟁률	지원	경쟁률	인원	지원	경쟁률	인원	지원	경쟁률	인원	지원	경쟁률
자연	응용생물화학부	15	258	17.20	+31	+2.07	15	289	19.27	0	+40	+2.67	15	249	16.60
	바이오시스템소재학부	13	196	15.08	+42	+3.23	13	238	18.31	0	+32	+2.46	13	206	15.85
	생물교육과	7	81	11.57	+23	+3.29	7	104	14.86	0	-12	-1.71	7	116	16.57
	스마트시스템과학과	10	108	10.80	+40	+4.00	10	148	14.80	0	-47	-4.70	10	195	19.50
	물리교육과	7	78	11.14	+17	+2.43	7	95	13.57	0	+16	+2.29	7	79	11.29
	식품동물생명공학부	16	129	8.06	+77	+4.81	16	206	12.88	0	-34	-2.13	16	240	15.00
	화학교육과	7	73	10.43	+17	+2.43	7	90	12.86	0	-9	-1.29	7	99	14.14
	수학교육과	11	116	10.55	+17	+1.55	11	133	12.09	0	+10	+0.91	11	123	11.18
	식물생산과학부	25	241	9.64	+60	+2.40	25	301	12.04	+1	-46	-2.42	24	347	14.46
	원자핵공학과	15	148	9.87	+28	+1.87	15	176	11.73	0	-6	-0.40	15	182	12.13
	산림과학부	19	162	8.53	+59	+3.11	19	221	11.63	0	+16	+0.84	19	205	10.79
	조경지역시스템공학부	14	108	7.71	+47	+3.36	14	155	11.07	0	+13	+0.93	14	142	10.14
	지구환경과학부	19	173	9.11	+26	+1.37	19	199	10.47	0	-5	-0.26	19	204	10.74
	조선해양공학과	22	176	8.00	+51	+2.32	22	227	10.32	0	+2	+0.09	22	225	10.23
	에너지자원공학과	15	115	7.67	+39	+2.60	15	154	10.27	0	-5	-0.33	15	159	10.60
	항공우주공학과	18	161	8.94	+22	+1.22	18	183	10.17	0	+11	+0.61	18	172	9.56
	물리천문학부 천문학	6	55	9.17	+6	+1.00	6	61	10.17	0	-5	-0.83	6	66	11.00
	화학부	20	160	8.00	+37	+1.85	20	197	9.85	0	+19	+0.95	20	178	8.90
	생명과학부	27	203	7.52	+54	+2.00	27	257	9.52	0	-117	-4.33	27	374	13.85
	산업공학과	17	114	6.71	+32	+1.88	17	146	8.59	+5	+21	-1.83	12	125	10.42
	건설환경도시공학부	26	170	6.54	+52	+2.00	26	222	8.54	0	-15	-0.58	26	237	9.12
	지구과학교육과	9	49	5.44	+21	+2.33	9	70	7.78	0	-6	-0.67	9	76	8.44
	물리천문학부 물리학	20	134	6.70	+19	+0.95	20	153	7.65	0	-18	-0.90	20	171	8.55
	첨단융합학부	98	596	6.08	+147	+1.50	98	743	7.58	0	-232	-2.37	98	975	9.95
	통계학과	13	67	5.15	+23	+1.77	13	90	6.92	0	-16	-1.23	13	106	8.15
	건축학과	25	132	5.28	+29	+1.16	25	161	6.44	0	-33	-1.32	25	194	7.76
	재료공학부	37	187	5.05	+44	+1.19	37	231	6.24	0	-31	-0.84	37	262	7.08
	화학생물공학부	41	173	4.22	+59	+1.44	41	232	5.66	0	-54	-1.32	41	286	6.98
	수리과학부	16	76	4.75	+14	+0.88	16	90	5.63	0	-17	-1.06	16	107	6.69
	기계공학부	54	247	4.57	+46	+0.85	54	293	5.43	0	-82	-1.52	54	375	6.94
	전기정보공학부	80	308	3.85	+59	+0.74	80	367	4.59	0	-165	-2.06	80	532	6.65
	컴퓨터공학부	36	126	3.50	+29	+0.81	36	155	4.31	+8	-74	-3.87	28	229	8.18

2025-26 수시 서울대 일반전형 경쟁률 분석

    2배수 선발인 일반전형은 졸업생들도 지원 가능해 특목고, 자사고 학생 선발 비중이 지역균형에 비해 많은데, 특히나 일반전형으로만 선발하는 의학계열 중 치의예과의 경우 의예과와 더불어 경쟁률이 대폭 줄었다. 농업생명과학대학 내 응용생물, 바이오시스템, 식품동물, 식물, 산림 등이 경쟁률 상위권을 기록하는 것은 생명과 의학 관련 학생부 스토리에서 전략적 학과 선택을 고려한 지원한 결과로 보인다.

공대 중에서는 기계, 전기, 컴퓨터공학부를 전년 대비 경쟁률이 줄었는데, 이들은 일반전형 전체 경쟁률 중에서 가장 낮은 대표 학과였다. 전년 대비 올해 대표적으로 경쟁률이 감소된 학과는 다음과 같다.

계열	모집단위	2026(마감전 15시)			전후 차이		2026(최종)			2026-25 차이			2025(최종)		
		인원	지원	경쟁률	지원	경쟁률	인원	지원	경쟁률	인원	지원	경쟁률	인원	지원	경쟁률
의학	의예과	50	560	11.20	+75	+1.50	50	635	12.70	+1	-155	-3.42	49	790	16.12
	수의예과	17	158	9.29	+24	+1.41	17	182	10.71	0	-94	-5.53	17	276	16.24
	치의학과	25	207	8.28	+38	+1.52	25	245	9.80	0	-115	-4.60	25	360	14.40
	약학계열	29	215	7.41	+46	+1.59	29	261	9.00	0	-97	-3.34	29	358	12.34
자연	생명과학부	27	203	7.52	+54	+2.00	27	257	9.52	0	-117	-4.33	27	374	13.85
	첨단융합학부	98	596	6.08	+147	+1.50	98	743	7.58	0	-232	-2.37	98	975	9.95
	기계공학부	54	247	4.57	+46	+0.85	54	293	5.43	0	-82	-1.52	54	375	6.94
	전기정보공학부	80	308	3.85	+59	+0.74	80	367	4.59	0	-165	-2.06	80	532	6.65
	컴퓨터공학부	36	126	3.50	+29	+0.81	36	155	4.31	+8	-74	-3.87	28	229	8.18

2025-26 수시 서울대 일반전형 경쟁률 감소 학과 분석

총 9개 학과가 70명 이상 지원 인원이 줄었는데, 의/치/약/수 중 의대는 155명, 치대는 115명, 약대는 97명, 수의대는 94명 줄었으며, 자연계열 중 첨단융합이 232명, 전기정보공학이 165명, 생명과학이 117명, 기계공학이 82명, 컴퓨터공학이 74명 줄었다. 이 부분은 넓게 해석해 보면 6월 수능모의고사보다 9월 모의평가의 난도가 상승한 점이 한몫했을 것으로 예상된다. 영재, 과고생(조기졸업생 포함)들은 수능대비가 상대적으로 낮지만 자사고 학생들은

서울대 일반전형도 다수 지원하는데, 9월 모평 가채점 점수 하락을 고려해 무리한 수시 지원을 배제한 결과로 보인다.

계열	모집단위	2026(마감전 15시)			전후 차이		2026(최종)			2026-25 차이			2025(최종)		
		인원	지원	경쟁률	지원	경쟁률	인원	지원	경쟁률	인원	지원	경쟁률	인원	지원	경쟁률
인문	사회학과	10	134	13.40	+31	+3.10	10	165	16.50	0	-20	-2.00	10	185	18.50
	사회복지학과	7	90	12.86	+19	+2.71	7	109	15.57	+1	+15	-0.10	6	94	15.67
	철학과	9	116	12.89	+24	+2.67	9	140	15.56	0	-21	-2.33	9	161	17.89
	종교학과	9	122	13.56	+16	+1.78	9	138	15.33	0	+27	+3.00	9	111	12.33
	사회교육과	6	57	9.50	+22	+3.67	6	79	13.17	0	0	0	6	79	13.17
자연	응용생물화학부	15	258	17.20	+31	+2.07	15	289	19.27	0	+40	+2.67	15	249	16.60
	바이오시스템소재학부	13	196	15.08	+42	+3.23	13	238	18.31	0	+32	+2.46	13	206	15.85
	생물교육과	7	81	11.57	+23	+3.29	7	104	14.86	0	-12	-1.71	7	116	16.57
	스마트시스템과학과	10	108	10.80	+40	+4.00	10	148	14.80	0	-47	-4.70	10	195	19.50
	물리교육과	7	78	11.14	+17	+2.43	7	95	13.57	0	+16	+2.29	7	79	11.29

인문계/자연계 경쟁률 상위권 학과(서울대 수시 일반전형)

서울대 수시 일반전형 인문계/자연계 경쟁률 상위권 학과는 위와 같다.

인문계열은 사회학과와 사회복지학과, 철학과, 그리고 많은 상위권 문과 학생들이 서울대 자체를 목표로 지원하는 종교학과, 사범대 중 사회교육과가 경쟁률의 상위권을 기록했다. 자연계열은 농업생명과학대학에 소속된 응용생물화학부, 바이오시스템소재학부, 스마트시스템과학과와 사범대 중 생물교육과와 물리교육과의 경쟁률이 높았다.

특히 인문계열에서 종교, 사회교육 등이 대표적으로 합격선이 낮은데 이는 자사, 특목고 및 일반고생들의 전략적 지원 결과로 보인다. 자연계열 중 생물교육과, 물리교육과가 기록한 높은 경쟁률은 교과 합격선을 고려해서, 상대적으로 사범대 관심도 많은 자연계 학생들의 지원 경향이 반영된 결과였다.

계열	모집단위	2026(마감전 15시)			전후 차이		2026(최종)			2026-25 차이			2025(최종)		
		인원	지원	경쟁률	지원	경쟁률	인원	지원	경쟁률	인원	지원	경쟁률	인원	지원	경쟁률
인문	경제학부	60	245	4.08	+51	+0.85	60	296	4.93	0	-38	-0.63	60	334	5.57
	경영대학	47	214	4.55	+50	+1.06	47	264	5.62	0	-26	-0.55	47	290	6.17
	불어교육과	10	41	4.10	+18	+1.80	10	59	5.90	+1	+6	+0.01	9	53	5.89
	노어노문학과	9	41	4.56	+13	+1.44	9	54	6.00	0	-13	-1.44	9	67	7.44
	불어불문학과	9	33	3.67	+22	+2.44	9	55	6.11	0	+5	+0.56	9	50	5.56
자연	컴퓨터공학부	36	126	3.50	+29	+0.81	36	155	4.31	+8	-74	-3.87	28	229	8.18
	전기정보공학부	80	308	3.85	+59	+0.74	80	367	4.59	0	-165	-2.06	80	532	6.65
	기계공학부	54	247	4.57	+46	+0.85	54	293	5.43	0	-82	-1.52	54	375	6.94
	수리과학부	16	76	4.75	+14	+0.88	16	90	5.63	0	-17	-1.06	16	107	6.69
	화학생물공학부	41	173	4.22	+59	+1.44	41	232	5.66	0	-54	-1.32	41	286	6.98

인문계/자연계 경쟁률 하위권 학과(서울대 수시 일반전형)

서울대 수시 일반전형 인문계/자연계 경쟁률 하위권 학과는 위와 같다.

인문계에서는 상경계열 중 경제학부와 경영대학, 사범대 불어교육과, 인문대 노어노문과 불어불문 등이 경쟁률 하위 5개 학과가 되었다. 하지만 경제학부와 경영대학은 그만큼 많이 뽑기 때문에 경쟁률만 낮게 나왔을 뿐 지원 인원수로는 상위 2개에 드는 학과라는 점을 참고해야 한다. 나머지 3개 학과(불어교육, 노어노문, 불어불문)의 경우는 경쟁률과 지원 인원 모두 하위 5개 학과 내로 들어가며, 전년도에도 비슷하게 경쟁률 하위권이었기에 여전한 비인기 학과임을 알 수 있다.

자연계에서는 컴퓨터공학부, 전기정보공학부, 기계공학부, 수리과학부, 화학생물공학부 등 수요가 높은 학과들이 경쟁률 하위권을 기록했다. 다만 전기정보공학부는 인문계의 경제학부와 비슷하게 그만큼 많이 뽑기 때문에 경쟁률만 낮게 나온 것으로, 지원 인원수로는 2위를 기록했다. 기계공학부 또한 지원 인원으로는 4위를 기록하고 있다. 모두 공대의 대표적인 인기 학과인데 모두 경쟁률 하위권을 보였다는 점은 올해 수시 입시를 대표적으로 보여 주는 결과라고 할 수 있겠다.

계열	모집단위	2026(마감전 15시)			전후 차이		2026(최종)			2026-25 차이			2025(최종)		
		인원	지원	경쟁률	지원	경쟁률	인원	지원	경쟁률	인원	지원	경쟁률	인원	지원	경쟁률
자연	첨단융합학부	98	596	6.08	+147	+1.50	98	743	7.58	0	-232	-2.37	98	975	9.95
	전기정보공학부	80	308	3.85	+59	+0.74	80	367	4.59	0	-165	-2.06	80	532	6.65
	식물생산과학부	25	241	9.64	+60	+2.40	25	301	12.04	+1	-46	-2.42	24	347	14.46
	기계공학부	54	247	4.57	+46	+0.85	54	293	5.43	0	-82	-1.52	54	375	6.94
	응용생물화학부	15	258	17.20	+31	+2.07	15	289	19.27	0	+40	+2.67	15	249	16.60

자연계 마감 전/후 경쟁률 증가 학과(서울대 수시 일반전형)

참고용으로 자연계 마감 전 대비 마감 후 지원 경쟁률 상승 순위를 다시 매기면 첨단융합, 전기정보, 식물생산, 기계공학, 응용생물화학 순이다. 일명 눈치 작전의 결과로 보이는데, 최종 지원 시 선발 인원을 보고 일명 '던지자'식 지원의 증가라고 할 수 있겠다. 역시 첨단융합학부는 자연계열 일반전형 중 98명으로 인원이 가장 많은 만큼, 마감 전/후 온도 차가 큰 학과였다. 문제는 이러한 경쟁률 상승세와 경쟁률 상위권, 그리고 인지도가 낮은 과들이 입시 결과 합격선까지 비례적이지는 않다는 점이다.

결국 1단계 서류 평가에서 2배수를 뽑은 뒤 교과 성적 위주로 참고하는 일반전형이니만큼, 올해도 경쟁률과는 다른 입시 결과가 나오지 않을까 예상된다.

결론

전체적으로 2025년 수시 대비 2026년 서울대의 전형별, 계열별 원서접수 인원 변동 사항을 분석하면 다음과 같다.

※ 예체능계열은 제외한 수치

구분	2026 공통 지원	증감	의학 지원	증감	인문 지원	증감	자연 지원	증감	총합 지원	증감	2025 공통	의학	인문	자연	총합
지역균형	242	+37	450	-80	535	+24	1,178	-55	2,405	-74	205	530	511	1,233	2,479
일반전형	902	-22	1,323	-461	3,835	-284	6,506	-853	12,566	-1,620	924	1,784	4,119	7,359	14,186
총합	1,144	+15	1,773	-541	4,370	-260	7,684	-908	14,971	-1,694	1,129	2,314	4,630	8,592	16,665

2025-26 전형별/계열별 원서 접수 인원 비교

주로 의학계열과 자연계열에서 원서를 접수한 인원이 전년 대비 큰 폭으로 줄어든 것을 볼 수 있다. 전년 대비 재학생 인원은 늘었지만, 지방 의대 증원 취소로 인한 결과가 일반학과 입결에 지각 변동을 줄 수 있기 때문에 그에 대한 불안감이 서울대 원서 접수 인원 감소에 영향을 미쳤을 것으로 보인다.

앞에서도 언급했듯이 일반전형은 지역균형과 달리 영재고, 과고, 전국 자사고, 광역 자사고, 외고, 국제고 등 다양한 학교에서 지원하며 정량 평가보다 정성 평가의 비중이 크다. 따라서 1단계에 합격해도 2단계 면접에 따라 최종 합격 결과는 달라진다는 점을 고려해야 한다. 지원한 학과의 경쟁률이 낮아졌다고 해도 방심해서는 안 되며, 수능 대비 및 지원한 대학의 경쟁률 변화, 면접 대비부터 최종 합격까지 심도 있는 철저한 대비가 필요하다.

합격컷만으로는 알 수 없는 정시 대비 전략: 서연고 2025 정시 입결과 2026 정시 방식

정시 입결의 변수

 수시 입결과 마찬가지로 정시에서도 경쟁률이나 추가 합격 50% 70%에 대해서 조금 더 밀도 있는 해석이 필요하다. 대입 정보 포털 '어디가'에서 제공하는 입시 결과 자료에 기재된 50%와 70% 합격컷은 추가 합격을 포함한 기준이므로, 단순히 이 숫자를 바탕으로 지원 전략을 세우면 위험하다.

 예를 들어 고려대 2024학년도 일반전형 정시에서 자연계열 산업경영학과의 경우 70% 컷이 백분위 기준 96%였으며, 경쟁률 3.7:1에 추가 합격은 3명이었다. 2025학년도에도 경쟁률은 3.27:1로 전년도와 비슷했으나 70% 백분위 컷은 91.28%로 크게 낮아졌다. 24년도 입결이 높았다는 인식 때문에 다른 과로 지원이 분산되면서 25년도 입결은 오히려 낮아진 것이다. 정시는 지원자 점수의 분포나 경쟁 양상에 따라서 이와 같은 변수가 존재하게 된다.

수시에서는 학생부 기반 활동이나 교과 성적을 참고한 지원, 자사 특목 선발의 유불리 등의 변수를 고려해 지원하지만 정시는 다르다. 정시는 수능 성적을 기반하여 모의 지원 기준이나 작년의 입결 등을 고려하기 마련이지만, 최종적으로는 선생님이나 부모님 의견도 배제하고 순전히 학생 본인의 소신에 따라 즉흥적으로 지원하는 경우도 많다. 그래서 모의 지원 결과와 최종 입시 합격 결과의 온도차가 꽤 나는 전형이 바로 정시다.

전형	모집단위	계열	2025							2024				
			모집			경쟁률	추가합격	환산점수		모집	경쟁률	추가합격	70%컷	
			최초	이월	최종			50%컷	70%컷				환산	백분위
지역균형	의예과	의학	10	0	10	3.10:1	0	419.8	419.4	10	3.60:1	0	434.1	99.00
	치의학과		10	0	10	1.80:1	1	411.5	411.0	10	2.90:1	0	424.7	97.25
	약학계열		10	0	10	2.60:1	0	408.6	408.2	10	2.80:1	1	416.7	97.75
	경제학부	인문	20	0	20	2.20:1	1	400.3	398.9	20	1.95:1	3	404.5	98.00
	인문계열		23	0	23	1.61:1	3	394.7	394.2	23	2.48:1	2	401.9	96.25
	인류학과		7	0	7	3.29:1	0	394.4	394.2	7	4.57:1	0	401.1	97.25
	정치외교학부		10	0	10	1.70:1	0	394.2	393.5	10	3.10:1	0	405.7	98.25
	광역(공과대학)	자연	36	0	36	2.17:1	5	403.8	402.0	46	2.87:1	2	414.1	96.75
	첨단융합학부		20	0	20	2.30:1	3	401.6	400.8	20	3.70:1	1	409.2	96.50
일반전형	광역(학부대학)	공통	36	0	36	4.47:1	5	403.3	401.8	-	-	-	-	-
	자유전공학부		50	2	52	3.13:1	11	402.4	401.2	50	4.04:1	6	412.9	97.25
	의류학과		8	2	10	4.30:1	4	396.1	395.7	12	4.58:1	7	402.9	96.00
	간호대학		23	0	23	5.13:1	18	395.0	394.8	27	5.74:1	15	402.3	95.75
	체육교육과	예체	30	1	31	3.77:1	6	388.8	387.8	33	5.52:1	3	391.9	95.50
	디자인과		21	0	21	6.62:1	0	387.5	384.0	21	6.81:1	0	380.5	92.00
	공예과		15	1	16	6.19:1	0	259.0	257.5	15	8.27:1	0	255.9	95.67
	서양화과		20	1	21	5.67:1	0	255.5	252.0	21	5.71:1	0	243	88.67
	음악학과		8	0	8	4.00:1	0	246.5	245.2	8	6.13:1	0	246.5	91.00
	동양화과		15	0	15	5.27:1	0	248.5	238.0	15	6.0:1	0	241	91.67
	조소과		19	1	20	6.15:1	0	238.5	236.0	19	8.84:1	0	243	89.67
	작곡과		10	1	11	4.18:1	0	205.5	191.5	12	3.08:1	0	220	64.67
	성악과		25	1	26	6.38:1	0	209.2	179.2	26	8.15:1	0	193.4	41.67
	의예과	의학	29	0	29	3.55:1	1	422.6	421.6	29	3.0:1	0	435.8	99.00
	치의학과		10	1	11	4.82:1	6	416.1	415.0	12	3.67:1	4	427.1	98.25
	약학계열		10	0	10	5.00:1	4	412.8	410.0	11	6.55:1	8	419.8	98.50
	수의예과		15	0	15	4.93:1	3	408.4	407.7	15	5.0:1	4	415.3	98.00
	인류학과	인문	-	-	-	-	-	-	-	1	18.0:1	0	-	-
	불어교육과(*)		0	1	1	15.00:1	0	-	-	1	14.0:1	0	-	-
	경영대학		53	1	54	2.61:1	5	401.7	399.8	56	3.11:1	3	409	96.75
	경제학부		55	1	56	2.43:1	7	399.8	397.3	54	2.98:1	6	409.2	98.25
	지리학과		8	0	8	4.13:1	2	397.8	397.3	9	3.78:1	0	403.6	97.50
	인문계열		67	-1	66	2.63:1	6	396.7	395.8	69	3.29:1	6	403.7	97.25
	국어교육과		10	0	10	2.90:1	0	395.9	395.8	10	5.20:1	1	401	96.75
	사회학과		10	0	10	4.30:1	1	398.4	395.4	10	5.50:1	0	403.9	97.75
	심리학과		9	0	9	3.22:1	0	397.4	395.4	9	5.11:1	2	404.9	97.25
	영어교육과		8	0	8	2.75:1	0	395.7	395.4	9	5.22:1	0	400.4	96.25
	역사교육과		6	2	8	9.75:1	0	395.4	395.1	6	4.33:1	0	399.9	94.50
	소비자아동학부 아동가족학전공		7	1	8	5.50:1	1	395.1	394.5	8	4.0:1	5	400.9	97.25
	사회교육과		6	0	6	3.50:1	0	394.9	394.4	6	5.0:1	0	401.8	98.00
	언론정보학과		7	0	7	3.86:1	1	394.4	394.2	7	5.43:1	0	405.7	94.75
	정치외교학부		16	-1	15	3.69:1	2	396.6	394.0	18	3.89:1	1	407.1	97.50
	역사학부		10	0	10	3.10:1	0	394.0	393.8	10	5.0:1	0	401.6	96.75
	지리교육과		6	1	7	3.57:1	1	394.3	393.7	6	6.50:1	0	399.9	94.50
	소비자아동학부 소비자학전공		8	0	8	5.13:1	1	395.7	393.4	10	7.60:1	0	405.2	96.25
	윤리교육과		5	1	6	4.83:1	1	393.7	393.0	5	5.40:1	0	399.8	97.25
	사회복지학과		6	0	6	2.33:1	1	393.6	391.3	6	6.50:1	0	400.9	95.00

전형	모집단위	계열	2025							2024				
			모집			경쟁률	추가합격	환산점수		모집	경쟁률	추가합격	70%컷	
			최초	이월	최종			50%컷	70%컷				환산	백분위
일반전형	수리과학부	자연	9	0	9	3.78:1	0	414.0	413.4	10	5.90:1	0	420.2	98.50
	컴퓨터공학부		27	0	27	4.11:1	11	412.7	411.4	27	5.07:1	9	414	97.25
	전기·정보공학부		52	1	53	3.94:1	12	407.8	406.0	52	4.15:1	8	417.3	97.25
	통계학과		7	0	7	5.29:1	0	408.8	405.9	8	8.13:1	4	413.6	95.50
	물리·천문학부 물리학전공		12	0	12	4.00:1	2	405.8	403.6	13	5.54:1	3	412	95.25
	산업공학과		12	0	12	5.33:1	1	404.8	402.0	12	4.75:1	0	412.4	96.00
	화학생물공학부		26	1	27	4.48:1	10	404.0	401.8	27	4.70:1	6	411.7	98.25
	첨단융합학부		50	4	54	3.81:1	9	402.9	401.7	53	4.81:1	11	409.9	98.00
	물리·천문학부 천문학전공		5	0	5	4.80:1	1	402.2	401.5	5	9.0:1	1	410.3	96.50
	생명과학부		20	1	21	4.10:1	5	401.8	401.5	23	4.13:1	7	410.3	97.75
	항공우주공학과		12	0	12	4.75:1	2	405.5	401.1	12	5.17:1	1	408.4	94.75
	화학부		13	1	14	3.86:1	2	401.5	400.8	17	4.18:1	1	408.7	98.25
	재료공학부		31	1	32	3.28:1	9	402.0	400.6	32	6.28:1	8	409.3	97.25
	원자핵공학과		6	1	7	5.71:1	2	401.4	400.3	7	8.43:1	0	409.7	95.50
	바이오시스템·소재학부		14	0	14	6.36:1	5	400.6	400.3	15	6.0:1	2	408.4	98.25
	건설환경공학부		18	2	20	5.05:1	7	400.2	399.9	18	5.0:1	3	408	98.25
	조선해양공학과		16	1	17	3.59:1	5	399.9	399.5	17	4.0:1	2	408	96.50
	건축학과		15	0	15	4.13:1	7	399.7	399.3	15	4.53:1	7	407.8	91.75
	지구환경과학부		9	1	10	4.90:1	2	399.6	399.2	10	5.90:1	1	406.9	96.50
	기계공학부		32	1	33	3.55:1	7	402.1	399.0	32	4.06:1	8	411.2	96.25
	스마트시스템과학과		10	0	10	4.60:1	1	400.3	398.7	-	-	-	-	-
	물리교육과		10	1	11	2.91:1	2	398.9	398.3	10	4.30:1	1	404.9	94.75
	화학교육과		7	1	8	4.00:1	0	398.7	398.0	9	3.89:1	4	404	93.00
	조경·지역시스템공학부		16	0	16	3.94:1	7	398.2	397.8	16	4.94:1	4	405.1	97.75
	식품·동물생명공학부		16	4	20	3.40:1	4	398.5	397.7	19	5.74:1	3	406.9	96.00
	응용생물화학부		13	3	16	5.88:1	1	398.3	397.7	18	7.78:1	5	407.8	96.50
	농경제사회학부		13	0	13	5.46:1	2	398.3	396.9	14	4.64:1	0	405.2	98.50
	식물생산과학부		24	1	25	3.44:1	7	397.0	396.9	28	4.57:1	10	404.2	95.25
	산림과학부		16	2	18	3.65:1	7	397.2	396.9	18	4.33:1	5	405.1	97.25
	수학교육과		10	0	10	4.20:1	2	398.1	396.9	10	6.0:1	2	406.9	96.25
	지구과학교육과		8	0	8	6.13:1	1	396.6	396.5	8	4.63:1	5	404.1	95.25
	식품영양학과		12	2	14	3.50:1	5	396.9	396.5	12	5.08:1	4	404.1	97.25
	생물교육과		8	2	10	4.30:1	3	396.7	396.2	10	4.70:1	1	403.4	91.50
	에너지자원공학과		4	0	4	10.00:1	0	396.0	396.0	4	7.50:1	1	406.2	95.50

서울대 2024-25 정시 결과 통계

계열	모집단위	2025 모집 최초	2025 모집 이월	2025 모집 최종	경쟁률	추가합격	환산점수 50%	환산점수 70%	백분위추정치 50%	백분위추정치 70%	2024 모집	경쟁률	추가합격	70%컷 환산점수	70%컷 백분위추정치
공통	의류환경학과	10	1	11	3.64:1	2	708.18	707.43	91.25	90.50	-	-	-	-	-
	아동·가족학과	10	1	11	3.45:1	2	707.33	705.27	91.25	90.00	10	6.10:1	2	722.12	92.25
	식품영양학과	10	1	11	3.09:1	0	713.03	711.63	93.00	88.75	-	-	-	-	-
	통합디자인학과	10	0	10	3.30:1	1	708.47	708.08	89.50	88.50	9	3.56:1	2	724.71	91.13
	간호학과	36	1	37	2.97:1	11	708.23	707.24	91.50	88.00	-	-	-	-	-
	실내건축학과	9	1	10	3.60:1	5	711.19	710.00	92.50	87.75	-	-	-	-	-
예체	체육교육학과	27	0	27	4.04:1	3	581.66	580.74	92.25	89.00	27	5.26:1	7	592.36	87.13
	스포츠응용산업학과	24	0	24	5.71:1	2	584.62	582.35	90.75	88.00	25	7.52:1	65	717.70	95.13
의학	의예과	47	0	47	3.53:1	18	658.92	658.30	99.75	99.50	47	3.43:1	12	677.48	99.25
	치의예과	26	0	26	6.38:1	30	721.87	721.36	98.50	97.25	27	5.11:1	42	736.08	98.06
	약학과	12	1	13	8.92:1	39	711.57	709.82	97.00	96.50	17	6.82:1	41	726.03	96.69
인문	간호학과(인문)	-	-	-	-	-	-	-	-	-	20	2.70:1	1	726.35	92.06
	식품영양학과(인문)	-	-	-	-	-	-	-	-	-	4	10.50:1	1	730.57	93.50
	실내건축학과(인문)	-	-	-	-	-	-	-	-	-	6	4.67:1	1	726.17	91.31
	의류환경학과(인문)	-	-	-	-	-	-	-	-	-	5	3.60:1	1	708.11	89.31
	경영학과	152	14	166	3.58:1	119	701.95	698.35	95.75	93.75	140	4.10:1	145	731.93	92.75
	사회복지학과	13	1	14	3.57:1	2	696.28	695.42	94.75	93.75	17	3.12:1	3	723.17	92.38
	사학과	21	1	22	3.50:1	1	696.09	695.06	95.50	93.25	25	4.92:1	2	722.12	90.94
	정치외교학과	39	4	43	3.40:1	8	699.96	694.66	96.00	93.25	44	3.43:1	7	727.53	93.38
	국어국문학과	20	1	21	2.95:1	1	697.96	696.61	95.50	93.00	23	3.48:1	7	722.94	91.13
	불어불문학과	14	3	17	5.18:1	1	696.75	695.60	94.25	93.00	18	5.39:1	2	722.01	91.69
	문화인류학과	5	0	5	5.00:1	2	687.14	685.98	96.50	92.75	7	5.14:1	2	724.07	94.19
	경제학부	42	6	48	3.13:1	33	693.90	687.83	95.25	92.50	93	3.57:1	38	731.82	92.13
	문헌정보학과	13	1	14	2.57:1	1	693.91	692.57	95.00	92.50	15	5.27:1	0	726.28	93.69
	상경계열	70	0	70	3.83:1	17	700.20	697.28	95.00	92.50	21	4.33:1	20	712.89	94.50
	언론홍보영상학부	21	0	21	3.00:1	3	691.88	689.30	94.75	92.50	22	3.59:1	3	728.94	93.56
	행정학과	37	0	37	3.27:1	7	699.84	695.48	95.25	92.50	39	3.59:1	6	728.44	92.25
	교육학부	25	6	31	4.06:1	1	697.97	696.83	95.25	92.25	30	3.77:1	4	724.25	92.00
	심리학과	16	1	17	3.65:1	4	693.69	690.13	95.00	92.25	20	3.55:1	2	728.34	91.56
	영어영문학과	35	4	39	3.85:1	0	698.02	697.53	94.75	92.25	38	3.89:1	5	725.15	92.06
	응용통계학과	17	2	19	4.21:1	8	701.10	697.09	95.25	92.25	30	4.33:1	32	737.62	93.44
	노어노문학과	13	1	14	5.43:1	1	695.66	695.47	94.75	92.00	17	4.47:1	2	720.69	90.88
	독어독문학과	13	5	18	3.17:1	0	695.40	694.64	94.50	92.00	17	7.24:1	1	721.57	91.81
	사회학과	17	0	17	5.65:1	2	693.86	689.01	94.00	92.00	19	2.84:1	3	727.13	91.81
	신학과	22	1	23	2.96:1	0	694.25	693.52	94.25	92.00	26	3.92:1	5	718.34	91.13
	중어중문학과	14	3	17	2.76:1	1	697.25	695.82	95.50	92.00	17	2.53:1	4	722.28	91.00
	철학과	16	1	17	2.88:1	4	693.52	689.64	94.00	92.00	19	2.84:1	1	724.51	91.38
	융합인문사회과학부	18	56	74	2.95:1	8	633.59	632.19	92.25	89.25	93	5.15:1	1	646.38	89.88
	언더우드학부(인문사회)	10	6	16	2.31:1	4	635.35	634.41	92.25	89.00	11	4.82:1	3	649.64	93.31

계열	모집단위	2025							2024			
		모집			경쟁률	추가합격	환산점수		백분위추정치		모집	경쟁률	추가합격	70%컷	
		최초	이월	최종			50%	70%	50%	70%				환산점수	백분위추정치
자연	간호학과(자연)	-	-	-	-	-	-	-	-	-	16	3.81:1	9	704.29	93.50
	생화학과	2	0	2	8.50:1	0	-	-	-	-	18	4.33:1	13	712.04	93.13
	시스템생물학과	2	0	2	11.00:1	1	-	-	-	-	4	10.50:1	1	730.57	93.50
	식품영양학과(자연)	-	-	-	-	-	-	-	-	-	6	8.33:1	2	705.94	94.56
	실내건축학과(자연)	-	-	-	-	-	-	-	-	-	7	5.71:1	3	705.77	93.75
	의류환경학과(자연)	-	-	-	-	-	-	-	-	-	6	4.00:1	2	706.05	92.06
	인공지능학과	-	-	-	-	-	-	-	-	-	16	5.31:1	9	709.97	94.75
	컴퓨터과학과	-	-	-	-	-	-	-	-	-	35	6.54:1	72	708.72	94.50
	디스플레이융합공학과	7	0	7	6.71:1	4	698.10	696.03	97.00	96.00	7	7.29:1	9	707.94	95.00
	시스템반도체공학과	25	0	25	7.28:1	49	707.97	705.92	96.50	95.25	12	4.08:1	4	699.46	90.88
	지구시스템과학과	14	0	14	3.57:1	8	697.11	696.23	96.00	95.00	14	4.57:1	2	706.72	93.56
	지능형반도체전공	15	0	15	6.07:1	12	700.12	697.50	96.00	94.75	-	-	-	-	-
	산업공학과	16	0	16	4.56:1	8	702.16	700.58	96.00	94.50	17	3.76:1	9	703.69	93.50
	IT융합공학전공	5	0	5	8.00:1	4	697.00	696.58	97.25	94.25	5	6.00:1	4	707.03	94.06
	대기과학과	10	0	10	4.10:1	5	697.63	697.48	96.00	94.25	11	5.00:1	1	708.73	93.38
	전기전자공학부	75	11	86	5.36:1	111	704.01	701.10	96.00	94.25	90	4.56:1	114	716.42	94.75
	화학과	18	0	18	3.22:1	8	699.05	697.52	95.75	94.25	18	3.78:1	6	712.07	94.50
	천문우주학과	10	0	10	6.30:1	9	696.59	693.07	95.75	94.00	11	5.64:1	3	707.84	92.88
	화공생명공학부	33	0	33	4.73:1	45	700.48	699.09	95.25	94.00	34	5.12:1	34	710.69	94.06
	도시공학과	14	0	14	5.07:1	1	698.10	696.35	94.75	93.75	14	16.21:1	1	711.11	95.00
	기계공학부	48	0	48	3.42:1	29	700.89	700.15	95.25	93.50	51	4.00:1	18	713.31	94.06
	물리학과	13	0	13	3.77:1	10	697.76	695.93	96.50	93.50	14	5.64:1	4	710.62	94.31
	생명공학과	20	0	20	4.45:1	12	701.79	700.35	95.75	93.50	11	5.00:1	10	711.56	94.75
	신소재공학부	41	0	41	5.46:1	19	701.02	697.86	95.00	93.25	45	5.31:1	27	713.96	94.13
	건축공학과	28	0	28	2.82:1	18	697.48	694.82	95.50	93.00	28	4.25:1	8	711.08	93.88
	사회환경시스템공학부	28	0	28	3.86:1	4	696.60	695.76	94.75	93.00	29	4.07:1	3	708.28	93.25
	생명과학과	20	0	20	4.75:1	18	696.09	691.73	95.25	92.75	-	-	-	-	-
	첨단컴퓨팅학부	54	5	59	4.92:1	80	700.89	697.69	96.00	92.75	-	-	-	-	-
	수학과	15	1	16	3.75:1	19	695.59	692.22	94.75	91.75	24	5.67:1	0	591.32	87.88
	융합과학공학부	21	2	23	2.57:1	3	641.64	639.42	91.00	87.00	38	4.55:1	1	652.26	91.31

※ 백분위 추정치는 대입정보포털에 공개돼있는 국+수+탐1+탐2 백분위를 평균낸 값임
(백분위 추정치가 낮더라도 국+수 백분위가 높고 탐구 백분위가 낮을 수 있음)

연세대 2024-25 정시 결과 통계

구분	계열	모집단위	2025						2024					
			모집	경쟁률	추가합격	70%컷			모집	경쟁률	추가합격	70%컷		
						환산점수	만점기준	백분위				환산점수	만점기준	백분위
가군 다군	공통	자유전공학부	25	3.16	16	658.94	1000	93.83	25	3.56	19	679.23	1000	95.87
		학부대학	18	69.50	487	667.42	1000	94.65	-	-	-	-	-	-
	예체	디자인조형학부	35	6.46	4	451.42	700	90.25	35	6.89	4	448.93	700	89.55
		체육교육과	42	4.21	6	444.56	700	88.55	40	3.78	5	447.35	700	89.45
	의학	의과대학	28	3.32	3	697.28	1000	99.00	35	3.26	1	724.53	1000	99.00
가군	인문	통계학과	19	4.21	7	661.91	1000	95.02	19	3.95	11	677.69	1000	95.23
		한국사학과	6	3.17	0	657.67	1000	94.83	6	7.33	2	666.03	1000	94.50
		국어국문학과	16	2.56	4	660.42	1000	94.58	14	2.93	7	667.53	1000	93.78
		보건정책관리학부	19	9.95	1	660.69	1000	94.50	19	3.53	3	671.21	1000	94.57
		사회학과	21	4.90	5	658.57	1000	94.50	20	3.50	5	671.06	1000	94.67
		정치외교학과	23	3.57	4	661.78	1000	94.50	19	3.21	8	672.94	1000	94.45
		노어노문학과	9	5.89	2	656.96	1000	94.43	10	4.30	2	664.82	1000	94.07
		영어영문학과	27	3.44	3	659.68	1000	94.42	27	3.04	5	668.66	1000	94.00
		교육학과	13	4.31	4	657.63	1000	94.33	14	6.79	0	669.33	1000	93.82
		사학과	11	3.55	3	655.37	1000	94.33	13	2.85	2	667.25	1000	94.43
		중어중문학과	13	2.69	3	658.05	1000	94.33	13	4.31	0	665.27	1000	92.67
		국제학부	9	3.67	2	656.96	1000	94.20	5	6.00	1	668.49	1000	93.50
		독어독문학과	9	2.56	1	658.14	1000	94.20	9	3.89	1	665.43	1000	93.53
		영어교육과	15	4.00	1	657.86	1000	94.20	16	4.25	3	666.99	1000	93.33
		지리교육과	9	5.33	0	656.49	1000	94.10	9	5.00	1	665.89	1000	94.70
		미디어학부	10	3.40	2	653.13	1000	94.00	19	3.37	2	674.71	1000	94.73
		서어서문학과	12	2.50	3	656.03	1000	94.00	12	3.50	1	666.16	1000	93.83
		철학과	11	3.27	5	654.84	1000	94.00	10	3.80	2	668.36	1000	94.50
		행정학과	21	3.52	8	658.73	1000	93.98	20	3.05	6	673.54	1000	95.00
		경제학과	34	2.88	15	659.71	1000	93.98	34	3.44	10	676.39	1000	94.83
		언어학과	7	3.00	2	656.19	1000	93.93	7	3.57	1	664.79	1000	93.17
		국어교육과	12	3.00	3	656.49	1000	93.87	14	3.86	5	666.82	1000	94.32
		일어일문학과	11	3.45	3	656.54	1000	93.83	11	3.64	2	666.67	1000	93.50
		한문학과	6	2.83	2	653.48	1000	93.83	6	5.17	0	664.58	1000	93.92
		역사교육과	8	3.13	2	656.49	1000	93.55	8	4.00	0	665.80	1000	93.67
		식품자원경제학과	15	3.47	5	654.95	1000	92.93	14	3.29	5	672.52	1000	94.50
		경영대학	84	2.85	73	654.12	1000	92.72	85	3.82	66	678.59	1000	95.00
		불어불문학과	10	6.30	0	650.40	1000	92.62	10	4.50	3	665.26	1000	94.00
		심리학부	5	5.00	1	649.75	1000	91.77	11	4.18	1	672.59	1000	94.33
	자연	인공지능학과	28	4.32	16	666.10	1000	95.50	-	-	-	-	-	-
		전기전자공학부	65	3.88	52	666.76	1000	95.17	68	3.07	44	685.27	1000	95.80
		차세대통신학과	10	6.75	11	669.47	1000	95.17	10	4.70	14	668.97	1000	93.58
		스마트모빌리티학부	20	5.50	26	668.85	1000	95.12	20	4.90	23	684.95	1000	96.62
		신소재공학부	32	8.38	6	667.13	1000	95.00	40	3.35	8	682.35	1000	95.62
		컴퓨터학과	32	4.69	27	665.70	1000	94.88	53	4.74	57	684.97	1000	96.22
		융합에너지공학과	8	6.75	2	664.29	1000	94.87	9	3.44	2	677.74	1000	95.05
		바이오시스템의과학부	17	3.06	3	665.30	1000	94.83	17	2.94	2	677.53	1000	95.13
		화공생명공학과	24	4.29	10	664.37	1000	94.82	27	4.26	10	684.27	1000	96.02
		환경생태공학부	17	4.24	5	661.68	1000	94.75	17	2.88	3	673.16	1000	94.63
		건축사회환경공학부	21	4.81	2	662.64	1000	94.67	25	3.72	5	673.86	1000	94.67
		보건환경융합과학부	30	2.87	1	661.80	1000	94.67	29	4.21	3	674.34	1000	94.83
		화학과	12	4.33	3	658.86	1000	94.67	11	3.55	1	678.17	1000	94.00
		데이터과학과	11	5.64	0	662.97	1000	94.50	9	9.54	5	682.73	1000	95.27
		식품공학과	12	3.00	1	660.41	1000	94.50	12	3.17	0	674.98	1000	94.67
		생명과학부	25	2.88	5	663.18	1000	94.43	25	3.08	4	677.58	1000	95.33
		지구환경과학과	9	2.56	4	658.29	1000	94.40	9	4.00	3	673.33	1000	94.53
		생명공학부	31	3.55	12	664.37	1000	94.37	27	6.15	5	680.18	1000	95.33
		수학과	15	2.53	5	663.91	1000	94.33	14	3.86	4	678.21	1000	94.07
		기계공학부	37	3.51	17	660.96	1000	94.30	41	3.39	9	680.66	1000	95.33
		간호대학	22	3.00	11	658.35	1000	94.27	17	3.24	4	670.06	1000	94.50
		바이오의공학부	21	3.05	8	659.77	1000	94.22	21	3.38	0	679.59	1000	95.67
		건축학과	10	3.30	5	661.50	1000	94.20	16	3.31	2	673.89	1000	94.67
		물리학과	16	3.50	7	658.98	1000	94.00	13	3.53	8	676.92	1000	95.53
		수학교육과	11	3.00	3	661.89	1000	94.00	9	4.89	6	675.54	1000	93.57
		스마트보안학부	13	4.62	4	663.67	1000	93.82	8	4.88	3	683.55	1000	95.87
		반도체공학과	10	8.20	21	660.11	1000	93.33	10	3.80	10	675.25	1000	94.17
		사이버국방학과	16	3.81	2	528.57	800	93.17	14	1.71	5	535.27	800	92.93
		가정교육과	11	3.09	2	658.29	1000	93.00	9	3.11	1	665.35	1000	93.97
		산업경영공학부	11	3.27	6	644.06	1000	91.28	15	3.73	3	681.51	1000	96.00

고려대 2024-25 정시 결과 통계(일반전형)

구분	계열	모집단위	2025			70%컷			2024			70%컷		
			모집	경쟁률	추가합격	환산점수	만점기준	백분위	모집	경쟁률	추가합격	환산점수	만점기준	백분위
가군 다군	공통	자유전공학부	11	2.18	9	506.70	800	89.17	11	3.18	4	543.74	800	95.67
		학부대학	18	69.50	246	533.55	800	94.58	-	-	-	-	-	-
	의학	의과대학	12	3.92	0	559.89	800	99.00	12	4.33	2	578.44	800	99.00
가군	인문	국제학부	3	4.67	-	-	-	-	-	-	-	-	-	-
		언어학과	3	3.33	-	-	-	-	3	3.33	0	-	-	-
		역사교육과	3	2.67	-	-	-	-	3	4.33	0	-	-	-
		한국사학과	3	4.00	-	-	-	-	3	5.67	0	-	-	-
		한문학과	3	6.67	-	-	-	-	3	7.67	1	-	-	-
		경영대학	37	3.05	12	532.15	800	94.00	37	4.14	15	539.65	800	94.67
		심리학부	5	5.80	3	529.27	800	93.90	5	6.80	0	536.69	800	93.97
		노어노문학과	4	6.00	0	525.13	800	93.70	4	3.25	1	526.46	800	93.68
		미디어학부	8	3.25	0	526.30	800	93.70	8	3.50	0	536.31	800	94.37
		사학과	5	4.20	1	525.80	800	93.57	5	3.80	0	531.53	800	92.70
		사회학과	9	4.78	1	527.14	800	93.57	9	5.00	0	534.39	800	94.00
		서어서문학과	5	3.60	1	524.62	800	93.48	5	9.40	1	529.58	800	92.33
		독어독문학과	4	1.75	0	523.41	800	93.47	4	6.00	0	530.39	800	93.27
		정치외교학과	9	2.67	2	527.36	800	93.47	9	4.89	2	536.44	800	94.73
		불어불문학과	4	5.50	0	523.48	800	93.43	4	5.75	1	529.07	800	92.63
		경제학과	15	3.80	4	526.05	800	93.17	15	5.07	3	538.53	800	93.82
		국어교육과	5	2.40	1	525.09	800	93.10	5	6.20	1	530.35	800	91.47
		국어국문학과	6	2.50	1	525.89	800	93.08	6	6.67	2	531.10	800	91.50
		식품자원경제학과	6	5.50	1	524.29	800	93.08	6	4.67	0	536.38	800	94.75
		보건정책관리학부	9	5.56	0	526.84	800	93.07	9	8.89	0	534.78	800	92.77
		행정학과	9	2.89	2	524.76	800	93.07	8	4.13	1	536.94	800	93.85
		영어영문학과	12	3.08	0	526.28	800	93.03	12	3.33	3	532.88	800	93.88
		일어일문학과	5	5.80	1	525.05	800	92.73	5	7.60	0	530.70	800	93.20
		중어중문학과	6	3.00	0	525.60	800	92.58	6	12.17	1	526.94	800	91.75
		지리교육과	4	4.75	1	520.49	800	92.55	4	6.25	0	530.55	800	93.78
		영어교육과	7	5.71	2	527.57	800	92.50	7	3.57	2	531.09	800	92.67
		통계학과	9	3.00	1	524.39	800	92.50	9	2.89	2	541.94	800	94.97
		교육학과	6	2.33	3	517.33	800	90.67	6	4.50	0	531.90	800	94.00
		철학과	5	3.00	0	513.18	800	89.10	5	5.60	0	532.30	800	93.70
	자연	융합에너지공학과	3	6.33	-	-	-	-	3	7.67	1	-	-	-
		식품공학과	5	4.40	1	529.58	800	95.00	5	4.00	1	535.80	800	94.10
		건축사회환경공학부	11	2.27	1	529.91	800	94.50	10	4.40	0	537.06	800	94.28
		수학교육과	4	4.25	5	529.89	800	94.45	4	4.50	0	539.25	800	93.48
		건축학과	5	2.40	0	528.99	800	94.23	5	4.40	2	533.59	800	93.33
		생명과학부	11	5.82	3	531.28	800	94.23	11	3.55	2	540.46	800	95.17
		스마트보안학부	5	7.00	0	530.92	800	94.17	3	6.33	0	-	-	-
		기계공학부	15	2.67	5	532.31	800	94.03	15	3.27	4	543.02	800	95.37
		공과대학	32	3.31	13	529.04	800	94.02	-	-	-	-	-	-
		인공지능학과	12	3.33	2	530.51	800	94.00	-	-	-	-	-	-
		바이오시스템의과학부	8	5.25	0	531.57	800	93.87	7	5.86	0	540.94	800	95.67
		환경생태공학부	8	3.13	0	529.75	800	93.87	8	3.00	0	536.98	800	94.67
		전기전자공학부	26	3.12	9	529.73	800	93.83	26	5.23	12	546.36	800	95.33
		데이터과학과	4	5.00	2	532.31	800	93.78	4	7.75	3	535.00	800	94.48
		보건환경융합과학부	13	4.46	0	529.37	800	93.67	13	3.46	0	537.91	800	94.13
		산업경영공학부	6	3.83	1	531.60	800	93.58	6	4.17	1	543.62	800	95.25
		바이오의공학부	10	4.30	1	526.85	800	93.52	8	6.63	1	542.00	800	95.33
		화공생명공학과	10	4.60	4	529.37	800	93.52	10	12.60	5	544.19	800	95.80
		컴퓨터학과	14	3.14	6	527.84	800	93.50	14	5.50	9	547.65	800	95.62
		간호대학	7	3.86	1	526.02	800	93.43	7	3.86	2	534.97	800	93.73
		가정교육과	4	5.00	0	525.35	800	93.33	6	4.33	0	527.99	800	92.83
		생명공학부	12	3.00	2	528.13	800	93.33	12	3.83	1	541.38	800	95.43
		화학과	5	3.60	1	531.53	800	93.33	5	3.80	1	540.60	800	94.83
		신소재공학부	16	2.38	4	527.36	800	92.80	16	4.31	3	543.34	800	94.83
		수학과	6	4.17	2	530.15	800	92.67	5	7.40	4	531.45	800	93.70
		물리학과	6	2.83	1	531.22	800	92.17	5	6.00	1	540.66	800	94.17
		지구환경과학과	4	3.50	2	525.27	800	91.70	4	5.50	2	535.85	800	93.67

고려대 2024-25 정시 결과 통계(교과우수전형)

대학별 자료 공개의 차이

정시 입시 결과를 분석할 때는 각 대학별 공개 자료의 방식이 다르다는 점도 주의해야 한다. 연세대는 국어·수학·탐구1·2의 백분위를 각각 공개하고, 고려대는 국어·수학·탐구의 단순 백분위를 합산해 공개하며, 서울대의 경우 2025학년도 기준으로 환산 점수만 공개했다. 이는 대학별 환산 점수를 배제한 단순 백분위를 기준으로 한다. 평소 모의고사 성적 기준으로 백분위 합산이 몇 퍼센트인지 따져보는 것은 대략적인 가늠일 뿐, 실제로는 각 대학의 과목별 가중치 비율이 적용되는 환산 점수에 따라 지원선이 달라진다는 점을 반드시 체크해야 한다.

2026	2025
[접수일 : 12/29(월) 10시 – 31(수) 18시] [의/치/수 적인성면접일 : 1/17(토)]	[접수일 : 12/31(화) 10시 – 1/2(목) 18시] [의/치/수 적인성면접일 : 1/18(토)]
• 건설환경공학부 → 건설환경도시공학부 학과명 변경	–
[공통사항] • 영역별 반영 비율(인문): 국어 표준점수(33.3%)+수학 표준점수*1.2(40%)+탐구표준점수 합*0.8(26.7%)+영어감점+한국사감점+제2외국어/한문감점 • 영역별 반영 비율(자연): 국어 표준점수(33.3%)+수학 표준점수*1.2(40%)+과학탐구표준점수 합*0.8(26.7%)+영어감점+한국사감점 • 수능 응시영역기준 지정 모집단위 [물리학, 물리학II, 화학, 화학II 중 1과목 이상 응시 필수] : 물리학전공/천문학전공/화학부/기계공학부/전기정보공학부/에너지자원공학과/항공우주공학과/식물생산과학부/식품동물생명공학부/조경지역시스템공학부/바이오시스템소재학부/물리교육과/화학교육과/생물교육과/의과대학 • 영어 감점: 1등급 0, 2등급 –0.5, 3등급 –2, 4등급 –4, 5등급 –6, 6등급 –8, 7등급 –10, 8등급 –12, 9등급 –14 • 한국사 감점: 1~3등급 0, 4등급 –0.4, 5등급 –0.8, 6등급 –1.2, 7등급 –1.6, 8등급 –2, 9등급 –2.4 • 제2외국어/한문 감점: 1~2등급 0, 3등급 –0.5, 4등급 –1, 5등급 –1.5, 6등급 –2, 7등급 –2.5, 8등급 –3, 9등급 –3.5 • 자연계 과탐 조정점수 : 1+1 없음, 1+2 3점, 2+2 5점 • 수의대 면접 방식 : 수의학을 전공하는데 필요한 자질, 적성과 인성을 평가하며, 1개 면접실에서 진행함, 면접시간은 10분 내외(상황숙지를 위한 시간을 별도로 부여할 수 있음) • 의대 면접 방식 : 의학을 전공하는데 필요한 자질, 적성과 인성을 평가하며, 1개 면접실에서 진행함, 면접시간은 20분 내외(상황숙지를 위한 시간을 별도로 부여할 수 있음) • 치대 면접 방식 : 치의학을 전공하는데 필요한 자질, 적성과 인성을 평가하며, 1개 면접실에서 진행함, 면접시간은 10분 내외(상황숙지를 위한 시간을 별도로 부여할 수 있음)	
[지역균형선발 : 152명(+6명)] • 전형 방식 : 수능60+교과평가40[사범대학 교직적/인성평가 실시 및 가산점 부여, 의/치/수는 적/인성면접(의대 20분, 치대 10분, 수의대 10분) 실시하고 결격여부 판단에 활용함]	[지역균형선발 : 146명] • 전형 방식 : 수능60+교과평가40[사범대학 교직적/인성평가 실시 및 가산점 부여, 의/치/수는 적/인성면접(의대 20분, 치대 10분, 수의대 10분) 실시하고 결격여부 판단에 활용함]
[일반전형 : 1,201명(+7명)] • 전형 방식 : 수능100(2배수)/1단계80+교과평가20[사범대학 교직적/인성평가 실시 및 가산점 부여, 의/치/수는 적/인성면접(의대 20분, 치대 10분, 수의대 10분) 실시하고 결격여부 판단에 활용함]	[일반전형 : 1,194명] • 전형 방식 : 수능100(2배수)/1단계80+교과평가20[사범대학 교직적/인성평가 실시 및 가산점 부여, 의/치/수는 적/인성면접(의대 20분, 치대 10분, 수의대 10분) 실시하고 결격여부 판단에 활용함]

2025-26 서울대 정시 방식 비교

2026	2025
[접수일: 12/29(월) 10시 - 31(수) 17시] [의대/국제계열 면접평가일: 1/11(일)] [일반전형 '가' 군: 1,419명(일반학과/의대 등)] [일반전형 '나' 군: 120명(음대)]	[접수일: 12/29(월) 10시 - 31(수) 17시] [의대/국제계열 면접평가일: 1/11(일)] [일반전형 '가' 군: 1,418명(일반학과/의대 등)] [일반전형 '나' 군: 120명(음대)]
• 모든 전형에 학교폭력 조치사항 반영 • 진리자유학부 신설(유형1 73명, 유형2 76명) • 모빌리티시스템전공신설(유형2 10명 선발) • 일반전형 일반계열, 국제계열 교과점수 반영 및 출결점수 감점 반영	• 상경계열, 생명과학부 광역모집 신설 • 컴퓨터과학과, 인공지능학과 첨단컴퓨팅으로 통합 • 수학, 탐구 응시기준 폐지 및 탐구 가산점 신설 • 음대 '나'군 선발 신설 • 한국사 감점 반영으로 전환
• 영역별 반영방식(유형1-인문) : {국어표준점수*1.5+수학표준점수+영어등급점수+탐구표준점수합(사회탐구 3% 가산점 부여)}*950/800+한국사 감점 • 영역별 반영 비율(유형2-자연) : {국어 표준점수+수학표준점수*1.5+영어등급점수+탐구표준점수합*1.5(과학탐구 3% 가산점 부여)}*950/900+한국사 감점 • 영역별 반영 비율(유형3-통합/국제) : {국어 표준점수+수학표준점수+영어등급점수+탐구표준점수합*0.5}*950/600+한국사 감점 • 한국사감점 : 1~4등급 0점, 5등급 -0.2, 6등급 -0.4, 7등급 -0.6, 8등급 -0.8, 9등급 -1.0 • 영어점수 : 1등급 100, 2등급 95, 3등급 87.5, 4등급 75, 5등급 60, 6등급 40, 7등급 25, 8등급 12.5, 9등급 5	• 영역별 반영방식(유형1-인문) : {국어표준점수*1.5+수학표준점수+영어등급점수+탐구표준점수합(사회탐구 3% 가산점 부여)}*1,000/800+한국사 감점 • 영역별 반영 비율(유형2-자연) : {국어 표준점수+수학표준점수*1.5+영어등급점수+탐구표준점수합*1.5(과학탐구 3% 가산점 부여)}*1,000/900+한국사 감점 • 영역별 반영 비율(유형3-통합/국제) : {국어 표준점수+수학표준점수+영어등급점수+탐구표준점수합*0.5}*1,000/600+한국사 감점 • 한국사감점 : 1~4등급 0점, 5등급 -0.2, 6등급 -0.4, 7등급 -0.6, 8등급 -0.8, 9등급 -1.0 • 영어점수 : 1등급 100, 2등급 95, 3등급 87.5, 4등급 75, 5등급 60, 6등급 40, 7등급 25, 8등급 12.5, 9등급 5
• 일반계열 전형 방식 : 수능950점+교과50+출결감점 • 의대 전형 방식1단계: 수능900+교과50+출결감점(2.5배수)2단계: 1단계950+면접평가50 • 언더우드국제대학 전형 방식1단계: 수능900+교과50+출결감점(3배수)2단계: 1단계950+면접평가50	• 일반계열 전형 방식 : 수능1,000점 • 의대 전형 방식1단계: 수능1,000(2.5배수)2단계: 1단계950+면접평가50 • 언더우드국제대학 전형 방식1단계: 수능1,000+출결감점(3배수)2단계: 1단계950+면접평가50
• 의대 면접평가파트1 : 현장대면면접(의학전공 인/적성 평가)파트2 : 현장녹화면접(기본학업능력평가) • 국제계열 면접평가현장녹화면접(영어 제시문을 바탕으로 논리적 사고력 및 의사소통능력 평가)	
[교과점수 반영 방식] • 반영과목1 [공통과목(과탐실 제외), 일반선택] 1~2등급 7점, 3~4등급 6점, 5등급 5점, 6~7등급 3점, 8~9등급 0점 • 반영과목2 [진로선택과목, 예체능, 전문교과, 과학탐구실험 등] A(우수/A,B) 3, B(보통/C,D) 2, C(미흡/E) 0 • 특목고 전문교과 반영과목2로 변환반영방식[등급, 원점수 중 높은 쪽을 반영] 1~3등급/80점 이상=A, 4~6등급/60~79점=B, 7~9등급/60점 미만=C • 등급 또는 성취도로 표기되지 않은 과목이나 상대평가 대상 과목 중 ''이 표기된 과목은 반영하지 않음	-
[출결점수 감점 방식] • 3일 이하 - 감점 없음 • 3일 초과~5일 이하 - 0.5점 감점 • 5일 초과~7일 이하 - 0.8점 감점 • 7일 초과 - 1점 감점	

2025-26 연세대 정시 방식 비교

2026	2025
[접수일: 12/29(월) 10시 – 31(수) 17시] [의대 면접평가일: 1/12(일) 08:30] [일반전형 '가' 군: 1,035명][교과우수전형 '가' 군: 594명]	[접수일: 12/31(화) 10시 – 1/2(목) 17시] [의대 면접평가일: 1/14(화) 08:30] [일반전형: 1,093명(가군) / 18명(다군)][교과우수전형: 494명(가군) / 18명(다군)]
• 정시모집 제한과목 폐지 및 과학탐구 가산점 신설 • 학부대학 다군에서 가군으로 변경 선발 및 자연계열로 구분하여 선발 • 한국사 감점으로 변경	• 학부대학 다군 선발 • 수능 수학 선택과목 제한 폐지
• 영역별 반영방식(자연계): 국어 표준점수 + 수학 표준점수*1.2 + 탐구 변환표준점수 합 (과학탐구 2과목 각 3% 가산점 부여) + 영어 감점 + 한국사 감점 • 영역별 반영방식(가정교육/간호대): 국어 표준점수 + 수학 표준점수 + 탐구 변환표준점수 합*0.8 (과학탐구 2과목 각 3% 가산점 부여) + 영어 감점 + 한국사 감점 • 영역별 반영방식(인문계): 국어 표준점수 + 수학 표준점수 + 탐구 변환표준점수 합*0.8 + 영어 감점 + 한국사 감점 • 영어 감점점수: 1등급 0, 2등급 -3, 3등급 -6, 4등급 -9, 5등급 -12, 6등급 -15, 7등급 -18, 8등급 -21, 9등급 -24 • 한국사 감점점수: 1~4등급 0, 5등급 -0.2, 6등급 -0.4, 7등급 -0.6, 8등급 -0.8, 9등급 -2	• 영역별 반영방식(자연계): 국어 표준점수 + 수학 표준점수*1.2 + 과학탐구 변환표준점수 합 + 영어 감점 + 한국사 가산점 • 영역별 반영방식(인문/가정교육/간호): 국어 표준점수 + 수학 표준점수 + 탐구 변환표준점수 합*0.8 + 영어 감점 + 한국사 가산점 • 영역별 반영방식(학부대학): 국어 표준점수 + 수학 표준점수 + 과학탐구 변환표준점수 합 + 영어 감점 + 한국사 가산점 • 영어 감점점수: 1등급 0, 2등급 -3, 3등급 -6, 4등급 -9, 5등급 -12, 6등급 -15, 7등급 -18, 8등급 -21, 9등급 -24 • 한국사 가산점수: 1~4등급 10, 5등급 9.8, 6등급 9.6, 7등급 9.4, 8등급 9.2, 9등급 8
[일반전형 전형 방식] • 일반학과: 수능100 • 의대: 수능100+적인성면접P/F • 사이버국방학과: 수능80+기타20(신원조회, 인성검사, 체력검정, 군면접) [교과우수전형 전형 방식] • 일반학과: 수능80+교과20 • 의대: 수능80+교과20+적인성면접P/F	
[의대면접평가 방식] 의학을 전공하는데 필요한 적성과 인성 평가, 별도 배점은 없음	
[교과점수 반영방식] • 반영학기: 1학년 1학기부터 3학년 2학기까지 • '원점수, 평균, 표준편차, 석차등급'이 기재된 모든 과목과 '원점수, 평균, 성취도, 성취도별 분포 비율'이 기재된 모든 과목을 반영함 • 교과반영점수: 교과평균등급점수 + 100점 • 교과산출방법: 석차등급과 성취도에 따른 변환석차등급을 바탕으로 교과평균등급 산출 후 학생부(교과)점수로 변환함	

2025-26 고려대 정시 방식 비교

각 대학의 정시 반영 요소와 비율

정시 선발 방식을 확인해 보면 서울대의 경우 학생부의 반영 비율이 중요한 변수가 되고 있다. 2026년과 2027학년도까지는 지역균형에서 학생부 40%, 일반전형에서는 학생부 20%가 반영되는데, 2028학년도부터는 정시에서 학생부가 40%로 반영 비율이 높아졌다.

물론 여전히 가장 중요한 핵심은 수능 성적이다. 서울대 일반전형은 1단계에서 수능 성적으로 2배수를 선발 후 학생부를 반영해 최종 인원을 선발한다. 서울대의 과목별 반영 비율을 살펴보면 다음과 같다. 문·이과 모두 수학의 비중이 40%로 가장 중요한 변수다.

- 인문 : 국어 표준점수(33.3%)+수학 표준점수*1.2(40%)+탐구표준점수 합*0.8(26.7%)+영어 감점+한국사 감점+제2외국어/한문 감점
- 자연 : 국어 표준점수(33.3%)+수학 표준점수*1.2(40%)+과학탐구표준점수 합*0.8(26.7%)+영어 감점+한국사 감점

연세대는 인문·자연·국제계열별로 환산 방식이 다르고, 과목별 가중치가 복잡하다. 인문의 경우 국어는 1.5배 가중치, 이과는 수학과 탐구에 1.5배 가중치를 적용한다. 따라서 인문은 국어가, 이과는 수학과 과학이 변수가 된다는 걸 확인할 수 있다.

- 유형1-인문 : {국어표준점수1.5+수학표준점수+영어등급점수+탐구표준점수 합(사회탐구 3% 가산점 부여)}*950/800 +한국사 감점
- 유형2-자연 : {국어 표준점수+수학표준점수*1.5+영어등급점수+탐구 표준점수합 *1.5(과학탐구 3% 가산점 부여)}*950/900+한국사 감점
- 유형3-통합/국제 : {국어 표준점수+수학 표준점수+영어 등급점수+탐구 표준점수 합*0.5}*950/600+한국사 감점

무엇보다 연세대는 서연고 중에서도 영어 등급 간 점수차의 리스크가 가장 크다. 한국사와 영어 등급간 감점은 아래와 같다. 영어 1등급과 2등급 사이에 5점 차이가 나기 때문에, 영어 2등급부터는 정시 지원 시 환산 점수의 차감이 큰 편이다.

- 한국사 감점 : 1~4등급 0점, 5등급 −0.2, 6등급 −0.4, 7등급 −0.6, 8등급 −0.8, 9등급 −1.0
- 영어 점수 : 1등급 100, 2등급 95, 3등급 87.5, 4등급 75, 5등급 60, 6등급 40, 7등급 25, 8등급 12.5, 9등급 5

또 고려대는 일반전형은 수능 100%가 반영되며 교과전형에서는 수능 80%에 교과 20%가 반영된다. 이처럼 정시에서도 각 대학에 따라 학생의 성적에 강점과 약점이 생길 수 있으므로, 반영 과목의 비중이나 학생부, 내신 반영 여부 등을 고려한 전략적 지원이 필요하다.

정시 의대 지원할 때 놓치면 안 되는 포인트: 2026 정시 의대 선발 및 의대 족보 분석

의대 정시 입시의 핵심 변수

정시에서 의대를 지원할 때 주목해야 할 요소는 과목별 가산점 비율, 교과성적 반영, 학과별 선발 인원 등으로 다양하다. 하지만 전문가 입장에서 가장 먼저 확인하는 것은 가, 나, 다군의 군별 배치 변화 여부다.

구분		가군			나군				다군			
	학교	일반	지역	총합	학교	일반	지역	총합	학교	일반	지역	총합
의학	가천대	13	0	13	경희대	55	0	55	가톨릭관동대 (나→다군)	16	2	18
	가톨릭대	37	0	37	부산대	20	20	40	건국대(글로컬) (나→다군)	9	13	22
	강원대(춘천)	10	5	15	서울대(지균)	10	0	10	계명대	15	0	15
	건양대	5	1	6	서울대(일반)	29	0	29	고신대	10	8	18
	경북대	10	13	23	아주대	10	0	10	단국대(천안)	7	7	14
	경상국립대	7	19	26	연세대(미래)	21	0	21	대구가톨릭대	10	0	10
	고려대(일반)	20	0	20	영남대	12	15	27	동국대(WISE)	6	0	6
	고려대(교과)	19	0	19	원광대	8	0	8	순천향대	30	0	30
	동아대	10	10	20	을지대	10	0	10				
	성균관대	15	0	15	이화여대(인문)	8	0	8				
	연세대	47	0	47	이화여대(자연)	45	0	45				
	울산대	6	0	6	전북대	28	28	56				
	인제대	12	22	34	제주대	11	7	18				
	인하대	16	0	16	중앙대	42	0	42				
	전남대(광주)	15	18	33	충남대	12	20	32				
	조선대(나→가군)	8	17	25	충북대	6	18	24				
					한림대	23	0	23				
					한양대(가→나군)	44	0	44				
	총합	250	105	355	총합	394	108	502	총합	103	30	133
약학	가천대	15	0	15	경희대	20	0	20	계명대	6	0	6
	가톨릭대	10	0	10	대구가톨릭대	10	0	10	순천대	7	5	12
	강원대(춘천)	9	3	12	동국대	10	0	10	제주대	8	0	8
	경북대	5	0	5	삼육대	19	0	19				
	경상국립대	6	6	12	서울대(일반)	10	0	10				
	경성대	20	0	20	서울대(지균)	10	0	10				
	고려대(세종)	5	6	11	숙명여대	51	0	51				
	단국대(천안)	5	6	11	아주대	10	0	10				
	동덕여대(나→가군)	20	0	20	영남대	16	15	31				
	덕성여대	30	0	30	우석대	21	0	21				
	목포대	8	3	11	원광대	3	0	3				
	부산대(나→가군)	10	12	22	이화여대(약학)	70	0	70				
	성균관대	30	0	30	이화여대(미래약)	20	0	20				
	연세대	12	0	12	전남대(광주)	11	9	20				
	인제대	6	6	12	전북대	9	0	9				
	조선대	6	9	15	차의과학대	12	0	12				
	중앙대	49	0	49	충남대(약학)	3	4	7				
	충남대	12	0	12	충북대(제약)	3	4	7				
					한양대(에리카)	10	0	10				
	총합	258	51	309	총합	318	32	350	총합	21	5	26
치의	연세대	26	0	26	경북대	12	0	12	강원대(강릉)	16	0	16
	전남대(광주)	4	8	12	경희대	40	0	40				
	전북대	5	5	10	단국대(천안)	12	13	25				
	조선대	5	11	16	부산대	18	20	38				
					서울대(일반)	10	0	10				
					서울대(지균)	10	0	10				
					원광대(인문)	2	0	2				
					원광대(자연)	4	0	4				
	총합	40	24	64	총합	108	33	141	총합	16	0	16

구분	가군				나군				다군			
	학교	일반	지역	총합	학교	일반	지역	총합	학교	일반	지역	총합
한의	가천대	18	0	18	경희대(인문)	13	0	13	동국(WISE)(공통)	3	2	5
	대전대	7	4	11	경희대(자연)	39	1	40	동국(WISE)(자연)	10	0	10
	동신대	8	0	8	대구한의대(인문)	7	0	7	상지대(B형)	15	0	15
	부산대	5	0	5	대구한의대(자연)	13	0	13	상지대(A형)	9	0	9
					동의대(미적분)	11	0	11				
					동의대(확통)	3	0	3				
					세명대	17	0	17				
					원광대(인문)	2	0	2				
					원광대(자연)	4	0	4				
					우석대	6	0	6				
	총합	38	4	42	총합	115	1	116	총합	37	2	39
수의	강원대(춘천)	10	0	10	경북대	6	0	6	제주대	8	0	8
	건국대	39	0	39	서울대(일반)	15	0	15				
	경상국립대	5	3	8	전남대(광주)	16	0	16				
	충북대	7	7	14	전북대	15	0	15				
					충남대	10	10	20				
	총합	61	10	71	총합	62	10	72	총합	8	0	8

전국 의약치한수 군별 정시 모집 통계

    위의 도표를 살펴보면 2026학년도 의대 정시에서 조선대가 나군에서 가군으로 이동했고, 한양대는 가군에서 나군으로, 가톨릭관동대와 건국대(글로컬 캠퍼스)가 나군에서 다군으로 이동했다. 군별 이동은 지원하는 조합과 합격선, 추가 합격 등에도 영향을 주는 변화다. 조선대와 같은 지방 의대는 상대적으로 주목도가 덜하지만 한양대의 이동은 파급력이 크다. 나군은 기존에 서울대를 제외한 경희대, 중앙대, 이화여대가 속해 있었는데 한양대의 이동으로 인해 경희대와 중앙대 등의 합격선에도 변화가 생길 것이다. 또 다군은 대부분 지방권 의대였는데, 가군과 나군의 상위권 의대 지원자들이 다군의 건국대까지 고려해 볼 수 있게 된 점은 새로운 복병으로 작용할 것으로 보인다.

즉 정시는 가·나·다군에서 각 1장씩만 지원할 수 있기 때문에, 대학이 어느 군에 분포해 있고 몇 명을 선발하는지 등을 고려하는 것이 전략의 핵심 중 하나라고 할 수 있다. 물론 비단 의학계열만이 아니라 일반대학에서도 마찬가지로 참고할 부분이다.

■ 가군 (조선대 나군에서 가군으로 이동)

학교명	지역	접수 마감일	전형	인원	반영방식	성적반영 비율 국어	성적반영 비율 수학	성적반영 비율 영어	성적반영 비율 탐구	탐구 과목수	한국사
연세대	서울	12/31(수) 17:00	일반전형	47	표준점수+탐구변표	22	33	11	33 (과탐 가산점 2개 각 3%)	2과목	5등급부터 감점
가톨릭대	서울	12/31(수) 18:00	일반전형	37	표준점수+탐구변표	30	40	감점	30 (과탐 가산점 2개 각 3%)	2과목	5등급부터 감점
고려대	서울	12/31(수) 17:00	교과우수	20 19	표준점수+탐구변표	31	38	감점	31 (과탐 가산점 2개 각 3%)	2과목	5등급부터 감점
인하대	인천	12/31(수) 18:00	일반전형	16	백분위	25	35 (미/기 가산 3%)	10	30 (과탐 가산점 2개 각 3%)	2과목	5등급부터 감점
성균관대	경기	12/31(수) 18:00	일반전형	15	표준점수+탐구변표	20 또는 30	40	10	30 또는 20 (과탐 가산점 5%)	2과목	5등급부터 감점
전남대(광주)	광주	12/31(수) 18:00	일반전형	15	표준점수	32	24 (미/기)	20	24 (과학탐구)	2과목	6등급부터 감점
가천대	인천	12/31(수) 18:00	일반전형	13	표준점수	25	30 (미/기)	25	25 (과학탐구)	2과목	응시
인제대	부산	12/31(수) 18:00	일반전형	12	표준점수	25	25 (미/기)	25	25 (과학탐구)	2과목	응시
강원대(춘천)	강원	12/31(수) 20:00	일반전형	10	백분위	20	30	20	30 (과학탐구)	2과목	가산+감점
경북대	대구	12/31(수) 18:00	일반전형	10	표준점수+탐구변표	25	37.5	12.5	25 (과탐 가산점 2개 각 5%)	2과목	4등급까지 만점
동아대	부산	12/31(수) 18:00	일반전형	10	표준점수	25	25	25	25 (과탐 가산점 2개 각 5%)	2과목	5등급까지 만점
조선대 (나→가군)	광주	12/31(수) 18:00	일반전형	8	백분위	25	35 (미/기)	25	15 (과학탐구)	1과목	1~3등급 10 4~6등급 9 7~9등급 8
경상국립대	경남	12/31(수) 18:00	일반전형	7	표준점수	25	20 (미/기)	30	25 (과학탐구)	2과목	응시
울산대	울산	12/31(수) 18:00	일반전형	6	표준점수	20	30 (미/기)	19	30 (과학탐구)	2과목	4등급까지 만점
건양대	대전	12/31(수) 18:00	일반전형	5	백분위	20	30	20	30	2과목	응시
인제대	부산	12/31(수) 18:00	지역인재	22	표준점수	25	25 (미/기)	25	25 (과학탐구)	2과목	응시
경상국립대	경남	12/31(수) 18:00	지역인재	19	표준점수	25	20 (미/기)	30	25 (과학탐구)	2과목	응시
전남대(광주)	광주	12/31(수) 18:00	지역인재	18	표준점수	32	24 (미/기)	20	24 (과학탐구)	2과목	6등급부터 감점
조선대 (나→가군)	광주	12/31(수) 18:00	지역인재	17	백분위	25	35 (미/기)	25	15 (과학탐구)	1과목	1~3등급 10 4~6등급 9 7~9등급 8
경북대	대구	12/31(수) 18:00	지역인재	13	표준점수+탐구변표	25	37.5	12.5	25 (과탐 가산점 2개 각 5%)	2과목	4등급까지 만점
동아대	부산	12/31(수) 18:00	지역인재	10	표준점수	25	25	25	25 (과탐 가산점 2개 각 5%)	2과목	5등급까지 만점
강원대(춘천)	강원	12/31(수) 20:00	지역인재	5	백분위	20	30	20	30 (과학탐구)	2과목	가산+감점
건양대	대전	12/31(수) 18:00	지역인재	1	백분위	20	30	20	30	2과목	응시

특이사항	면접일	영어 반영 1	영어 반영 2	영어 반영 3	모집	경쟁률	추가 합격	환산 70%컷	백분위 70%컷
수능95+교과5 +출결감점(*2.5) /1단계95+면접5	1/11(일) [대상자발표: 1/9(금)]	100	95	87.5	47	3.53	18	658.30	99.50
수능95+면접5	1/10(토)	0	-1	-3	37	3.27	6	656.51	99.17
수능100+면접P/F	1/12(월) 08:30	0	-3	-6	28	3.32	3	697.28	99.00
					12	3.92	0	559.89	99.00
-	-	100	98	96	40	61.0	31	990.80	98.75
수능100+면접P/F	1/10(토) [시험장발표: 1/2(금)]	수능 후 변환표준점수 발표 예정			50	3.80	11	691.85	99.00
-	-	200	190	180	25	4.84	38	984.25	95.75
-	-	98	95	92	40	5.98	25	98.40	98.40
수능100+면접P/F 다중미니면접(MMI)	1/10(토) [부산캠실시]	135	130	123	24	3.83	18	542	97.72
1~3등급 한국사가점 5~9등급 한국사감점	-	100	97	94	16	8.88	15	506.35	97.25
		100	97	92	22	6.00	22	728.58	97.53
		200	198	195	20	9.25	32	610.55	98.33
나군→가군 이동	-	200	195	190	24	5.58	17	800.40	93.75
과탐1+2 또는 2+2 응시생 5% 가산점 부여	-	200	196	192	36	4.14	16	963.7	95.75
-	1/10(토)	100	98	96	12	3.75	5	989.25	1등급
		100	98	96	17	8.20	18	392.00	98.00
수능100+면접P/F 다중미니면접(MMI)	1/10(토) [부산캠실시]	135	120	123	19	6.16	18	536	96.99
과탐1+2 또는 2+2 응시생 5% 가산점 부여	-	200	196	192	13	8.31	16	963.70	95.75
		200	190	180	25	4.84	7	979.37	95.75
나군→가군 이동	-	200	195	190	28	4.04	9	796.00	95.25
		100	97	92	6	8.70	6	727.11	96.93
-	-	200	198	195	21	4.33	8	604.8	95.67
1~3등급 한국사가점 5~9등급 한국사감점		100	97	94	16	8.88	4	491.8	94.25
		100	98	96	17	8.20	18	392.00	98.00

2026 전국 의대 정시 선발 방식 분석(가군)

■ 나군(한양대 가군에서 나군으로 이동)

학교명	지역	접수 마감일	전형	인원	반영방식	성적반영 비율 국어	성적반영 비율 수학	영어	탐구	탐구 과목수	한국사
경희대	서울	12/31(수) 18:00	일반 전형	55	표준점수 +탐구변표	25	40	감점	35 (과탐 가산점 2개 각 4점)	2과목	5등급부터감점
이화여대 (자연)	서울	12/31(수) 17:00		45		25	30	20	25 (과탐 가산점 2개 각 6%)	2과목	4등급까지만점
한양대 (가→나군)	서울	12/31(수) 18:00		44		25	40	10	25 (가산점 추후 발표 예정)	2과목	4등급까지만점
중앙대	서울	12/31(수) 18:00		42		30	35	가산점	35 (과탐 가산점 2개 각 5%)	2과목	4등급까지만점
서울대(일반)	서울	12/31(수) 18:00		29	표준점수	33	40 (미/기)	감점	27(과) (물리학 또는 화학 필수)	2과목	4등급부터감점
전북대	전북	12/31(수) 19:00		28	표준점수 +탐구변표	30	40 (미/기)	가산	30(과학탐구)	2과목	5등급까지만점
한림대	강원	12/31(수) 20:00		23	표준점수	20	40 (미/기)	10	30(과학탐구)	2과목	응시
연세대(미래)	강원	12/31(수) 17:00		21	표준점수 +탐구변표	22	33 (미/기)	11	33(과학탐구)	2과목	3등급까지만점
부산대(양산)	경남	12/31(수) 18:00		20	표준점수 +탐구변표	20	30	20	30(과탐 과목별 5%)	2과목	4등급까지만점
영남대	대구	12/31(수) 18:00		12	백분위	25	35	10	30(과학탐구)	2과목	1등급 10점 2등급부터 0.2점씩 감점
충남대	대전	12/31(수) 18:00		12	표준점수	25	45 (미/기)	감점	30(과학탐구)	2과목	1~3등급 0 4~6등급 -1 7~9등급 -2
제주대	제주	12/31(수) 18:00		11	백분위	20	30 (미/기)	20	30(과학탐구)	2과목	4등급까지만점
서울대(지균)	서울	12/31(수) 18:00	지역 균형	10	표준점수	33	40 (미/기)	감점	27(과) (물리학 또는 화학 필수)	2과목	4등급부터감점
아주대	경기	12/31(수) 18:00		10	표준점수 +탐구변표	20	40 (미/기) 3% 가산	10	30(과탐 각 3% 가산)	2과목	5등급부터감점
을지대	대전	12/31(수) 18:00		10	백분위	30	30	10	30(과학탐구)	2과목	4등급까지만점
원광대	전북	12/31(수) 18:00	일반 전형	8	표준점수 +백분위	27	32.4	13.5	27(과탐)[백분합*0.5+ 표점합*0.5]	2과목	5등급까지만점
이화여대 (인문)	서울	12/31(수) 17:00		8	표준점수 +탐구변표	30	30	20	20	2과목	3등급까지만점
충북대	충북	12/31(수) 19:00		6	표준점수	20	30 (미/기)	20	30(과학탐구)	2과목	응시
전북대	전북	12/31(수) 19:00	지역 인재	28	표준점수 +탐구변표	30	40 (미/기)	가산	30(과학탐구)	2과목	5등급까지만점
부산대(양산)	경남	12/31(수) 18:00		20	표준점수 +탐구변표	20	30	20	30	2과목	4등급까지만점
충남대	대전	12/31(수) 18:00		20	표준점수	25	45 (미/기)	감점	30(과학탐구)	2과목	1~3등급 0 4~6등급 -1 7~9등급 -2
충북대	충북	12/31(수) 19:00		18	표준점수	20	30 (미/기)	20	30(과학탐구)	2과목	응시
영남대	대구	12/31(수) 18:00		15	백분위	25	35	10	30(과학탐구)	2과목	1등급 10점 2등급부터 0.2점씩 감점
제주대	제주	12/31(수) 18:00		7	백분위	20	30	20	30	2과목	4등급까지만점
을지대	대전	12/31(수) 18:00	지역 의료 인재 (일반)	이월 인원	백분위	30	30	10	30(과학탐구)	2과목	4등급까지만점

특이사항	면접일	영어 반영			2025 정시 입결				
		1	2	3	모집	경쟁률	추가 합격	환산 70%컷	백분위 70%컷
-	-	0	0	-2	45	8.20	138	595.35	98.00
-	-	100	98	94	50	2.72	5	1004.43	99.25
수능90 + 학생부종합평가10	-	100	98	94	52	41.0	16	963.70	95.75
-	-	100	98	95	42	3.90	34	807.40	99.00
수능100(2배수) / 1단계80 + 교과평가20	1/17(토)	0	-0.5	-2	29	3.55	1	421.60	-
-	-	30	27	24	33	4.30	19	371.73	96.00
수능100(5배수) / 1단계90+면접10	1/16(금) [1단계 발표 1/8(목)]	100	95	88	36	4.31	2	877.68	95.50
-	-	100	95	87.6	21	5.50	17	721.75	98.00
수능80+교과/ 출결정성 평가20	-	160	158.4	156	33	3.70	5	602.40	96.75
-	-	100	95	90	19	5.47	13	792.40	98.00
-	-	0	-2	-5	18	5.78	9	202.73	97.50
-	-	100	95	90	21	5.52	16	985.40	96.50
수능60+교과평가40	1/17(토)	0	-0.5	-2	29	3.55	1	421.60	-
수능95+면접5	1/17(토)	100	98	96	50	3.20	5	999.45	97.75
-	-	100	95	90	15	6.27	12	986.50	98.75
-	-	100	97	93	22	5.45	6	503.00	96.25
-	-	100	98	94	8	3.63	3	988.93	97.50
-	-	10	9.5	9	25	6.40	7	994.59	96.03
-	-	30	27	24	38	3.30	2	363.57	96.00
수능80+교과/ 출결정성 평가20	-	160	158.4	156	33	3.70	5	602.40	96.75
-	-	0	-2	-5	34	3.59	0	199.13	94.50
-	-	10	9.5	9	41	4.10	1	991.06	95.00
-	-	100	95	90	22	4.18	21	788.40	97.17
-	-	100	95	90	14	3.29	0	972.85	94.40
최저학력기준: 국수영과(평) 중 과학 포함 3개 합 5	-	100	95	90					

2026 전국 의대 정시 선발 방식 분석(나군)

■ 다군(건국대 글로컬 나군에서 다군으로 이동)

학교명	지역	접수 마감일	전형	인원	반영방식	성적반영 비율				탐구 과목수	한국사
						국어	수학	영어	탐구		
순천향대	충남	12/31(수) 19:00	일반 전형	30	백분위	20	30 (미/기 10% 가산)	30	20 (과탐 2개 각 10% 가산)	2과목	응시
가톨릭 관동대	강원	12/31(수) 23:30		16	백분위	20	30	20	30 (과탐 2개평균 5%가산)	2과목	4등급까지만점
계명대	대구	12/31(수) 18:00		15	백분위	25	30 (미/기)	20	25(과탐)	2과목	2등급까지만점
고신대	부산	12/31(수) 18:00		10	백분위	20	30 (미/기)	30	20(과탐)	2과목	응시
대구 가톨릭대	대구	12/31(수) 18:00		10	백분위	30	30 (미/기)	10	30(과탐)	2과목	2등급까지만점
건국대 (글로컬) (나→다군)	충북	12/31(수) 19:00		9	표준점수	20	30	20	30(과탐)	2과목	응시
단국대(천안)	충남	12/31(수) 18:00		7	표준점수 +백분위	25	35 (미/기)	15	25(과탐) (과2 5% 가산)	2과목	응시
동국대 (WISE)	경북	12/31(수) 18:00		6	백분위	25	30	20	20(과탐) (과2 각 5% 가산)	2과목	1~3등급 10 4~9등급 9
건국대 (글로컬) (나→다군)	충북	12/31(수) 19:00	지역 인재	13	표준점수	20	30	20	30(과탐)	2과목	응시
고신대	부산	12/31(수) 18:00		8	백분위	20	30 (미/기)	30	20(과탐)	2과목	응시
단국대(천안)	충남	12/31(수) 18:00		7	표준점수 +백분위	25	35 (미/기)	15	25(과탐) (과2 5% 가산)	2과목	응시
가톨릭 관동대	강원	12/31(수) 23:30		2	백분위	20	30	20	30 (과탐 2개평균 5%가산)	2과목	4등급까지만점

특이사항	영어 반영			2025 정시 입결				
	1	2	3	모집	경쟁률	추가 합격	환산 70%컷	백분위 70%컷
-	96	92	85	30	25.80	336	1005.00	98.00
"올해부터 면접 폐지" "화학II 또는 생명2 응시시 2개 평균 백분위 7% 가산"	200	192.5	185	36	12.60	106	1006.90	97.75
-	100	98	94	21	15.20	57	99.50	96.67
-	135	133	129	18	24.61	140	671.50	95.00
"과탐 비율 5%증가"	200	180	160	28	15.20	89	524.43	96.33
-	95	90	85	23	5.00	9	975.17	-
-	100	90	70	40	15.95	209	973.30	97.00
-	100	95	90	14	17.90	37	991.00	96.00
-	95	90	85	28	3.86	3	951.04	-
-	135	133	129	8	28.38	67	667.50	95.25
-	100	90	70	-	-	-	-	-
"지역인재 신설" "화학II 또는 생명2 응시시 2개 평균 백분위 7% 가산"	200	192.5	185	-	-	-	-	-

2026 전국 의대 정시 선발 방식 분석(다군)

의대 족보 이해하기

　의대의 군별 배치를 확인했다면, 이제 각 군별로 대학의 세부적인 선발안을 살펴봐야 한다. 위 도표는 2026학년도 가·나·다군 의대 선발 대학들을 인원 순으로 정리한 것이다. 가군에서는 연세대가 47명으로 가장 많이 선발하고, 건양대의 경우에는 단 1명이다. 다만 '1명'이라는 표면적인 정시 요강 기준으로만 판단해서는 안 되는 경우가 있다. 수시 모집에서 수능 최저 학력 기준 충족이 되지 않거나 추가 합격 변동 등으로 인해 정시로 인원을 이월할 수 있기 때문이다. 수시 이월 인원으로 인해 건양대 정시 선발 인원도 변경될 여지가 있다는 뜻이다.

　또한 의대의 경우 정시에서도 면접을 실시하는 대학이 많다. 가군에서는 연세대, 가톨릭대, 고려대, 성균관대, 인제대, 나군에서는 서울대, 한림대, 아주대가 있으며 다군에는 면접을 시행하는 곳이 없다. 수시 면접에 비해 정시 면접은 난도가 다소 낮은 편이지만 꼭 그렇지는 않다. 특히 연세대의 경우는 비교적 제시문의 수준이 높고 변별력이 있어서 수능 성적만으로 합격을 장담하기 어렵다.

　전년도 합격선에 대한 입결이나 추가 합격은 기본적으로 표를 참고하되, 일반전형과 지역인재 전형의 차이를 고려할 필요가 있다. 정시에서도 수시와 마찬가지로 지방 학생들의 경우 일반전형과 지역인재 전형으로 나누어 선발하는데, 상대적으로 일반전형보다는 지역전형의 합격선이 다소 낮다. 이를테면 2025학년도 기준으로 나군 충남대 일반전형 70% 합격선은 백분위 97.5%였지만 지역인재 합격선은 94.5%로 확연한 차이가 났다. 참고로 단순 백분위 94%대는 고려대 일부 일반학과 합격선과 비슷한 수준이다. 따라서 지방 학생들은 정시에서도 지역인재 선발에 대한 부분을 반드시 체크해야 한다.

마지막으로 의대뿐 아니라 일반대학의 경우에도 마찬가지지만, 과목별 가산점 역시 주요 체크 포인트다. 최근 유독 사회탐구 선택 학생들이 증가하는 추세지만 과학탐구에 대한 가산점을 특히 적용하는 대학들이 있다. 다군의 동국대에서는 과탐 두 과목을 선택한 경우 각각 5%씩의 가산점을 준다. 과탐I 선택자가 많은 상황에서 과탐Ⅱ를 선택한 일부 학생들이 이를 고려해 전략을 짜는 경우가 있다. 정시 의대는 소수점 차이로 합격과 불합격이 좌우되는 만큼 과탐I과 과탐Ⅱ에 대한 가산점 적용도 의대 족보를 통해 전반적으로 고려해 봐야 한다.

의대 수시 합격을 좌우하는 키 : 전국 39개 의대 2025-26 수시 경쟁률 분석

2025학년도 입시에서 의대 증원이 한시적으로 적용되었고, 2026학년도부터는 다시 원점으로 돌아가면서 수시 경쟁률과 입결 등에 많은 변수가 예상되었다. 그리고 전국 39개 의대 수시의 실제 결과에서도 경쟁률이나 작년 대비 지원자 수 등의 변수가 뚜렷하게 드러났다.

또한 수시 응시 인원수를 살펴보면 사회문화 263,047명과 생활과윤리 224,552명, 그리고 지구과학I 115,435명과 생명과학I 112,128명으로 계열별 다수 선택하는 과목 수에 약 10만 명 가까운 차이가 났다. 사회탐구 과목 1개를 선택한 자연계열 학생들이 있다는 점도 올해 의대 수시 지원에 큰 변수로 작용했다.

2026 수능 사회/과학탐구영역 과목별 선택 인원수 상위 2과목 통계			
사회·문화	생활과윤리	지구과학I	생명과학I
263,047	224,552	115,435	112,128
49.45%	42.21%	21.70%	21.08%

수시선발에서 의대는 교과, 종합, 논술 3개 전형으로 선발하는데, 전년도와 올해 경쟁률 기준으로 교과, 종합, 논술전형 순으로 구분해 비교 분석해 보자.

2025-26 의대 교과전형 경쟁률 변화(경쟁률 높은 순으로 배치)

학교	지역	유형	전형	2026 모집	2026 지원	2026 경쟁률	2026-25차 모집	2026-25차 지원	2026-25차 경쟁률	2025 모집	2025 지원	2025 경쟁률
가톨릭관동대	강원		교과(기회균형)	1	38	38.00	-1	-48	-5.00	2	86	43.00
영남대	대구		일반학생	8	270	33.75	-4	-14	+10.08	12	284	23.67
연세대미래	강원		교과우수자(일반형)	8	264	33.00	-8	-97	+10.44	16	361	22.56
계명대	대구		교과(일반)	7	214	30.57	-6	-22	+12.42	13	236	18.15
건양대	대전		일반학생(최저)	11	259	23.55	-2	+90	+10.55	13	169	13.00
충북대	충북		지역인재배려대상자	1	22	22.00	-2	-8	+12.00	3	30	10.00
건국대글로컬	충북		지역인재-기초생활	1	22	22.00	-2	+3	+15.67	3	19	6.33
연세대미래	강원		교과우수자(추천형)	8	165	20.63	-	-	-	-	-	-
인하대	인천		지역균형	9	179	19.89	-17	-175	+6.27	26	354	13.62
가톨릭관동대	강원		교과(일반전형)	9	178	19.78	-11	-172	+2.28	20	350	17.50
가톨릭관동대	강원		교과(지역인재)	7	138	19.71	-30	-240	+9.50	37	378	10.22
동국대와이즈	경북		지역인재(경북-교과)	8	155	19.38	-8	-84	+4.44	16	239	14.94
아주대	경기		고교추천	3	58	19.33	-	-	-	-	-	-
전북대	전북		일반학생	19	356	18.74	-5	-43	+2.11	24	399	16.63
경상국립대	경남		교과(일반)	13	233	17.92	-3	+21	+4.67	16	212	13.25
건양대	대전		지역인재(기초)	2	35	17.50	-1	+13	+10.17	3	22	7.33
순천향대	충남		교과우수자	10	175	17.50	-2	+23	+4.83	12	152	12.67
충북대	충북		교과(지역인재)	12	208	17.33	-20	-494	-4.60	32	702	21.94
영남대	대구		지역인재(의약)	21	363	17.29	-16	-249	+0.75	37	612	16.54
동국대와이즈	경북		교과	6	103	17.17	-11	-181	+0.46	17	284	16.71
영남대	대구		지역기회균형(의약)	2	34	17.00	-	-	-	-	-	-
동국대와이즈	경북		지역인재(교과)	10	166	16.60	-20	-374	-1.40	30	540	18.00
고신대	부산		일반고	26	431	16.58	-4	-10	+1.88	30	441	14.70
을지대	대전		지역균형(학교장추천)	5	82	16.40	-15	-226	+1.00	20	308	15.40
건양대	대전	교과	지역인재(최저)	20	326	16.30	-30	-517	-0.56	50	843	16.86
고신대	부산		지역인재	25	394	15.76	-25	-335	+1.18	50	729	14.58
가천대	인천		학생부우수자	4	63	15.75	-11	-139	+2.28	15	202	13.47
충북대	충북		학생부교과	4	63	15.75	-12	-185	+0.25	16	248	15.50
충남대	대전		일반	12	187	15.58	-8	-75	+2.48	20	262	13.10
강원대	강원		일반교과	4	62	15.50	-7	-141	-2.95	11	203	18.45
영남대	대구		의학창의인재	8	117	14.63	0	-10	-1.25	8	127	15.88
계명대	대구		교과(지역)	24	351	14.63	-5	-224	-5.20	29	575	19.83
대구가톨릭대	대구		교과	4	58	14.50	-6	-77	+1.00	10	135	13.50
충남대	대전		지역인재일반	25	357	14.28	-12	-372	-5.42	37	729	19.70
을지대	대전		지역의료인재(일반)	24	341	14.21	-38	-532	+0.13	62	873	14.08
대구가톨릭대	대구		지역기회균형(의약)	1	14	14.00	-1	-3	+5.50	2	17	8.50
단국대천안	충남		지역메디바이오인재	10	139	13.90	-	-	-	-	-	-
조선대	광주		교과(일반)	17	233	13.71	+1	-15	-1.79	16	248	15.50
순천향대	충남		충청형지역인재	10	137	13.70	-26	-261	+2.64	36	398	11.06
동아대	부산		지역인재교과	17	229	13.47	-10	-219	-3.12	27	448	16.59
계명대	대구		교과(지역기회균형)	2	26	13.00	-1	-5	+2.67	3	31	10.33
부산대	부산		학생부교과	10	129	12.90	-7	-91	-0.04	17	220	12.94
고려대	서울		학교추천	18	232	12.89	0	-137	-7.61	18	369	20.50
동국대와이즈	경북		기회균형1(지역인재)	2	25	12.50	-1	0	+4.17	3	25	8.33
순천향대	충남		충남형지역인재	7	87	12.43	-	-	-	-	-	-
제주대	제주		일반학생	8	99	12.38	-6	-57	+1.23	14	156	11.14
동국대와이즈	경북		불교추천인재	1	12	12.00	-2	-17	+2.33	3	29	9.67
경북대	대구		지역인재기초생활	3	34	11.33	0	+17	+5.67	3	17	5.67
고신대	부산		지역인재기회균형	2	22	11.00	0	-1	-0.50	2	23	11.50
조선대	광주		교과(지역기회균형)	3	33	11.00	-1	+8	+4.75	4	25	6.25
원광대	전북		지역인재교과(전북)	17	184	10.82	-15	-336	-5.43	32	520	16.25
인제대	부산		지역인재기초생활	2	21	10.50	-1	-13	-0.83	3	34	11.33
전북대	전북		지역인재1(호남)	14	143	10.21	0	-127	-9.07	14	270	19.29
전북대	전북		지역인재(전북)	45	452	10.04	-11	-79	+0.56	56	531	9.48
대구가톨릭대	대구		지역교과	20	200	10.00	-18	-170	+0.26	38	370	9.74

2025-26 의대 교과전형 경쟁률 변화(경쟁률 높은 순으로 배치)					2026			2026-25 차			2025		
학교	지역	유형	전형	모집	지원	경쟁률	모집	지원	경쟁률	모집	지원	경쟁률
원광대	전북	교과	지역인재교과(호남)	10	95	9.50	-6	-175	-7.38	16	270	16.88
충남대	대전		지역인재저소득층	3	28	9.33	-1	-5	+1.08	4	33	8.25
전남대	광주		지역균형(기회균형)	3	27	9.00	-1	+3	+3.00	4	24	6.00
건국대글로컬	충북		지역인재(충북)	4	35	8.75	-	-	-	-	-	-
부산대	부산		지역인재	27	216	8.00	-3	-137	-3.77	30	353	11.77
강원대	강원		지역교과	12	95	7.92	-11	-111	-1.04	23	206	8.96
경북대	대구		교과(지역인재)	17	133	7.82	-11	-247	-5.75	28	380	13.57
경희대	서울		지역균형	15	115	7.67	-7	-37	+0.76	22	152	6.91
전북대	전북		지역인재기균(호남)	3	23	7.67	-1	+3	+2.67	4	20	5.00
가톨릭대	서울		지역균형	10	75	7.50	0	-16	-1.60	10	91	9.10
울산대	울산		지역교과	10	74	7.40	-23	-154	+0.49	33	228	6.91
경상국립대	경남		교과(지역인재)	30	208	6.93	-32	-343	-1.95	62	551	8.89
조선대	광주		교과(지역인재)	68	464	6.82	0	-292	-4.29	68	756	11.12
연세대	서울		추천형	15	90	6.00	0	-63	-4.20	15	153	10.20
인제대	부산		의예	25	138	5.52	-2	-45	-1.26	27	183	6.78
건양대	대전		지역인재(면접)	10	55	5.50	-5	-79	-3.43	15	134	8.93
전남대	광주		지역인재	78	426	5.46	-24	-376	-2.40	102	802	7.86
인제대	부산		지역인재1	32	159	4.97	+2	-80	-3.00	30	239	7.97
제주대	제주		지역인재	10	37	3.70	-9	-35	-0.09	19	72	3.79
강원대	강원		저소득-지역교과	1	3	3.00	-1	-6	-1.50	2	9	4.50
제주대	제주		지역인재고른기회	1	3	3.00	-1	0	+1.50	2	3	1.50
가톨릭관동대	강원		교과(지역기회균형)	2	5	2.50	-1	-2	+0.17	3	7	2.33
계명대	대구		교과(면접)							10	289	28.90
건양대	대전		일반학생(면접)	2026 미선발						5	104	20.80
건국대글로컬	충북		지역인재(충청)							15	201	13.40
영남대	대구		기회균형2(의약)							3	29	9.67
을지대	대전		기회균형2							3	12	4.00

학교	지역	유형	전형	2026 모집	2026 지원	2026 경쟁률	2026-25 차 모집	2026-25 차 지원	2026-25 차 경쟁률	2025 모집	2025 지원	2025 경쟁률
가천대	인천		기회균형	1	56	56.00	-1	-26	+15.00	2	82	41.00
한양대	서울		종합(고른기회)	2	112	56.00	-1	-45	+3.67	3	157	52.33
강원대	강원		미래인재면접	5	200	40.00	-5	-121	+7.90	10	321	32.10
가천대	인천		가천의약학	16	629	39.31	-17	-255	+12.52	33	884	26.79
중앙대	서울		CAU융합형인재	11	430	39.09	+1	-53	-9.21	10	483	48.30
한양대	서울		종합(서류형)	16	557	34.81	-14	-310	+5.91	30	867	28.90
아주대	경기		ACE	17	581	34.18	-23	-503	+7.08	40	1,084	27.10
고신대	부산		지역인재종합	3	101	33.67		2026 신설전형				
성균관대	경기		성균인재(25 탐구형)	20	666	33.30	-30	-615	+7.68	50	1,281	25.62
충북대	충북		학생부종합1	3	96	32.00	-1	-60	-7.00	4	156	39.00
고신대	부산		자기추천	2	63	31.50		2026 신설전형				
연세대미래	강원		사회통합	3	92	30.67	0	-21	-7.00	3	113	37.67
대구가톨릭대	대구		지역종합	5	147	29.40	-7	-126	+6.65	12	273	22.75
고려대	서울		다문화전형	1	29	29.00		2026 신설전형				
연세대	서울		기회균형	3	86	28.67	0	-18	-6.00	3	104	34.67
고려대	서울		학업우수형	28	792	28.29	-1	-320	-10.06	29	1,112	38.34
경희대	서울		네오르네상스	25	706	28.24	-4	-16	+3.34	29	722	24.90
순천향대	충남		일반학생	10	274	27.40	-2	-94	-3.27	12	368	30.67
동아대	부산		지역인재종합	10	271	27.10	-10	-121	+7.50	20	392	19.60
중앙대	서울		CAU탐구인재	15	392	26.13	0	-56	-3.73	15	448	29.87
가톨릭관동대	강원		종합(지역인재)	4	104	26.00		2026 신설전형				
계명대	대구		종합(일반)	8	203	25.38	+3	+17	-11.83	5	186	37.20
고려대	서울		계열적합형	15	375	25.00	0	-54	-3.60	15	429	28.60
이화여대	서울		미래인재면접	9	224	24.89		2026 신설전형				
경상국립대	경남	종합	지역인재	3	73	24.33	-3	-25	+8.00	6	98	16.33
인하대	인천		인하미래인재(면접)	16	374	23.38	-26	-318	+6.90	42	692	16.48
영남대	대구		지역인재(의약)	10	233	23.30		2026 신설전형				
가톨릭대	서울		가톨릭지도자추천	2	46	23.00	0	-3	-1.50	2	49	24.50
연세대미래	강원		학교생활우수자	15	344	22.93	0	-2	-0.13	15	346	23.07
고려대	서울		고른기회전형	5	111	22.20	0	-26	-5.20	5	137	27.40
울산대	울산		지역인재(기초생활)	1	22	22.00	-2	-4	+13.33	3	26	8.67
동국대와이즈	경북		참사람	3	65	21.67	-7	-147	+0.47	10	212	21.20
동아대	부산		지역인재기회균형	2	42	21.00	-1	+4	+8.33	3	38	12.67
가톨릭관동대	강원		종합(일반전형)	5	102	20.40		2026 신설전형				
울산대	울산		잠재역량	10	190	19.00	-24	-385	+2.09	34	575	16.91
경상국립대	경남		일반전형	2	38	19.00	-2	-22	+4.00	4	60	15.00
조선대	광주		종합(면접)	6	109	18.17	-4	-7	+6.57	10	116	11.60
경북대	대구		일반학생	25	448	17.92	-6	-105	+0.08	31	553	17.84
충북대	충북		학생부종합2	5	88	17.60	+1	+13	-1.15	4	75	18.75
가톨릭관동대	강원		가톨릭지도자추천	2	35	17.50	-3	-23	+5.90	5	58	11.60
건국대글로컬	충북		지역인재	9	157	17.44	-17	-201	+3.68	26	358	13.77
을지대			지역의료인재(특별)	1	17	17.00		2026 신설전형				
동국대와이즈	경북		지역인재(종합)	8	134	16.75	-7	-35	+5.48	15	169	11.27
건국대글로컬	충북		Cogito자기추천	4	67	16.75	-10	-162	+0.39	14	229	16.36
이화여대	서울		미래인재서류	9	150	16.67	-9	-145	+0.28	18	295	16.39
한양대	서울		종합(추천형)	40	649	16.23	+15	-48	-11.66	25	697	27.88
계명대	대구		종합(지역)	20	323	16.15	0	-24	-1.20	20	347	17.35
전남대	광주		고교생활우수자1	10	161	16.10	-3	+4	+4.02	13	157	12.08
전북대	전북		큰사람	5	79	15.80	0	+24	+4.80	5	55	11.00
가톨릭대	서울		학교장추천	25	373	14.92	0	-22	-0.88	25	395	15.80
단국대천안	충남		DKU인재(면접형)	12	178	14.83	-28	-311	+2.61	40	489	12.23

2025-26 의대 종합전형 경쟁률 변화(경쟁률 높은 순)

학교	지역	유형	전형	2026 모집	2026 지원	2026 경쟁률	2026-25차 모집	2026-25차 지원	2026-25차 경쟁률	2025 모집	2025 지원	2025 경쟁률
조선대	광주		종합(서류)	6	89	14.83		2026 신설전형				
동국대와이즈	경북		지역인재(경북-종합)	4	58	14.50	-6	-56	+3.10	10	114	11.40
한림대	강원		학교생활우수자	35	490	14.00	-8	-153	-0.95	43	643	14.95
서울대	서울		기회균형(사회통합)	7	98	14.00	0	-50	-7.14	7	148	21.14
충남대	대전		종합(서류)	6	83	13.83	-3	-38	+0.39	9	121	13.44
한림대	강원		지역인재	16	211	13.19	-3	-30	+0.50	19	241	12.68
울산대	울산		지역인재	13	167	12.85	-17	-96	+4.08	30	263	8.77
서울대	서울		일반전형	50	635	12.70	+1	-155	-3.42	49	790	16.12
원광대	전북		학생부종합	10	117	11.70	-16	-166	+0.82	26	283	10.88
강원대	강원		지역인재면접	12	140	11.67	-8	-121	-1.38	20	261	13.05
부산대	부산		지역인재저소득층	3	35	11.67	-2	+5	+5.67	5	30	6.00
제주대	제주		지역인재	3	35	11.67		2026 신설전형				
연세대미래	강원	종합	강원인재(일반)	25	285	11.40	-2	-15	+0.29	27	300	11.11
연세대	서울		활동우수형	45	508	11.29	0	-135	-3.00	45	643	14.29
충남대	대전		종합(일반)	14	142	10.14	-6	-43	+0.89	20	185	9.25
원광대	전북		지역인재종합(전북)	30	300	10.00	-3	-52	-0.67	33	352	10.67
경북대	대구		종합(지역인재)	34	339	9.97	-24	-160	+1.37	58	499	8.60
순천향대	충남		충남형지역인재	9	87	9.67		2026 신설전형				
경상국립대	경남		지역인재기초생활	2	18	9.00	-2	-35	-4.25	4	53	13.25
충남대	대전		종합(지역인재)	18	161	8.94	-7	-206	-5.74	25	367	14.68
서울대	서울		지역균형	39	315	8.08	0	-35	-0.90	39	350	8.97
원광대	전북		지역인재기균(호남)	2	16	8.00	-1	+1	+3.00	3	15	5.00
순천향대	충남		충청형지역인재	13	103	7.92	-43	-475	-2.40	56	578	10.32
원광대	전북		지역인재종합(호남)	16	125	7.81	-2	-49	-1.85	18	174	9.67
부산대	부산		지역인재	30	207	6.90	0	-137	-4.57	30	344	11.47
순천향대	충남		지역인재-기초생활	4	23	5.75	0	-8	-2.00	4	31	7.75
한림대	강원		지역인재(기초생활)	2	6	3.00	-1	-3	0	3	9	3.00
연세대미래	강원		강원인재(한마음)	3	3	1.00	0	-3	-1.00	3	6	2.00
동아대	부산		잠재능력우수자			2026 미선발				10	265	26.50

2025-26 의대 논술전형 경쟁률 변화(경쟁률 높은 순)

학교	지역	유형	전형	2026 모집	2026 지원	2026 경쟁률	2026-25차 모집	2026-25차 지원	2026-25차 경쟁률	2025 모집	2025 지원	2025 경쟁률
가천대	인천		논술	6	3,463	577.17	-34	-4,746	+371.94	40	8,209	205.23
성균관대	경기		논술위주(수리형)	5	2,835	567.00	-5	-1,290	+154.50	10	4,125	412.50
한양대	서울		논술	8	2,298	287.25		2026 신설전형				
인하대	인천		논술우수자	8	2,209	276.13	-4	-734	+30.88	12	2,943	245.25
이화여대	서울		논술	5	964	192.80		2026 신설전형				
아주대	경기	논술	논술우수자	10	1,831	183.10	-10	-646	+59.25	20	2,477	123.85
연세대미래	강원		논술우수자(창의인재)	10	1,726	172.60	-5	-265	+39.87	15	1,991	132.73
중앙대	서울		논술	18	2,295	127.50	0	-544	-30.22	18	2,839	157.72
가톨릭대	서울		논술	19	2,291	120.58	0	-831	-43.74	19	3,122	164.32
경북대	대구		논술(AAT)	8	824	103.00	+1	-4	-15.29	7	828	118.29
경희대	서울		논술우수자	15	1,500	100.00	0	-619	-41.27	15	2,119	141.27
단국대천안	충남		논술우수자	4	386	96.50		2026 신설전형				

의대 전체 경쟁률 도표를 통해 살펴보면 의대 교과 일반전형 기준 영남대, 연세대 미래, 계명대, 건양대 순으로 경쟁률이 높다. 교과 성적 1.2대 이내의 학생들이 가장 선호하는 점수대에 속하는 의대 지원생들이 올해도 다수 지원한 것으로 보인다. 학생부종합 일반전형에서는 강원대, 가천대, 중앙대(융합형), 한양대(서류), 아주대 순으로 경쟁률이 높았다. 자사고 외 일반고 등 주 지원대인 1.0~1.5대 점수대 학생들이 선호하는 의대 종합전형이다. 특히 중앙대는 CAU융합형과 CAU탐구형으로 구분해서 선발하는데, 자사고 학생을 다수 선발하는 탐구형에 비해 융합형은 합격선을 고려해 경쟁률이 높았던 것을 확인할 수 있다.

논술의 경우 2026학년도에 신설된 한양대, 이화여대, 단국대(천안) 의대 논술 중 한양대 논술이 287:1로 가장 압도적인 경쟁률을 보였다. 의대 전체 논술 경쟁률은 가천대, 성균관대, 한양대, 인하대 순이었다. 전체적인 경쟁률을 볼 때, 전년 대비 교과/종합/논술 모두 표에 정리된 전형 중 131개 전형에서 25,756명이 줄었고, 총 16개 전형에서 249명이 늘었으며, 114개 전형에서 모집 인원이 총 1,068명 줄고, 27개 전형에서 모집 인원 유지, 8개 전형에서 모집 인원 25명이 늘었다.

모집 인원 감소에 비례하여 68개 전형에서 지원 인원은 줄었지만 경쟁률은 늘었으며, 62개 전형은 지원 인원도 대폭 줄어들면서 경쟁률 또한 하락했다. 대체로 이렇게 감소한 인원은 다른 의대 외에 치/한/약/수나 서/연/고 등 주요학과로 분산 지원했을 것으로 보인다. 다음으로 지역별 교과/종합/논술전형 경쟁률을 살펴보자.

수도권 의대
교과/종합/논술전형 경쟁률

2025-26 수도권(서울/경기/인천) 의대 교과전형 경쟁률(경쟁률 높은 순)												
학교	지역	유형	전형	2026			2026-25 차			2025		
				모집	지원	경쟁률	모집	지원	경쟁률	모집	지원	경쟁률
인하대	인천	교과	지역균형	9	179	19.89	-17	-175	+6.27	26	354	13.62
아주대	경기		고교추천	3	58	19.33	-	-	-	-	-	-
가천대	인천		학생부우수자	4	63	15.75	-11	-139	+2.28	15	202	13.47
고려대	서울		학교추천	18	232	12.89	0	-137	-7.61	18	369	20.50
경희대	서울		지역균형	15	115	7.67	-7	-37	+0.76	22	152	6.91
가톨릭대	서울		지역균형	10	75	7.50	0	-16	-1.60	10	91	9.10
연세대	서울		추천형	15	90	6.00	0	-63	-4.20	15	153	10.20

먼저 수도권(서울·인천·경기) 의대 교과전형이다. 새로 생긴 아주대 고교추천전형은 3명 선발에 58명이 지원하여 경쟁률 19.33을 기록했고, 증원이 취소되어 인원이 대폭 줄어든 인하대 지역균형은 지원 인원이 175명 줄었지만 경쟁률은 19.89로 여전히 높았다. 가천대 학생부우수자는 지원 인원이 139명 줄었지만 경쟁률은 15.75를 기록했다. 의대 증원과 관계없는 경희대의 경우는 전년 대비 7명이 줄어든 동시에 지원도 37명 줄었지만, 경쟁률은 0.76 오른 7.67을 기록했다.

인원 변동 사항이 없는 고려대, 가톨릭대, 연세대 의대 교과 전형의 경우는 오히려 지원자 수가 줄었는데, 특히 이번에 수능 최저 학력 기준 기준이 완화되고(사회탐구 2과목 응시한 학생도 지원 가능) 교과 반영 비율이 90%로 오른 고려대가 137명이 줄며 경쟁률 12.89을 기록했다. 가톨릭대와 연세대도 각각 전년보다 줄어든 7.5, 6.0이었다. 무리한 수도권 의대 교과보다 오히려 인하나 아주, 가천 순으로 분산 지원된 것으로 보이며, 교과 선발 중 학생부 비율이 가장 높은(30% 반영) 경희대 교과 경쟁률이 일부 오른 점도 여전히 전년도 합격선을 고려한 지원 결과로 예상된다.

종합전형에서도 지원 인원이 대표적으로 줄었는데, 이 중 눈에 띄게 큰 폭으로 줄어든 학교는 성균관대(615명), 아주대(503명), 고려대 학업우수형(320명), 인하대(318명), 한양대 서류형(310명), 가천대(255명) 등이다. 이 중 성균관대, 아주대, 인하대, 가천대는 역시 증원이 취소된 만큼 지원자도 크게 줄어든 것으로 보이며, 특히 고려대는 수능 최저 학력 기준에서 탐구 반영 과목이 1과목으로 완화된 것으로 인한 불안감이 지원 인원 하락의 원인으로 예상된다.

무엇보다 주목되는 점은 정량 평가인 교과에 비해 정성 평가인 종합전형의 경우 교과 성적 외에 활동, 학교 교육 과정, 편차, 프로그램 등 다양한 부분을 고려해서 선발하는데, 이로 인한 현실적인

2025-26 수도권(서울/경기/인천) 의대 종합전형 경쟁률(경쟁률 높은 순)												
학교	지역	유형	전형	2026			2026-25 차			2025		
				모집	지원	경쟁률	모집	지원	경쟁률	모집	지원	경쟁률
한양대	서울	종합	종합(고른기회)	2	112	56.00	-1	-45	+3.67	3	157	52.33
가천대	인천		기회균형	1	56	56.00	-1	-26	+15.00	2	82	41.00
가천대	인천		가천의약학	16	629	39.31	-17	-225	+12.52	33	884	26.79
중앙대	서울		CAU융합형인재	11	430	39.09	+1	-53	-9.21	10	483	48.30
한양대	서울		종합(서류형)	16	557	34.81	-14	-310	+5.91	30	867	28.90
아주대	경기		ACE	17	581	34.18	-23	-503	+7.08	40	1,084	27.10
성균관대	경기		성균인재(25 탐구형)	20	666	33.30	-30	-615	+7.68	50	1,281	25.62
고려대	서울		다문화전형	1	29	29.00	-	-	-	-	-	-
연세대	서울		기회균형	3	86	28.67	0	-18	-6.00	3	104	34.67
고려대	서울		학업우수형	28	792	28.29	-1	-320	-10.06	29	1,112	38.34
경희대	서울		네오르네상스	25	706	28.24	-4	-16	+3.34	29	722	24.90
중앙대	서울		CAU탐구형인재	15	392	26.13	0	-56	-3.73	15	448	29.87
고려대	서울		계열적합형	15	375	25.00	0	-54	-3.60	15	429	28.60
이화여대	서울		미래인재면접	9	224	24.89	-	-	-	-	-	-
인하대	인천		인하미래인재(면접)	16	374	23.38	-26	-318	+6.90	42	692	16.48
가톨릭대	서울		가톨릭지도자추천	2	46	23.00	0	-3	-1.50	2	49	24.50
고려대	서울		고른기회전형	5	111	22.20	0	-26	-5.20	5	137	27.40
이화여대	서울		미래인재서류	9	150	16.67	-9	-145	+0.28	18	295	16.39
한양대	서울		종합(추천형)	40	649	16.23	+15	-48	-11.66	25	697	27.88
가톨릭대	서울		학교장추천	25	373	14.92	0	-22	-0.88	25	395	15.80
서울대	서울		기회균형(사회통합)	7	98	14.00	0	-50	-7.14	7	148	21.14
서울대	서울		일반전형	50	635	12.70	+1	-155	-3.42	49	790	16.12
연세대	서울		활동우수형	45	508	11.29	0	-135	-3.00	45	643	14.29
서울대	서울		지역균형	39	315	8.08	0	-35	-0.90	39	350	8.97

고민을 반영한 지원 패턴이 나타난다는 것이다. "이 대학이 우리 학교 출신을 선발했는지", "지원해도 결국 불합격할 학교에 지원하는 것이 의미가 있는지"와 같은 분위기가 수시 상담에서도 상당히 체감된다. 그래서 자사고인지 일반고인지(일명 갓반고, 과중, 자공고 등 강점이 있는 일반고), 실제 선배 합격 사례가 있는지 등을 고려한 수시 지원 분위기는 내년에도 비슷하게 유지될 것으로 보인다.

특히나 올해 신설 전형으로 화제였던 1명 선발하는 고려대 다문화전형은 단 29명이 지원하였으며, 수능 최저 학력 기준이 없는 대신 자사고나 과고생들 선발을 고려한 듯 면접을 실시하여 신설된 이화여대 면접형의 경우 9명 선발에 224명이 지원하여 경쟁률 24.89를 기록했다. 동시에 인원이 절반이 된 서류형은 지원이 145명 줄었지만, 경쟁률은 0.28 오른 16.67을 기록했다.

이번에 전년 대비 15명이 늘어난 40명을 뽑는 한양대 종합(추천형)의 경우 오히려 지원자 수 48명이 줄어서 경쟁률은 16.23이었다. 추천형은 작년보다 인원은 증가했으나, 수능 최저 학력 기준이 세 개 합 4였으며 서울대 의대급 지원생들이 한양대 추천 서류형 중복 지원을 많이 했다는 점도 올해 지원 시 부담으로 작용한 결과로 보인다.

2025-26 의대 논술전형 경쟁률 변화(경쟁률 높은 순)

학교	지역	유형	전형	2026			2026-25 차			2025		
				모집	지원	경쟁률	모집	지원	경쟁률	모집	지원	경쟁률
가천대	인천	논술	논술	6	3,463	577.17	-34	-4,746	+371.94	40	8,209	205.23
성균관대	경기		논술위주(수리형)	5	2,835	567.00	-5	-1,290	+154.50	10	4,125	412.50
한양대	서울		논술	8	2,298	287.25	2026 신설전형					
인하대	인천		논술우수자	8	2,209	276.13	-4	-734	+30.88	12	2,943	245.25
이화여대	서울		논술	5	964	192.80	2026 신설전형					
아주대	경기		논술우수자	10	1,831	183.10	-10	-646	+59.25	20	2,477	123.85
중앙대	서울		논술	18	2,295	127.50	0	-544	-30.22	18	2,839	157.72
가톨릭대	서울		논술	19	2,291	120.58	0	-831	-43.74	19	3,122	164.32
경희대	서울		논술우수자	15	1,500	100.00	0	-619	-41.27	15	2,119	141.27

수도권에 대부분 몰려있는 논술전형은 모두 지원 인원이 줄었지만, 전년도에 40명을 뽑았다가 6명으로 인원이 대폭 줄어든 가천대는 지원 인원이 절반 가까이 줄었어도 여전한 높은 경쟁률을

보였다. 나머지 증원이 취소된 성균관대, 인하대, 아주대 또한 지원 인원은 줄었지만 경쟁률은 여전히 높았다. 동시에 중앙대, 가톨릭대, 경희대 논술전형은 인원이 그대로인데도 불구하고 선발 인원이 줄었는데, 이는 올해 새로 의대 논술을 시행하는 한양대에 몰린 2,298명과 이화여대에 몰린 964명으로 이 수요들이 분산된 것으로 보인다. 이렇게 새로 생긴 전형들은 역시 수능 난도에 따른 수능 최저 학력 기준 충족에 따른 변수로 실제 논술 응시 인원에 따른 논술 합격선에도 영향이 있을 것으로 예상된다.

강원·충청권 의대
교과/종합/논술전형 경쟁

2025-26 강원/충남/충북/대전 의대 교과 일반전형 경쟁률(경쟁률 높은 순)												
학교	지역	유형	전형	2026			2026-25 차			2025		
				모집	지원	경쟁률	모집	지원	경쟁률	모집	지원	경쟁률
가톨릭관동대	강원	교과	교과(기회균형)	1	38	38.00	-1	-48	-5.00	2	86	43.00
연세대미래	강원		교과우수자(일반형)	8	264	33.00	-8	-97	+10.44	16	361	22.56
건양대	대전		일반학생(최저)	11	259	23.55	-2	+90	+10.55	13	169	13.00
연세대미래	강원		교과우수자(추천형)	8	165	20.63	-	-	-	-	-	-
가톨릭관동대	강원		교과(일반전형)	9	178	19.78	-11	-172	+2.28	20	350	17.50
순천향대	충남		교과우수자	10	175	17.50	-2	+23	+4.83	12	152	12.67
을지대	대전		지역균형(학교장추천)	5	82	16.40	-15	-226	+1.00	20	308	15.40
충북대	충북		학생부교과	4	63	15.75	-12	-185	+0.25	16	248	15.50
충남대	대전		일반	12	187	15.58	-8	-75	+2.48	20	262	13.10
강원대	강원		일반교과	4	62	15.50	-7	-141	-2.95	11	203	18.45
건양대	대전		일반학생(면접)		2026 미선발					5	104	20.80
을지대	대전		기회균형2							3	12	4.00

강원/충청권 일반전형 중에서는 2명씩만 줄어든 건양대 일반최

저전형과 순천향대 교과우수자 외 모든 학교가 지원 인원이 줄고, 경쟁률은 늘었다. 이 중 가톨릭관동대와 을지대, 충북대, 강원대는 증원 중단과 동시에 100~200여 명이 줄었기 때문에, 대체로 그에 맞는 입결이 나올 것으로 보인다. 다만 이번에 학교장추천형 교과우수자전형을 신설한 연세대 미래캠퍼스의 경우는 기존 16명 선발에서 일반형과 추천형으로 나눈 다음에 선발했기 때문에 일반전형과 합치면 오히려 지원하는 인원은 더 늘어난 것이라고 볼 수 있는데, 교과산출방식 변경, 수능 최저 학력 기준이 낮은 추천형 선발 등으로 인한 변수는 적진 않을 듯하다.

학교	지역	유형	전형	2026 모집	2026 지원	2026 경쟁률	2026-25 차 모집	2026-25 차 지원	2026-25 차 경쟁률	2025 모집	2025 지원	2025 경쟁률
충북대	충북	교과	지역인재배려대상자	1	22	22.00	-2	-8	+12.00	3	30	10.00
건국대글로컬	충북	교과	지역인재-기초생활	1	22	22.00	-2	+3	+15.67	3	19	6.33
가톨릭관동대	강원	교과	교과(지역인재)	7	138	19.71	-30	-240	+9.50	37	378	10.22
건양대	대전	교과	지역인재(기초)	2	35	17.50	-1	+13	+10.17	3	22	7.33
충북대	충북	교과	교과(지역인재)	12	208	17.33	-20	-494	-4.60	32	702	21.94
건양대	대전	교과	지역인재(최저)	20	326	16.30	-30	-517	-0.56	50	843	16.86
충남대	대전	교과	지역인재일반	25	357	14.28	-12	-372	-5.42	37	729	19.70
을지대	대전	교과	지역의료인재(일반)	24	341	14.21	-38	-532	+0.13	62	873	14.08
단국대천안	충남	교과	지역메디바이오인재	10	139	13.90	2026부터 교과전형 신설					
순천향대	충남	교과	충청형지역인재	10	137	13.70	-26	-261	+2.64	36	398	11.06
순천향대	충남	교과	충남형지역인재	7	87	12.43	2026부터 충남형 지역인재 신설					
충남대	대전	교과	지역인재저소득층	3	28	9.33	-1	-5	+1.08	4	33	8.25
건국대글로컬	충북	교과	지역인재(충북)	4	35	8.75	2025까지 "대전/충남/충북/세종"으로 선발					
강원대	강원	교과	지역교과	12	95	7.92	-11	-111	-1.04	23	206	8.96
건양대	대전	교과	지역인재(면접)	10	55	5.50	-5	-79	-3.43	15	134	8.93
강원대	강원	교과	저소득-지역교과	1	3	3.00	-1	-6	-1.50	2	9	4.50
가톨릭관동대	강원	교과	교과(지역기회균형)	2	5	2.50	-1	-2	+0.17	3	7	2.33
건국대글로컬	충북	교과	지역인재(충청)	2026부터 "충북"으로 범위 축소						15	201	13.40

교과 지역인재의 경우는 신설된 전형인 단국대천안캠 지역메디바이오인재(이하 지역인재), 기존 지역인재전형에서 분리된 순

천향대 충남형지역인재, 그리고 선발 범위가 충청권에서 충북으로 좁혀진 건국대글로컬캠 지역인재(충북) 전형이 눈에 띈다. 각각 13.9:1, 12.43:1, 8.75:1을 기록했는데, 단국대천안캠 지역인재는 새로 생긴 교과전형이면서 범위가 충청권 전체인 만큼 100명이 넘는 학생들이 지원했으나, 순천향대 충남형지역인재와 건국대글로컬캠 지역인재(충북) 전형은 범위가 좁은 만큼 비교적 적은 인원이 지원한 것으로 볼 수 있다.

역시 증원이 취소된 만큼 지원 수의 감소도 보이는데, 감소가 많은 순으로 을지대(531명), 건양대(517명), 충북대(494명), 충남대(372명), 순천향대(충청형-261명), 가톨릭관동대(240명), 강원대(111명) 등이다. 모두 직전 연도 입결을 보고 쓰기보다는 2년 전 입결을 참고하고, 각 학생들의 주제에 맞게 지원한 것으로 보인다.

2025-26 강원/충남/충북/대전 의대 종합 일반전형 경쟁률 (경쟁률 높은 순)

학교	지역	유형	전형	2026			2026-25 차			2025		
				모집	지원	경쟁률	모집	지원	경쟁률	모집	지원	경쟁률
강원대	강원	종합	미래인재면접	5	200	40.00	-5	-121	+7.90	10	321	32.10
충북대	충북		학생부종합1	3	96	32.00	-1	-60	-7.00	4	156	39.00
연세대미래	강원		사회통합	3	92	30.67	0	-21	-7.00	3	113	37.67
순천향대	충남		일반학생	10	274	27.40	-2	-94	-3.27	12	368	30.67
연세대미래	강원		학교생활우수자	15	344	22.93	0	-2	-0.13	15	346	23.07
가톨릭관동대	강원		종합(일반전형)	5	102	20.40	2025 미선발 / 2024까지만 선발					
충북대	충북		학생부종합2	5	88	17.60	+1	+13	-1.15	4	75	18.75
가톨릭관동대	강원		가톨릭지도자추천	2	35	17.50	-3	-23	+5.90	5	58	11.60
건국대글로컬	충북		Cogito자기추천	4	67	16.75	-10	-162	+0.39	14	229	16.36
단국대천안	충남		DKU인재(면접형)	12	178	14.83	-28	-311	+2.61	40	489	12.23
한림대	강원		학교생활우수자	35	490	14.00	-8	-153	-0.95	43	643	14.95
충남대	대전		종합(서류)	6	83	13.83	-3	-38	+0.39	9	121	13.44
충남대	대전		종합(일반)	14	142	10.14	-6	-43	+0.89	20	185	9.25

종합 일반전형 중에서는 1명 늘어난 충북대 학생부종합2 전형을 제외하면 모두 인원이 대폭 감소했다. 지원자가 감소된 학교는 대표적으로 단국대천안(311명), 건국대글로컬(16명), 한림대(153명), 강원대(121명) 등이며, 경쟁률이 오른 전형과 내린 전형이 다양하게 분포돼 있다. 강원대 미래인재면접, 가톨릭관동대 가톨릭지도자추천, 건국대글로컬 자기추천, 단국대천안캠 면접형, 충남대 서류전형과 일반전형 등은 경쟁률이 올랐고, 충북대 종합1, 연세대미래캠 사회통합, 순천향대 일반학생, 연세대미래캠 학교생활우수자, 충북대 학생부종합2, 한림대 학교생활우수자 등은 경쟁률이 내렸다. 또한 2년 만에 종합일반전형이 부활한 가톨릭관동대는 102명이 지원하여 경쟁률 20.4:1을 기록했다.

학교	지역	유형	전형	2026 모집	2026 지원	2026 경쟁률	2026-25 차 모집	2026-25 차 지원	2026-25 차 경쟁률	2025 모집	2025 지원	2025 경쟁률
가톨릭관동대	강원	종합	종합(지역인재)	4	104	26.00		2026 신설				
건국대글로컬	충북		지역인재	9	157	17.44	-17	-201	+3.68	26	358	13.77
을지대	대전		지역의료인재(특별)	1	17	17.00		2026 신설				
한림대	강원		지역인재	16	211	13.19	-3	-30	+0.50	+0.50	241	12.68
강원대	강원		지역인재면접	12	140	11.67	-8	-121	-1.38	-1.38	261	13.05
연세대미래	강원		강원인재(일반)	25	285	11.40		-15	+0.29	+0.29	300	11.11
순천향대	충남		충남형지역인재	9	87	9.67		2026 신설				
충남대	대전		종합(지역인재)	18	161	8.94	-7	-206	-5.74	25	367	14.68
순천향대	충남		충청형지역인재	13	103	7.92	-43	-475	-2.40	56	578	10.32
순천향대	충남		지역인재-기초생활	4	23	5.75	0	-8	-2.00	4	31	7.75
한림대	강원		지역인재(기초생활)	2	6	3.00	-1	-3	0	3	9	3.00
연세대미래	강원		강원인재(한마음)	3	3	1.00	0	-3	-1.00	3	6	2.00

2025-26 강원/충남/충북/대전 의대 종합 지역인재 경쟁률(경쟁률 높은 순)

종합 지역인재 전형 중에서는 가톨릭관동대가 지역인재를 신설하여 26:1, 을지대 지역의료인재 특별전형을 신설하여 17:1, 순천향대 충남형지역인재를 신설되어 9.67:1을 기록했다. 증원 취소에 따라 지원자 수가 대폭 줄어든 학교로는 순천향대 충청형 지역인재가 475명, 충남대 지역인재가 206명, 건국대글로컬 지역인재가 201명, 강원대 지역인재면접이 121명이다. 또한, 경쟁률은 한림대 지역인재과 연세대미래 강원인재를 제외하면 모두 감소했다.

2025-26 강원/충남/충북/대전 의대 논술 경쟁률(경쟁률 높은 순)					2026			2026-25 차			2025		
학교	지역	유형	전형	모집	지원	경쟁률	모집	지원	경쟁률	모집	지원	경쟁률
연세대미래	강원	종합	논술우수자(창의인재)	10	1,726	172.60	-5	-265	+39.87	15	1,991	132.73
단국대천안	충남	종합	논술우수자	4	386	96.50	2026 신설					

의대 논술전형은 연세대 미래캠은 지원자 수가 265명 줄었지만 모집인원이 5명 감소했고, 172.6:1을 기록했다. 또한 이번에 새로 신설된 단국대천안캠 논술우수자전형의 경쟁률은 96.5:1이다. 특히 단국대천안캠 논술우수자전형은 올해만 선발하고 내년 2027 대입에서는 선발하지 않으므로, 당분간 신설되지 않는다면 단대 의대 논술 선발은 2026학년이 마지막으로 예상된다.

대구·경북 의대
교과/종합/논술전형 경쟁률

2025-26 대구/경북 의대 교과 일반전형 경쟁률 (경쟁률 높은 순)												
학교	지역	유형	전형	2026			2026-25 차			2025		
				모집	지원	경쟁률	모집	지원	경쟁률	모집	지원	경쟁률
영남대	대구	교과	기회균형2(의약)	-	-	-	-	-	-	3	29	9.67
계명대	대구		교과(면접)	-	-	-	-	-	-	10	289	28.90
영남대	대구		일반학생	8	270	33.75	-4	-14	+10.08	12	284	23.67
계명대	대구		교과(일반)	7	214	30.57	-6	-22	+12.42	13	236	18.15
동국대와이즈	경북		교과	6	103	17.17	-11	-181	+0.46	17	284	16.71
영남대	대구		의학창의인재	8	117	14.63	0	-10	-1.25	8	127	15.88
대구가톨릭대	대구		교과	4	58	14.50	-6	-77	+1.00	10	135	13.50
동국대와이즈	경북		불교추천인재	1	12	12.00	-2	-17	+2.33	3	29	9.67

    대구 경북권 의대 교과일반전형은 기존 증원 인원 대비 최대 11명이 줄었지만, 그만큼 지원 인원도 큰 폭으로 감소했다. 이 중 동국대와이즈캠 교과전형은 181명 줄어든 103명이 지원하여 경쟁률 17.17을 기록했다. 이 중 유일하게 증원이 아니었던 탓에 모집 인원이 그대로인 영남대(의학창의인재 교과 작년, 올해 8명 선발) 또한 10명이 줄어든 117명이 지원하고 경쟁률 14.63을 기록했다. 하지만 역시 영남대를 제외하면 모두 경쟁률은 올랐으므로, 수능 최저 학력 기준에 대한 변수가 있겠으나 작년보다 입결에 관한 변동은 불가피할 것으로 보인다.

    교과 지역인재의 경우 역시 많은 지원 인원이 전년 대비 줄었는데, 동국대와이즈(374명), 영남대(249명), 경북대(247명), 계명대(224명), 대구가톨릭대(170명) 순으로 100명 이상 인원이 줄었다. 하

2025-26 대구/경북 의대 교과 지역인재 경쟁률(경쟁률 높은 순)												
학교	지역	유형	전형	2026			2026-25 차			2025		
				모집	지원	경쟁률	모집	지원	경쟁률	모집	지원	경쟁률
동국대와이즈	경북	교과	지역인재(경북-교과)	8	155	19.38	-8	-84	+4.44	16	239	14.94
영남대	대구		지역인재(의약)	21	363	17.29	-16	-249	+0.75	37	612	16.54
영남대	대구		지역기회균형(의약)	2	34	17.00				2026 신설		
동국대와이즈	경북		지역인재(교과)	10	166	16.60	-20	-374	-1.40	30	540	18.00
계명대	대구		교과(지역)	24	351	14.63	-5	-224	-5.20	29	575	19.83
대구가톨릭대	대구		지역기회균형(의약)	1	14	14.00	-1	-3	+5.50	2	17	8.50
계명대	대구		교과(지역기회균형)	2	26	13.00	-1	-5	+2.67	3	31	10.33
동국대와이즈	경북		기회균형1(지역인재)	2	25	12.50	-1	0	+4.17	3	25	8.33
경북대	대구		지역인재기초생활	3	34	11.33	0	+17	+5.67	3	17	5.67
대구가톨릭대	대구		지역교과	20	200	10.00	-18	-170	+0.26	38	370	9.74
경북대	대구		교과(지역인재)	17	133	7.82	-11	-247	-5.75	28	380	13.57

지만 역시 선발인원이 줄어든 만큼 경쟁률은 일부 상승된 학교도 있으며, 그에 따른 입결 변수도 지켜봐야 할 것으로 보인다.

특히, 지역인재 교과 기준 경북대와 계명대, 대구가톨릭대, 동국대순으로 선호도가 있는데, 인원 감소에 따른 합격선 변수와 무엇보다 수능 최저 학력 기준 충족에 따른 결과가 합격선에도 영향을 줄 것으로 예상된다.

2025-26 대구/경북 의대 종합 일반전형 경쟁률(경쟁률 높은 순)												
학교	지역	유형	전형	2026			2026-25 차			2025		
				모집	지원	경쟁률	모집	지원	경쟁률	모집	지원	경쟁률
계명대	대구	종합	종합(일반)	8	203	25.38	+3	+17	-11.83	5	186	37.20
동국대와이즈	경북		참사람	3	65	21.67	-7	-147	+0.47	10	212	21.20
경북대	대구		일반학생	25	448	17.92	-6	-105	+0.08	31	553	17.84

단 3개 전형이 있는 종합일반전형 중 동국대 와이즈 참사람전형은 147명, 경북대 일반학생전형은 105명 정도 지원 인원이 줄었으며, 계명대는 종합일반전형 인원이 오히려 3명 늘었고, 지원인원은 17명 정도 늘었지만 경쟁률은 줄었다.

2025-26 대구/경북 의대 종합 지역인재 경쟁률(경쟁률 높은 순)											
학교	지역	유형	전형	2026			2026-25 차			2025		
				모집	지원	경쟁률	모집	지원	경쟁률	모집	지원	경쟁률
대구가톨릭대	대구	종합	지역종합	5	147	29.40	-7	-126	+6.65	12	273	22.75
영남대	대구		지역인재(의약)	10	233	23.30			2026 신설			
동국대와이즈	경북		지역인재(종합)	8	134	16.75	-7	-35	+5.48	15	169	11.27
계명대	대구		종합(지역)	20	323	16.15	0	-24	-1.20	20	347	17.35
동국대와이즈	경북		지역인재(경북-종합)	4	58	14.50	-6	-56	+3.10	10	114	11.40
경북대	대구		종합(지역인재)	34	339	9.97	-24	-160	+1.37	58	499	8.60

　　종합지역인재전형은 모두 지원 인원이 줄었으나, 영남대 지역인재 종합전형이 신설되었다. 10명을 선발하고, 233명이 지원하여 23.30을 기록했다. 영남대 종합전형 지역 신설에 경우, 수시 상담 때도 대구/경북 지역 학생들에게 지원을 권하기도 하였고, 지원하겠다는 학생들도 있었던 만큼 꽤 경쟁력 있는 전형이 될 것으로 보인다.

　　대구가톨릭대와 경북대 간의 경쟁률 온도차가 큰 결과가 눈에 띄며, 이 또한 합격선 및 선발 인원에 따른 변수 결과로 보인다.

2025-26 대구/경북 의대 논술 일반전형 경쟁률(1개 전형 선발)											
학교	지역	유형	전형	2026			2026-25 차			2025		
				모집	지원	경쟁률	모집	지원	경쟁률	모집	지원	경쟁률
경북대	대구	논술	논술(AAT)	8	824	103.00	+1	-4	-15.29	7	828	118.29

　　경북 지역에 단 하나 있는 경북대 논술전형은 전년 대비 1명 모집인원이 늘었고, 지원 인원은 4명이 줄어들어서 경쟁률 103:1로 전년 대비 15.29 정도 줄었다.

부산·울산·경남 의대
교과/종합/논술전형 경쟁률

2025-26 부/울/경 의대 교과 일반전형 경쟁률(경쟁률 높은 순)

학교	지역	유형	전형	2026 모집	2026 지원	2026 경쟁률	2026-25 차 모집	2026-25 차 지원	2026-25 차 경쟁률	2025 모집	2025 지원	2025 경쟁률
경상국립대	경남	교과	교과(일반)	13	233	17.92	-3	+21	+4.67	16	212	13.25
고신대	부산		일반고	26	431	16.58	-4	-10	+1.88	30	441	14.70
부산대	부산		학생부교과	10	129	12.90	-7	-91	-0.04	17	220	12.94
인제대	부산		의예	25	138	5.52	-2	-45	-1.26	27	183	6.78

단 4개 전형인 부산·울산·경남 의대 교과일반전형은 모집인원이 대체로 감소했지만, 경상국립대 일반전형이 전년도 입결이 꽤 낮게 형성된 덕분에 21명 정도가 더 지원했다. 나머지 전형 중 부산대는 91명이 줄었고, 경쟁률 또한 0.04 정도 감소했다.

2025-26 부/울/경 의대 교과 지역인재 경쟁률(경쟁률 높은 순)

학교	지역	유형	전형	2026 모집	2026 지원	2026 경쟁률	2026-25 차 모집	2026-25 차 지원	2026-25 차 경쟁률	2025 모집	2025 지원	2025 경쟁률
고신대	부산	교과	지역인재	25	394	15.76	-25	-335	+1.18	50	729	14.58
동아대	부산		지역인재교과	17	229	13.47	-10	-219	-3.12	27	448	16.59
고신대	부산		지역인재기회균형	2	22	11.00	0	-1	-0.50	2	23	11.50
인제대	부산		지역인재기초생활	2	21	10.50	-1	-13	-0.83	3	34	11.33
부산대	부산		지역인재	27	216	8.00	-3	-137	-3.77	30	353	11.77
울산대	울산		지역교과	10	74	7.40	-23	-154	+0.49	33	228	6.91
경상국립대	경남		교과(지역인재)	30	208	6.93	-32	-343	-1.95	62	551	8.89
인제대	부산		지역인재1	32	159	4.97	+2	-80	-3.00	30	239	7.97

교과지역인재는 지원자 수가 눈에 띄게 크게 줄어든 것으로 보인다. 고신대가 335명, 경상국립대가 343명, 동아대가 219명, 울산대가 154명, 부산대가 137명 정도 줄었다. 인제대는 지역인재가 2명 늘었지만 80명이 감소해서 경쟁률은 4.97을 기록하였는데, 오

히려 인제대가 전년 대비 입결 변동이 눈에 띌 것으로 보인다.

2025-26 부/울/경 의대 종합 일반전형 경쟁률(경쟁률 높은 순)

학교	지역	유형	전형	2026			2026-25 차			2025		
				모집	지원	경쟁률	모집	지원	경쟁률	모집	지원	경쟁률
동아대	부산	종합	잠재능력우수자	-	-	-	-17	-96	-	10	265	26.50
고신대	부산		자기추천	2	63	31.50	-2	+5	-	-	-	-
울산대	울산		잠재역량	10	190	19.00	-2	-35	+2.09	34	575	16.91
경상국립대	경남		일반전형	2	38	19.00	0	-137	+4.00	4	60	15.00

의대 종합전형의 경우는 제일 눈에 띄는 것이 고신대 자기추천 전형이다. 새로 신설된 전형으로 단 2명 선발하고 일괄 면접으로 진행되어, 1단계에서 몇 배수를 선발한 뒤 면접을 진행하는 보통의 경우와는 다르게 진행된다. 최소한 면접은 갈 수 있기 때문에 대치권 일반고 학생들도 지원을 고려하는 사례가 적지 않았다. 수능 최저 학력 기준, 면접, 신설 전형 등 여러 변수가 얽혀 있어 고신대 신설 의대 종합전형 결과가 주목된다. 그 외에 울산대 종합전형의 경우 작년 1.3대 일반고 학생도 상담 후 합격한 사례가 있었으나, 모집 인원이 34명에서 10명으로 대폭 감소한 26학년도에서는 합격선이 다소 오를 것으로 보인다.

2025-26 부/울/경 의대 종합 지역인재 경쟁률(경쟁률 높은 순)

학교	지역	유형	전형	2026			2026-25 차			2025		
				모집	지원	경쟁률	모집	지원	경쟁률	모집	지원	경쟁률
울산대	울산	종합	지역인재	13	167	12.85	-17	-96	+4.08	30	263	8.77
부산대	부산		지역인재저소득층	3	35	11.67	-2	+5	+5.67	5	30	6.00
경상국립대	경남		지역인재기초생활	2	18	9.00	-2	-35	-4.25	4	53	13.25
부산대	부산		지역인재	30	207	6.90	0	-137	-4.57	30	344	11.47

종합지역인재 전형 중 부산대 지역인재전형은 유일하게 모집인원의 변동이 없었으나 지원자 수가 줄어든 전형이다. 수능 최저학력 기준에 따른 변수를 예상할 수도 있으나, 대체로 예년 대비 입결 변수가 눈에 띌 것으로 보인다.

특히나 부산대 지역인재의 경우 전년과 올해 동일하게 30명을 선발하는 만큼, 부산 자사고 및 과학중점학교 및 전년도 부산대 의대 실적이 있는 학교들은 올해도 실적을 유지할 수 있을 것으로 예상된다.

2025-26 부/울/경 의대 논술 지역인재 경쟁률(경쟁률 높은 순)												
학교	지역	유형	전형	2026			2026-25 차			2025		
				모집	지원	경쟁률	모집	지원	경쟁률	모집	지원	경쟁률
부산대	부산	논술	지역인재	15	560	37.33	-7	-249	+0.56	22	809	36.77

부산·울산·경남 지역 유일 논술전형인 부산대 논술 지역인재전형은 모집이 7명 줄고 지원은 249명이 줄었으나, 경쟁률은 0.56 정도 올랐다. 지원자들의 논술 실력에 따른 결과 변수는 예년과 비슷할 것으로 보인다.

호남·제주 의대
교과/종합/논술전형 경쟁률

2025-26 호남/제주 의대 교과 일반전형 경쟁률(경쟁률 높은 순)

학교	지역	유형	전형	2026			2026-25 차			2025		
				모집	지원	경쟁률	모집	지원	경쟁률	모집	지원	경쟁률
전북대	전북	교과	일반학생	19	356	18.74	-5	-43	+2.11	24	399	16.63
조선대	광주		교과(일반)	17	233	13.71	+1	-15	-1.79	16	248	15.50
제주대	제주		일반학생	8	99	12.38	-6	-57	+1.23	14	156	11.14

마지막으로 호남/제주 지역에서 교과 일반전형을 보면, 조선대는 모집 인원이 1명이 늘었지만 지원자 수가 15명 줄었다. 전북과 제주대는 각각 43명, 57명 지원이 줄었지만, 모집 인원이 줄어든 만큼 경쟁률은 올랐다. 특히나 수능 최저 학력 기준 기준이 높아서 변수인 전북대의 경쟁률이 여전히 높은 걸 보면, 수능 강점이 있는 학생들이나 교과 성적과 수능 최저 학력 기준 기준에 경쟁력이 있는 일반고 학생들이 다수 지원했다는 걸 알 수 있다.

2025-26 호남/제주 의대 교과 지역인재 경쟁률(경쟁률 높은 순)

학교	지역	유형	전형	2026			2026-25 차			2025		
				모집	지원	경쟁률	모집	지원	경쟁률	모집	지원	경쟁률
조선대	광주	교과	교과(지역기회균형)	3	33	11.00	-1	+8	+4.75	4	25	6.25
원광대	전북		지역인재교과(전북)	17	184	10.82	-15	-336	-5.43	32	520	16.25
전북대	전북		지역인재1(호남)	14	143	10.21	0	-127	-9.07	14	270	19.29
전북대	전북		지역인재2(전북)	45	452	10.04	-11	-79	+0.56	56	531	9.48
원광대	전북		지역인재교과(호남)	10	95	9.50	-6	-175	-7.38	16	270	16.88
전남대	광주		지역균형(기회균형)	3	27	9.00	-1	+3	+3.00	4	24	6.00
전북대	전북		지역인재기균(호남)	3	23	7.67	-1	+3	+2.67	4	20	5.00
조선대	광주		교과(지역인재)	68	464	6.82	0	-292	-4.29	68	756	11.12
전남대	광주		지역인재	78	426	5.46	-24	-376	-2.40	102	802	7.86
제주대	제주		지역인재	10	37	3.70	-9	-35	-0.09	19	72	3.79
제주대	제주		지역인재고른기회	1	3	3.00	-1	0	+1.50	2	3	1.50

교과지역인재전형은 특히 눈에 띄는 것이 원광대 지역인재교과 전북전형이다. 원광대 지역전형 중 '전북에서' 학교를 나온 학생들이 지원하는 전형이며, 전북 소재 상산고 학생들이 의대 교과전형을 지원하지 않는 만큼 전북 지역 학생들에게 기회를 주는 전형이기도 하다. 수능의 불확실성 탓인지 지원자는 전년 대비 336명 정도가 감소했다. 또한, 의대 교과전형 중 가장 많은 인원인 102명을 뽑던 전남대가 올해 78명으로 줄어든 상태로 선발을 하지만, 그만큼 지원도 376명이 줄어들었기에 경쟁률은 2.4 내린 5.46을 기록했다. 수능 최저 학력 기준 기준과 인원에 따른 변수가 많은 호남/제주 지역인 만큼 올해도 변수가 있을 것으로 보인다.

2025-26 호남/제주 의대 종합 일반전형 경쟁률(경쟁률 높은 순)												
학교	지역	유형	전형	2026			2026-25 차			2025		
				모집	지원	경쟁률	모집	지원	경쟁률	모집	지원	경쟁률
조선대	광주	종합	종합(면접)	6	109	18.17	-4	-7	+6.57	10	116	11.60
전남대	광주		고교생활우수자1	10	161	16.10	-3	+4	+4.02	13	157	12.08
전북대	전북		큰사람	5	79	15.80	0	+24	+4.80	5	55	11.00
조선대	광주		종합(서류)	6	89	14.83	-	-	-	-	-	-
원광대	전북		학생부종합	10	117	11.70	-16	-166	+0.82	26	283	10.88

　　종합일반전형의 경우 이번에 조선대가 서류전형을 따로 만들면서, 면접은 약하지만 학생부는 강점이 있는 학생들에게 기회가 생긴 덕분에 89명 정도가 지원했다. 또한 5개 전형 중 원광대 종합전형은 166명 정도가 덜 지원하였으나 경쟁률은 오른 11.7:1을 기록했다. 매년 동일하게 5명을 뽑는 전북대 큰사람전형은 전년 대비 24명이 늘어 79명이 지원하였고 경쟁률은 15.8:1을 기록했다.

학교	지역	유형	전형	2026			2026-25차			2025		
				모집	지원	경쟁률	모집	지원	경쟁률	모집	지원	경쟁률
제주대	제주	종합	지역인재	3	35	11.67	-	-	-	-	-	-
원광대	전북		지역인재종합(전북)	30	300	10.00	-3	-52	-0.67	33	352	10.67
원광대	전북		지역인재기균(호남)	2	16	8.00	-1	+1	+3.00	3	15	5.00
원광대	전북		지역인재종합(호남)	16	125	7.81	-2	-49	-1.85	18	174	9.67

종합지역인재전형 중에서는 제주대 지역인재에 종합전형이 신설되었고, 35명 정도가 지원하여 경쟁률 11.67을 기록했다. 지역인재 종합전형은 전년 대비 인원이 많이 줄진 않았지만, 지원 인원이 전북 52명, 호남 49명 정도 감소하면서 경쟁률도 내려가 각각 10:1, 7.81을 기록했다. 특히나 원광대 지역인재는 수시 상담시 1.3등급 이내 학생들이 다수 문의했고 지원 의사가 있었다. 전년 대비 인원 감소가 덜하여 작년과 비슷한 합격대를 이룰 것으로 예상된다.

총평

결과적으로 의대 모든 전형의 모집인원과 지원 인원은 감소했지만, 종합전형과 논술전형, 그리고 총 경쟁률에서는 상승세를 보였다. 올해 수시 지원의 큰 변수는 수능의 불확실성이다. 비교적 쉽게 출제된 6월 모의평가에 비해 9월 모의평가의 난도가 상승하면서 수시 적정 지원 및 안전 지원의 경향이 증가했다. 또 과탐 2과목 응시가 아니라 사회문화+과탐 1과목 응시로 방향을 바꾼

구분	2025-26 의대 교과/종합/논술전형 총 경쟁률 통계							
	2026			2026-25			2025		
	모집	지원	경쟁률	모집	지원	경쟁률	모집	지원	경쟁률
---	---	---	---	---	---	---	---	---	---
교과	956	11,422	11.95	-580	-8,714	-1.16	1,536	20,136	13.11
종합	938	16,590	17.69	-358	-6,163	+0.13	1,296	22,753	17.56
논술	131	23,182	176.96	-47	-6,280	+11.44	178	29,462	165.52
전체	2,025	51,194	25.28	-985	-21,157	+1.24	3,010	72,351	24.04

학생들도 있는 만큼, 과학탐구 평균 반영이나 과학탐구 2과목 필수 응시 전형에서의 감소 인원들도 꽤 분포할 것으로 보인다. 반대로 탐구 제한을 없앤 대학도 입결 상승을 우려하여 지원하지 않은 학생들이 있을 것이다.

하지만 역시 경쟁률은 숫자에 불과할 수도 있다. 가장 중요한 것은 자신의 학생부 경쟁력과 교과 성적의 강점(전 과목, 국수영사과 등), 그리고 수능 최저 학력 기준 충족 여부, 면접 역량 등이다. 자신이 지원한 학교 경쟁률이 높다고 해서 경쟁률에 너무 연연하기보다는 남은 기간에 수능 최저 학력 기준을 충족할 수 있도록 학습을 마무리하고, 1단계 합격 후의 면접 응시 등을 철저히 대비하는 것이 최종 합격을 좌우하는 키가 될 것이다.

마지막으로 수능 응시 인원에 대한 변수를 다시 체크해 보자면, 수능 응시 인원에 대한 변수는 비단 수시 경쟁률에 대한 영향만으로 끝나지 않을 것이다. 차후 수능 이후 정시 지원에 대한 가산점의 변수 및 정시 합격선까지 작용할 것으로 예상되기에, 이런 점도 고려해서 정시 지원까지 대비를 해야 한다.

2025-26 의대 교과/종합/논술전형 총 경쟁률 통계								
사회·문화	생활과윤리	윤리와사상	한국지리	세계지리	정치와법	동아시아사	세계사	경제
263,047	224,552	54,014	48,500	46,497	37,889	23,490	23,208	8,525
49.45%	42.21%	10.15%	9.12%	8.74%	7.12%	4.42%	4.36%	1.60%
지구과학I	생명과학I	물리학I	화학I	생명과학II	물리학II	화학II	지구과학II	
115,435	112,128	46,943	26,683	8,650	6,217	6,200	4,996	
21.70%	21.08%	8.82%	5.02%	1.63%	1.17%	1.17%	0.94%	

2장

현장에서 보는 입시 상담 사례

이 장에서는 실제 학생의 성적과 상담 사례를 통해 입시 전략을 세우는 법에 대해 다룬다. 고등학교 입시부터 선택 과목, 수시 및 정시 등 학생의 상황에 따라 입시의 가이드 라인 또한 다르게 잡을 수 있음을 확인해 볼 수 있을 것이다.

의대 지망하는 중3의 전형 방식 진학

— 대치동 최상위권 중3

학기	교과	과목	원점수/과목평균	성취도(수강자수)
2	국어	국어	99/82.9	A(370)
2	사회(역사포함)/도덕	사회	99/84.1	A(370)
2	사회(역사포함)/도덕	도덕	98/80.9	A(370)
2	수학	수학	99/79.7	A(370)
2	과학/기술·가정/정보	과학	100/92.8	A(370)
2	과학/기술·가정/정보	기술·가정	99/84.3	A(370)
2	영어	영어	100/87.3	A(370)

Q. 의대 목표의 중3, 외대부고와 일반고 중 어디로 진학해야 유리할까요?

저는 ○○중학교 3학년에 재학 중인 여학생입니다. 어릴 때부터 쭉 의대를 목표로 했습니다. 중학교 1, 2학년 내내 상위권 성적을 유지했으며, 현재 3학년 성적도 마찬가지로 유지 중입니다. 전형 방식 진학을 앞두고 전국 단위 자사고인 용인외대부고와 강남권 일반고인 진선여고 중 어디를 선택해야 할지 고민입니다.

선행 수학은 확률과 통계, 미적분Ⅱ, 기하까지 완료했고, 영어는 고3 모의고사에서 1등급이 나오고, 과학은 물리Ⅰ 심화, 화학 올림피아드 수상 수준까지 선행했습니다. 무조건 의대가 목표입니다. 전형 방식 선택 시 유리한 조언 부탁드립니다.

A. 두 학교 모두 장단점이 있지만 결론적으로 외대부고보다는 강남권 일반고 여고를 추천한다. 외대부고는 전국 단위의 우수한 학생들이 특목고 선발을 선호하기도 하지만, 39개 의대 중 상당수는 교과 우수 위주 선발을 채택하고 있기에 의대 선택의 시나리오는 어느 정도 국한된 것이 현실이다. 강남 일반고 공학이나 여고도 내신 관리가 쉬운 것은 아니지만 자사고에 비하면 등수 관리에 대한 부담이 덜한 편이다. 따라서 수학·과학 과목에서 절대적인 등수 관리를 위해 대비하고, 의대 관련 비교과 활동에 맞는 동

아리, 진로활동, 특색활동, 실험 및 심화수업 등을 충실히 하여 학생부를 채우는 전략이 필요하다.

　마지막으로 강남권 및 수능 대비 지역 동네 일반고는 수능 준비 환경도 잘 갖춰져 있다. 의대 진학을 목표로 한다면 자사고보다는 일반고에서 내신 등급 관리와 수능 대비를 하는 것이 핵심이다.

수학 2등급 고1, 의대 진학 로드맵

— 광역 자사고 고1(의대 및 서연고 생명계열 학과 지망)

학년	교과	1학기 단위수	등급	2학기 단위수	등급	과정선택
1	국어	4	1			국어
1	수학	4	2			공통수학1, 2
1	영어	4	1			공통영어1, 2
1	사회	3	1			한국사1, 2
1	사회	4	1			통합사회1, 2
1	과학	4	1			통합과학1, 2

구분	1학년 이수단위	1학년 석차등급
전교과목	23	1.17
국영수사과	23	1.17
국영수	12	1.33
국영수과	16	1.25
영수과	12	1.33
수과	8	1.50

고1 6월 학력평가						
	국어	수학	영어	한국사	사회	과학
백분위	96.73	98.39	-	-	99.31	96.14
등급	1	1	1	1	1	1

2장 현장에서 보는 입시 상담 사례

Q. 의대 지망하는 고1 로드맵은 어떻게 그려야 할까요?

저는 의학계열 진학을 목표로 하고 있고, 생명과학이나 첨단융합에도 관심이 있습니다. 현재 고1 1학기 기준 수학은 2등급, 나머지 과목은 모두 1등급입니다. 수학에서 2등급이 나왔으니 이제 의대나 서연고 등의 주요 대학은 포기해야 하는 걸까요?

또한 앞으로 2학기부터는 무엇을 중점으로 준비하는 것이 좋을까요? 내신, 비교과, 정시 준비 등 어디에 초점을 맞추는 것이 좋을지 조언 부탁드립니다.

A. 우선 고1 학생들은 고교학점제가 처음 실시된 대상이기에 대입 합격선에 어느 정도 변수가 있다. 대학들도 기존 9등급을 기준으로 합격선을 설정해 왔기 때문에 자체적으로 이를 참고하여 5등급제에 기준을 적용할 것은 분명하다.

객관적으로 봤을 때 지방 지역인재 의대 합격선이 상대적으로 수도권 일반전형 지원 합격선보다 낮다. 2025학년도 대입 학격 발표 기준을 실제 사례를 통해 분석해 보면 보편적으로 1.1~1.6 사이가 지방 지역인재 의대 교과선이고, 일반전형 지역인재 비대상 학생들의 의대 교과 합격선이 1.0~1.3(일반고 합격선 기준) 정도다. 단순 비율만 놓고 보자면 수학을 제외하고 1등급을 받았기 때문에 1.7로 경쟁력이 있기는 하나, 5등급제가 변수로 작용할 수 있다. 특히 의학계열 지원자들은 수학과 과학에서 대부분 1등급을 받는 만큼, 수학 2등급은 분명히 리스크가 있다고 봐야 한다.

그러나 1학기 성적이 아쉽다고 해도 아직 시간이 있고 시험도 많이 남아 있기에 만회할 기회는 있다. 2학기에서 전 과목 1등급이 나오도록 교과 관리를 신경 쓰고, 비교과 활동도 소홀히 해서는 안 된다. 의학적 비교과활동 및 생명과 첨단 융합(서울대 학과 고려) 관련 활동을 충실히 진행하고, 첨단의 경우 컴퓨터나 AI 및 인공지능 역량도 도움이 된다.

정시는 고1 6월 모의고사 기준으로 경쟁력이 있어 보이지만, 지금부터 정시 및 모의고사에 올인하기는 너무 이르다. 내신 시즌에는 교과 등급 관리에 집중하고, 비내신 시즌에는 모의고사 기출 및 수능 대비 예상 문제와 개념 정리를 통해 수능을 대비하는 것이 좋다. 2학기 하반기 모의고사의 성적 위치를 파악하면서 정시에 대한 힘 조절을 해 가면 될 것이다.

약대 지망하는 고3의
수시 지원 전략

— 일반고 고3(내신 1.4) 수시 지망생(약대 및 서울대 약대 지망)

구분	교과	1학기 단위수	등급	2학기 단위수	등급	과정선택	구분	
1	국어	3	2	4	1	국어	전교과목	
1	수학	4	1	4	1	수학	국영수사과(한국사포함)	
1	영어	4	2	3	1	영어	국영수	
1	사회	3	2	3	1	한국사	인문:국수영사/자연:국수영과	
1	사회	3	1	3	2	통합사회	인문:국영사/자연:수영과	
1	과학	4	1	4	1	통합과학	인문:국+사/자연:수+과	
1	과학					과탐실(A/A)		
1	기타	2	1	2	2	정보		
⋮						⋮		
2	국어	4	1	4	1	문학/언어매체		
2	수학	4	1	4	1	수학1/수학2		
2	영어	4	2	4	2	영어1/영어2		
2	과학	2	2	2	1	물리학1		
2	과학	2	1	2	1	화학1		
2	과학	2	1	2	1	생명과학1		
2	과학	2	1	2	2	지구과학1		
2	기타	2	4	2	1	중국어1		
2	수학					기하(A/A)		
2	기타					음악감상비평(A/A)		
⋮						⋮		
3	국어	3	1			독서		
3	수학	3	3			미적분		
3	수학	3	2			확률과통계		
3	영어	3	2			영어독해와작문		
3	기타					종교학(P/)		
3	기타					논술(P/)		
3	수학					수학과제탐구(A/)		
3	사회					사회문제탐구(A/)		
3	과학					물리학2(A/)		
3	과학					화학2(A/)		
3	과학					생명과학2(A/)		
3	과학					지구과학2(A/)		
3	과학					고급화학(A/)(공동)		
3	기타					스포츠생활(A/)		
3	기타					인공지능기초(A/)		

1학년 이수단위	1학년 석차등급	2학년 이수단위	2학년 석차등급	3학년 이수단위	3학년 석차등급	이수단위 합산	평균등급
46	1.33	44	1.41	12	2.00	102	1.44
42	1.31	40	1.30	12	2.00	94	1.39
22	1.32	24	1.33	12	2.00	58	1.47
30	1.23	40	1.30	12	2.00	82	1.38
23	1.17	32	1.38	9	2.33	64	1.44
16	1.00	24	1.17	6	2.50	46	1.28

○○○ 학생
(3-1 합산 기준)

1-1학기 1.43
1-2학기 1.22
2-1학기 1.55
2-2학기 1.27
3-1학기 2.00

전교과 기준 교과산출식
(1학년 석차등급*이수단위 + 2학년 석차등급*이수단위 + 3학년 석차등급*이수단위) / 이수단위 합산
(사회과목에 한국사 포함)

6월 모의평가 실채점

	언매	미적	영어	한국사	생1	지1
표준점수	132	128	-	-	56	64
백분위	97	94	-	-	68	90
등급	1	2	1	1	4	2

교과성적	1.44등급	거점학교/공동교과	1과목 이수
임원활동	5회	교내봉사시간	56시간
1학년 동아리 분야	융합과학	창체/세특 책 수	9권
2학년 동아리 분야	생명과학		
3학년 동아리 분야	-	교과/비교과 통계 [약학]	
개인 세특 수 (유연화활동 등)	1, 2학년 각 1회		

학기	교과	과목	학점수	원점수/과목평균	성취도	석차등급
1	국어	문학	4	97/78.8(13.6)	A(223)	1
	수학	수학I	4	90/66.9(13.0)	A(223)	1
	영어	영어I	4	98/73.7(15.7)	A(223)	2
	과학	물리학I	2	87/49.7(19.4)	A(129)	2
	과학	화학I	2	95/65.1(17.1)	A(146)	1
	과학	생명과학I	2	93/67.3(14.3)	A(178)	1
	과학	지구과학I	2	95/63.5(20.1)	A(128)	1
	기술·가정/ 제2외국어/한문/교양	중국어I	2	90/80.5(12.4)	A(129)	4
	기술·가정/ 제2외국어/한문/교양	종교학	1		P	P

지원 후보 대학 및 전형 리스트 (○○○ 학생)

지역	대학명	학과	전형구분	전형	2026 모집	2025 추합	1단계	2단계	면접/논술시험일
				서연고 종합전형					
서울	서울대	약학계열	종합	지역균형	11	2	학생부 100 (3배수)	1단계 70 + 면접 30	11/28(금)
		식품영양학과			4	4			
		첨단융합학부			30	8			
		약학계열		일반전형	29	11	학생부 100 (2배수)	1단계 50 + 면접 50	11/21(금)
		첨단융합학부			98	12			
		화학부			20	6			
		화학생물공학부			41	10			
	연세대	진리자유학부(자연)		활동우수형	27	(26신설)	학생부 100 (4배수)	1단계 60 + 면접 40	11/16(일)
		화공생물공학부			16	18			
		화학과			10	3			
	고려대	바이오의공학부		학업우수형	16	8	학생부 100		미실시
		화공생명공학과			15	16			
		화학과			9	3			
				연/고 교과전형					
서울	연세대	간호학과	교과	추천형	13	14	교과 100		미실시
		도시공학과			5	4			
		식품영양학과			5	4			
	고려대	바이오의공학부		학교추천	12	20	교과 90 + 학생부종합평가 10		
		생명과학부			15	24			
		식품공학과			7	5			
		화학과			7	12			
				약대 종합전형					
경기	성균관대	약학과	종합	탐구형	30	51	학생부 100		미실시
				CAU융합형	18	15			
	중앙대	약학부		CAU탐구형	19	13	학생부 100 (5배수)	1단계 70 + 면접 30	11/29(토)
서울	이화여대	약학전공		미래인재-서류	8	19	학생부 100		미실시
	경희대	약학과		네오르네상스	9	10	학생부 100 (4배수)	1단계 70 + 면접 30	11/30(일)
	숙명여대	약학과		숙명인재-면접	20	11	학생부 100 (3배수)	1단계 70 + 면접 30	11/23(일)
	동덕여대	약학과		동덕창의리더	8	(미공개)	학생부 100 (3배수)	1단계 40 + 면접 60	11/2(일)
경기	가천대	약학과		가천의약학	12	7	학생부 100 (5배수)	1단계 50 + 면접 50	12/8(월)
	아주대	약학과		ACE	15	18	학생부 100 (3배수)	1단계 70 + 면접 30	12/8(월)
	차의과대학	약학대학		CHA학생부종합	3	(신설)	학생부 100 (3배수)	1단계 70 + 면접 30	11/29(토)
				약대 교과전형					
서울	동국대	약학과	교과	학교장추천인재	4	7	교과 70 + 학생부종합평가 30		미실시
서울	동덕여대	약학과		학생부교과우수	12	19	교과 100		미실시
경기	차의과학대	약학과		CHA학생부교과	8	18	교과 100 (5배수)	1단계 70 + 면접 30	11/29(토)
대전	충남대	약학과		일반전형	6	18	교과 100		미실시
대구	계명대	약학부		면접전형	5	8	교과 100 (20배수)	1단계 80 + 면접 20	11/29(토)
경북	대구가톨릭대	약학과		교과전형	11	37	교과 100		미실시
	영남대	의예과		일반전형교과	8	22	교과 90+ 출결 5 + 교과정성평가 5		
부산	경성대	약학과		일반계고교과	10	23	교과 100		
경남	경상국립대	약학과		일반전형(교과)	7	11			
전남	국립목포대	약학과		일반전형	3	6	교과 90 + 출결 10		

서울대 지역균형 지원 불가 학과 (물리학, 화학 중 1개 응시 조건 미충족): 화학교육과, 화학부, 식품동물생명공학

지원 후보 대학 및 전형 리스트 (○○○ 학생)				
2024 합격선	2025 합격선	내 교과등급	수능최저 구분	수능최저학력기준
1.16(70%컷)	1.12(70%컷)	1.44(전교과)	3개합7 [과탐평균]	국수영탐(평) 중 3개합7
1.41(70%컷)	(입결미공개)			
1.29(70%컷)	(70%컷)1.26(70%컷)			
1.65(70%컷)	1.58(70%컷)		없음	
2.65(70%컷)	2.01(70%컷)			
2.34(70%컷)	2.76(70%컷)			
1.88(70%컷)	1.95(70%컷)			
(2026신설)			3개합8 [과탐1개]	[영어3/한국사4 필수] 국+수(미/기) 또는 수(미/기)+과(1) 합5
1.74(70%컷)	1.76(70%컷)			
1.8(70%컷)	1.76(70%컷)			
1.81(70%컷)	2.37(70%컷)	1.44(전교과) 1.36(학추산출)	4개합8 [탐구1개]	국수영탐(1) 합8, 한국사4
1.68(70%컷)	1.95(70%컷)			
1.79(70%컷)	1.9(70%컷)			
96.11/1.65(70%컷/99.87)	97.0/1.46(70%컷/99.87)	97.01/1.39 (연세26/100)	3개합8 [과탐1개]	[영어3/한국사4 필수] 국+수(미/기) 또는 수(미/기)+과(1) 합5
95.68/1.66(70%컷/99.87)	97.05/1.46(70%컷/99.87)			
96.82/1.5(70%컷/99.87)	96.97/1.42(70%컷/99.87)			
79.26/1.46(70%컷/80)	79.34/1.41(70%컷/80)	88.71/1.36 (고려26/90)	3개합7 [탐구1개]	국수영탐(1) 중 3개합7, 한국사4
79.39/1.38(70%컷/80)	79.52/1.30(70%컷/80)			
79.14/1.54(70%컷/80)	79.32/1.43(70%컷/80)			
79.16/1.53(70%컷/80)	79.42/1.36(70%컷/80)			
2.25(70%컷)	2.61(70%컷)	1.44(전교과)	없음	
2.58(70%컷)	1.84(70%컷)			
2.51(70%컷)	2.71(70%컷)			
1.51(70%컷)	1.49(70%컷)		4개합6[과탐1개]	국수영고(1) 합6
2.21(70%컷)	2.93(70%컷)		3개합4[탐구평균]	국수영탐(평) 중 3개합4, 한국사5
2.1(70%컷)	1.76(70%컷)		없음	
(동덕창의리더 입결 미공개)			3개합6[과탐1개]	국수(미/기)과(1)합6 [과탐 2개 필수]
2.65(70%컷)	2.69(70%컷)		3개합5[과탐평균]	국수(미/기)영과 (평/절사) 중 3개합5
1.66/2.72 (입학처평/저)	1.65/3.67 (입학처평/저)		3개합5[탐구평균]	국수영탐(평) 중 3개합5
(2026신설)			3개합6[탐구평균]	국수영탐(평/절사) 중 수학 포함 3개합6
1.0/1.0 (입학처평/저)	1.0/1.0 (입학처평/저)	700/1.0 (동국26/700)	없음	
995.35/1.23(70%컷/천점)	993.57/1.31(70%컷/천점)	991.08/1.43(동덕26/천점)	3개합6[과탐1개]	국수(미/기)과(1)합6 [과탐 2과목 응시 필수]
699.206/1.38 (70%컷/700)	699.431/1.32 (70%컷/700)	699.31/1.33(차의26/700)	3개합6[탐구평균]	국수영탐(평/절사) 중 수학 포함 3개합6
96.54/1.35(70%컷/100)	95.9/1.41(70%컷/100)	96.34/1.37(충남26/100)	3개합5[과탐평균]	국수(미/기)영과(평) 중 수학 포함 3개합5
(25신설)	76.2791/1.37 (70%컷/80)	96.52(1단계) 77.21/1.35(계명26/80)	3개합6[과탐1개]	국수(미/기)영과(1) 중 3개합6(과탐 2개 필수)
499.6/1.44(70%컷/500)	501.5/1.48(70%컷/500)	501.66/1.39(대가26/500)	3개합5[과탐평균]	국수(미/기)영과(평) 중 3개합5)
797.92/1.26 (70%컷/천점)	795.78/1.51 (70%컷/800)	796.88/1.37(영남26/800)	4개합5[과탐1개]	국수영과(1) 합5 (과탐 2개 필수 응시)
993.63/1.32(70%컷/천점)	992.39/1.38(70%컷/천점)	993.61/1.32(경성26/천점)	3개합5[과탐1개]	국수(미/기)영과(1) 중 3개합5
993.93/1.42(70%컷/천점)	995.12/1.33(70%컷/천점)	994.33/1.39(경상26/천점)	3개합5[과탐평균]	국수(미/기)영과(평/절사) 중 수학 포함 3개합5
1.27(90%컷)	993.08/1.6 (50%컷)	1,000.7/1.38(목포26/천점)	3개합6[과탐평균]	국수(미/기)영과(평) 중 수학, 과학 포함 3개합6 (화학 또는 생명 응시 필수)

교과 전형 산출 점수의 경우 대략적인 산출만 정리해서 드린 것이기 때문에 반드시 '어디가(대입정보포털)' 등에서 학생 성적 입력하시고, 체크하시기 바랍니다.

Q. 약대를 지망하는 내신 1.4의 고3 수시 지원 전략은 어떻게 세워야 할까요?

일반고 재학 중인 고3 학생입니다. 내신 성적은 1.4 정도로, 약대를 포함한 상위권 대학 진학을 희망하고 있습니다. 수시 6회 지원 플랜을 어떻게 세워야 할까요? 재수하지 않고 무조건 올해 꼭 가고 싶습니다.

A. 일단 이과 학생들이 수시 지원 시 유념해야 할 점은 전체 과목 선택도 중요하지만 수학과 과학의 역량이 가장 핵심적이라는 사실이다. 실제 성균관대의 대입 박람회 등 진학 상담 사례를 보면 수학과 과학 성적을 중점적으로 보는 경향이 있다. 학생부종합전형에서는 여전히 자사고·특목고 선발 비율이 높기 때문에 무조건 수학, 과학 성적이 높다고 합격하는 것은 아니지만 일반고에서 지원할 때 수학·과학 성적의 중요성은 반드시 참고해야 한다.

위 학생은 전 과목 기준 1.4에 수학과 과학은 1.2이기 때문에 상대적으로 성균관대를 비롯해 기타 대학 지원 시에도 강점이 될 수 있다. 평가 시 지원에서도 서류 평가 시 유리하게 작용할 것으로 보이며, 3학년 활동 내용이 평가 시와 꾸준히 연결되어 있다는 점, 임원 활동이나 발표, 토론, 실험 등의 진취적 활동에 진정성이 있다는 점도 큰 장점이 된다.

또한 약대는 의대보다 수능 최저 학력 기준에 대한 제한이 덜하다. 고3 6월 모의고사에서 생명과학의 성적이 부족하지만, 수능에서 이를 보완한다면 수능 최저 학력 기준 및 정시 라인에서도 지원 경쟁력이 있어 보인다. 따라서 수시에서 지나치게 하향 지원하기보다 소신 및 상향 지원 플랜을 권장한다. 학생부종합전형만 지원할 경우, 면접 및 서류 평가 등 여러 변수가 있기 때문에 고려대학교장 추천 전형을 1회 포함시키는 것도 좋은 전략이 될 것으로 보인다.

최종적으로 제안하는 수시 지원 플랜은 아래와 같다.

> 1) 서울대 일반전형 학생부종합전형 약대
> 2) 중앙대 융합형 학생부종합전형 약대
> 3) 경희대 네오르네상스 학생부종합전형 약대
> 4) 숙명여대 숙명인재 면접 학생부종합전형 약대
> 5) 동덕여대 동덕창의리더 학생부종합전형 약대
> 6) 고려대 학교장 추천 바이오의공

결국 최종적으로 강조하고 싶은 사항은 고입이든 대입이든, 또 심화 학습을 선행하든 이과생들은 수학과 과학에 중점을 두어야 한다는 점이다. 문과생이라면 상경계열에서는 수학 역량을 고려하되 영어 역량도 놓쳐서는 안 된다. 즉 핵심은 국·수·영·사·과 주요 과목에 대비하면서 학생의 역량이 어디에 있느냐에 따라 문·이과 계열 선택 및 지원하는 학과와 연결 짓는 맞춤형 전략이 필요하다는 것이다.

전교 1등 문과생의 서울대 지원 전략

— 일반고 고3(내신 1.5) 수시 지망생(서울대 및 주요 대학 문과 지망)

학년	교과	1학기 단위수	등급	2학기 단위수	등급	과정선택	구분
1	국어	4	2	4	1	국어	전교과목
1	수학	4	4	4	3	수학	국영수사과(한국사포함)
1	영어	3	4	3	3	영어	국영수
1	사회	3	3	3	1	한국사	인문:국수영사/자연:국수영과
1	사회	3	2	4	1	통합사회	인문:국영사/자연:수영과
1	과학	4	2	3	1	통합과학	인문:국+사/자연:수+과
1	과학					과탐실(A/A)	
1	기타	2	2	2	2	정보	
⋮						⋮	
2	국어	4	1	4	1	문학/화법과작문	
2	수학	4	2	4	2	수학1/수학2	
2	영어	4	1	4	1	영어1/영어2	
2	사회	3	1	3	1	한국지리	
2	사회	3	1	3	1	사회문화	
2	과학	3	1	3	1	화학1	
2	기타	3	1	3	1	한문1	
2	기타					고전읽기(A/A)	
⋮						⋮	
3	국어	3	1			독서	
3	국어	3	1			언어와매체	
3	수학	3	1			확률과통계	
3	영어	3	1			영어독해와작문	
3	사회	3	1			세계지리	
3	사회	3	1			정치와법	
3	기타					교육학(P/)	
3	수학					심화수학(A/)	
3	사회					사회문제탐구(A/)	

1학년 이수단위	1학년 석차등급	2학년 이수단위	2학년 석차등급	3학년 이수단위	3학년 석차등급	이수단위 합산	평균등급
46	2.22	48	1.17	18	1.00	112	1.57
42	2.24	42	1.19	18	1.00	102	1.59
22	2.77	24	1.33	12	1.00	58	1.81
35	2.37	36	1.22	18	1.00	89	1.63
27	2.04	28	1.00	15	1.00	70	1.40
21	1.62	20	1.00	12	1.00	53	1.25

(3-1 합산 기준)

1-1학기 2.74
1-2학기 1.70
2-1학기 1.17
2-2학기 1.17
3-1학기 1.00

전교과 기준 교과산출식
(1학년 석차등급*이수단위 + 2학년 석차등급*이수단위 + 3학년 석차등급*이수단위) / 이수단위 합산
(사회과목에 한국사 포함)

6월 모의평가 실채점 (백평: 96%)						
	언매	확통	영어	한국사	한지	사문
표준점수	135	130	-	-	66	66
백분위	99	96	-	-	90	96
등급	1	1	1	2	2	1

교과성적	1.57등급	거점학교/공동교과	미진행
임원활동	5회	교내봉사시간	30시간
1학년 동아리 분야	도서부	창체/세특 책 수	7권
2학년 동아리 분야	공예	교과/비교과 통계 [언어학/사회학]	
3학년 동아리 분야	-		
개인 세특 수 (유연화활동 등)	1학년 1회 2학년 2회		

지역	대학명	학과	전형구분	전형	2026 모집	2025 추합	1단계	2단계	면접/논술시험일
서울	서울대	언어학과	종합	일반전형	9	0	학생부 100 (2배수)	1단계 50 + 면접 50	11/21(금)
		자유전공학부			48	0			
		인문계열(광역)		지역균형	27	3	학생부 100 (3배수)	1단계 70 + 면접 30	11/28(금)
	연세대	국어국문학과	교과	추천형	7	13	교과 100		미실시
		문화인류학과			4	8			
		영어영문학과			12	13			
		국어국문학과	종합	활동우수형	10	10	학생부 100 (4배수)	1단계 60 + 면접 40	11/15(토)
	고려대	국어국문학과	교과	학교추천	9	13	교과정량 90 +교과정성 10		미실시
		언어학			4	6			
	서강대	인문학부	교과	지역균형	12	74	교과 100		
	성균관대	인문과학계열		학교장추천	20	59	교과정량 80 + 교과/출결정성 20		
		자유전공계열			20	31			
		인문과학계열	종합	융합형	35	139	학생부 100		
	한양대	국어국문학과	교과	추천형	4	12	교과정량 90 +교과정성 10		
		한양인터칼리지 (공통선발)			40	86			
		국어교육과	종합	면접형	8	15	학생부 100 (7배수)	1단계 70 + 면접 30	11/30(일)

교과산출은 반영과목 고려하여 산출하였으나 학교별 정량평가 기준은 반드시 대입정보포털 등을 통하여 개별 체크하시기 바랍니다

지원 후보 대학 및 전형 리스트 (○○○ 학생)					
2024 합격선	2025 합격선	내 교과등급	수능최저 구분	수능최저학력기준	
2.03(70%컷)	2.02(70%컷)	1.57 (전교과)	없음	
2.21(70%컷)	2.34(70%컷)	^	^	
1.31(70%컷)	1.4(70%컷)	^	3개합7 [탐구평균]	국수영탐(평) 중 3개합7 (제2외국어 필수 응시)
96.65/1.54(70%컷)	96.84/1.42(70%컷)	96.18/1.59 (연세대26산출) (3-1총합기준)	3개합7 [탐구1개]	국수탐 중 국어 또는 수학 포함 2개합4, 영3, 한4
입결 미공개	96.1/1.56(70%컷)	^	^	^
96.61/1.54(70%컷)	97.00/1.36(70%컷)	^	^	^
2.83(70%컷)	2.81(70%컷)	1.57 (전교과)	^	^
79.14/1.54 (70%컷/80점만점)	79.16/1.53 (70%컷/80점만점)	88.11/1.52 (고려대26산출) (90점만점) (3-1총합기준)	3개합7 [탐구1개]	국수영탐(1) 중 3개합7, 한국사 4
78.97/1.64 (70%컷/80점만점)	79.20/1.50 (70%컷/80점만점)	^	^	^
836.00/1.63 (70%컷/900점만점)	833.61/1.66 (70%컷/80점만점)	943/1.57(서강대26산출) (3-1총합기준)	3개합9 [탐구1개]	국수영탐(1) 중 3개 각3, 한국사 4
98.65/1.7 (70%컷/정성포함)	98.63/1.7 (70%컷/정성포함)	777.51/1.56 (성균26산출) (800점만점) (3-1총합기준)	3개합7 [탐구2개]	국수영탐탐 5개 중 3개합7
(2025신설)	98.71/1.69 (70%컷/정성포함))	^	3개합6 [탐구2개]	국수영탐탐 5개 중 3개합6
3.47(70%컷)	3.22(70%컷)	1.57(전교과)	없음	
977.0/1.48 (70%컷/천점만점)	872/1.53 (70%컷/900점만점)	869.38/1.59 (한양26산출) (900점만점) (3-1총합기준)	^	^
(2025신설)	880/1.53 (70%컷/900점만점)	^	^	^
3.11(70%컷) (서류형)	1.68(70%컷)	1.57 (전교과)	없음	

Q. 내신 1.5인 문과생은 어떤 지원 전략을 세워야 할까요?

내신 1.5인 문과 학생입니다. 1학년 때는 진로를 제대로 결정하지 못해서 공부에 집중하지 못했고, 그 이후에는 성적을 꾸준히 올려 전교 1등까지 올라왔습니다. 이런 경우 어떤 지원 전략을 세워야 할까요? 서울대 지역균형 추천은 받을 수 있을까요?

A. 많은 문·이과 학생들을 상담하며 느끼는 점은, 원래부터 교과 역량이 뛰어난 학생들이 1학년부터 3학년까지 꾸준히 전교권을 유지한다는 점이다. 그러나 위 학생은 1학년 때는 진로 고민도 있고 선행 공부 등이 부족하여 2점대 후반 성적을 받았으나, 1학년 2학기부터 바로 목표를 잡고 공부법에도 전략을 세우면서 꾸준히 우상향을 그렸다. 결국 3학년 때는 문과 전교 1등을 했고, 1학년 성적이 다소 부족한데도 불구하고 서울대 학교장 추천 학생부종합전형에 지원했던 사례다.

1학년 초반의 성적 리스크를 극복하고 성적을 끌어올린 우상향 패턴으로 서울대 지원까지 가능했던 이유는 결국 일반고에 진학했기 때문이기도 하다. 고입 당시 외고나 국제고, 예체능 쪽에도 관심이 있었으나 최종적으로 일반고 선택을 통해 입시에 긍정적인 결과를 낳았다.

또한 교과 성적에 경쟁력이 있기 때문에 수시 6회 지원 시에는 연세대부터 한양대까지 교과전형 위주로 지원 전략을 세웠다. 학생부 종합전형에서는 외고나 자사고 등을 선호하는 일부 대학에서 합격을 보장할 수 없는 상황이었으나, 교과전형은 고3만 지원 가능하고(서울대, 연세대, 고려대, 서강대, 성균관대 학교장 추천) 정량 평가 요소가 강해 결과의 변수가 덜하기 때문에 주로 교과전형으로 지원을 추천했다.

　최종적으로 세운 지원 전략은 다음과 같다.

> 1) 서울대 지역균형 학생부종합전형 인문계열(광역)
> 2) 연세대 학생부 교과 문화인류
> 3) 고려대 학교추천 교과 전형 국문
> 4) 서강대 지역균형 교과 인문학부
> 5) 성균관대 학교장 추천 교과 인문과학계열
> 6) 한양대 학생부 교과 국어국문

　2026학년도 수시 지원 사례이기 때문에 결과는 차후에야 알 수 있으나, 전년도 입시 결과를 고려하면 최소 서너 개 대학에 합격 가능성이 있다고 본다. 정량 평가와 정성 평가의 온도 차이는 학교의 수준, 교과 성적의 경쟁력, 수능 최저 학력 기준과 면접 등 다양한 변수가 작용할 수 있다. 그럼에도 일반고 학생은 정량 평가인 교과 전형에 강점이 있고, 자사고·특목고 학생은 정성 평가가 중심인 학생부 종합 전형에서 경쟁력이 높다는 점을 고려해야 한다.

3장

수시·정시 지원 파이널 전략

수시 파이널 핵심 포인트 짚고 가기

 수시 접수를 앞두고 마지막 냉정한 판단과 최선의 전략으로 입시의 대장정을 마무리할 때다. 가장 기본적인 원서 접수부터 여섯 장의 지원 기회를 어떤 시나리오로 배치할 것인지, 또 놓치기 쉬운 체크 포인트는 무엇인지 최종적으로 점검해 보자.

수시 원서 접수의 기본

 수시 원서 접수 과정은 은근히 잔 실수가 발생할 수 있기 때문에 체크 리스트를 두고 한 단계씩 꼼꼼하게 점검해야 한다. 그동안 열심히 고민하고 준비했던 전략이 작은 실수로 무너질 수도 있으므로 주의하자. 원서 접수는 기본 중의 기본이면서 가장 중요한 단계다.

1) 기본 접수 절차의 유의점

수시 원서 접수는 대부분 대행 업체인 진학사(www.jinhak.com)와 유웨이(www.uway.com)를 통해 이루어진다. 절차 자체는 안내에 따라 순서대로 진행하면 되기 때문에 어려운 게 없지만, 세부 입력 과정에서 실수가 발생하지 않도록 주의하는 것이 핵심이다. 인적 사항 등의 공통 양식은 미리 저장해 두고 수정할 수 있지만, 전형 및 학과 선택은 꼼꼼히 확인해야 하며 결제 후에는 수정이 절대 불가능하다. 잘못된 부분이 있어도 취소하고 재접수할 수 없다는 사실을 반드시 유의해야 한다.

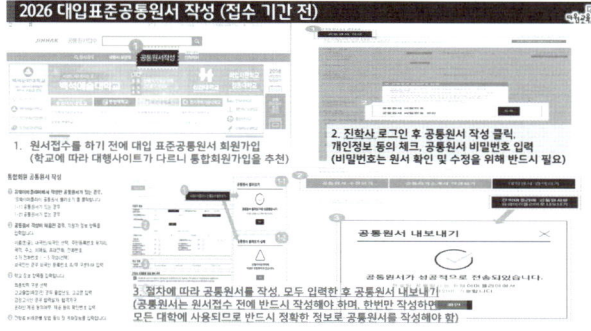

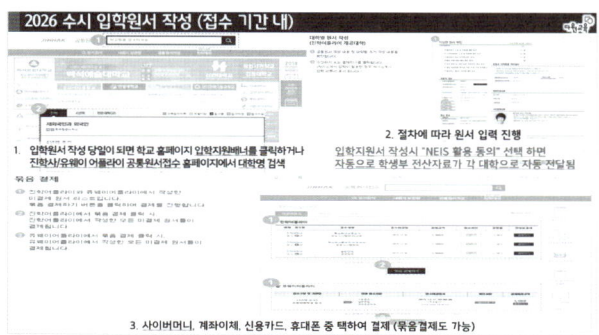

2) 대학별 모집 요강 확인

설명회 자료나 커뮤니티 정보는 어디까지나 참고 가능할 뿐, 최종적으로는 대학별 모집 요강을 반드시 확인해야 한다. 원서 접수 일정과 마감 날짜 및 시간, 1단계 합격자 발표 날짜, 면접·논술 고사일, 최종 합격자 발표 등의 일정도 대학별 모집 요강을 보고 정리하는 것이 좋다. 특히 지원하는 대학별로 면접이나 논술 일정이 겹치지 않는지, 면접일 일정 조정이 가능한지도 확인해야 한다. 또한 전형에 따라 지원 자격이 다르다. 특정 과목 이수 조건이나 수능 최저 학력 기준도 대학과 학과별로 다르기 때문에 놓치는 부분이 없는지 체크하는 것이 중요하다.

3) 입결과 경쟁률 체크

수시 경쟁률과 입결은 상관관계가 있기는 하지만 엄밀히 다른 수치다. 경쟁률이 높은 학과는 입결도 높은 경향이 있기는 하지만 경쟁률 자체에는 사실상 거품이 많다. 원서를 넣고도 면접이나 논술에 불참하는 학생들이 있기 때문에 경쟁률만으로 합격 가능성을 예측하기는 어렵다. 또 경쟁률이 낮아도 다른 평가 요소에 따라 불합격할 수 있고, 경쟁률이 높아 보여도 전형에 따라 합격 가능성이 높을 수도 있다. 이를테면 교과전형은 경쟁률이 안정적인 편이고, 논술전형은 응시율과 최저 학력 기준의 영향 등으로 실제 경쟁률이 보기보다 낮은 편이다. 경쟁률을 체크하기는 하되 보이는 그대로가 아니라 그 이면을 들여다보고 전략을 잡아야 한다.

수시 6장 이렇게 지원하자

수시 지원 시 기본은 교과 성적과 비교과 학생부 경쟁력을 기준으로 전년도 합격선 등을 고려해 시나리오를 짜는 것이다. 다만 그에 앞서 6월과 9월 수능 모의고사 성적을 바탕으로 정시 합격 라인을 점검한 뒤에 플랜을 세워야 한다. 수시에 합격하면 정시 지원 기회 자체가 사라지기 때문이다.

모의고사 활용 체크포인트(수시 플랜 지원 로드맵 정리법): 수시 원서 6장 시나리오		
6월/9월 수능 모평 수능최저/정시라인		
1-2-3 상향지원 라인	4-5 적정지원 라인	6 하향지원 라인
• 주로 종합, 논술 전형 • 작년 정시 입결 참고	• 주로 종합, 교과 전형	• 주로 면접 있는 교과 혹은 면접 있는 종합 전형 • 논술일 경우 수능 이후 미응시 결정할 수 있는 것

위 도표에서 4, 5번에 해당하는 적정 지원 라인의 정시 대학이라면 수시로는 일명 소신 지원을 하는 것이 좋다. 수능에서 혹 실수가 나와 정시 라인이 예상보다 낮아지는 상황이 발생할 수 있기에 수시에서 이를 대비하는 것이다. 1, 2, 3번처럼 정시로 이미 안전하게 갈 수 있는 대학이라면 논술과 학생부종합전형 등으로 상향 지원해 결과를 기다리는 전략을 세운다. 마지막으로 하향 지원 라인은 수능 이후 면접 및 논술 여부를 확인한다. 수능 당일에 가채점한 점수로 하향 지원했던 대학 이상을 정시로 갈 수 있다면

굳이 대학별 고사에 응시할 필요가 없다. 이러한 점들을 고려해 전반적인 수시 지원 시나리오를 세워야 한다.

2026 수시 모 일반고 1점초대 상위권 학생 지원 플랜 (실제 상담 - 최저 고려 플랜)

학교	유형	전형명	학과	인원	전형방식	수능최저	6평 기준 충족
서울대	종합	지역균형	식품동물생명공학부	7	학생부100(3배수)/1단계70+면접30 [면접: 11/28(금)]	국수(미/기)영과(평) 중 3개 합 7	충족 (3개 합 5)
연세대	교과	추천형	식품영양	5	교과100	[영어3, 한국사4 필수] 국+수(미/기) 합5 또는 수(미/기)과(1)합 5	충족 (국+수 합4, 영어 1등급)
고려대	교과	학교추천	생명과학부	15	교과90 +학생부종합평가10	국수영탐(1) 중 3개 합 7, 한국사 4	충족 (3개 합 5)
동덕여대	종합	동덕 창의리더	약학과	8	학생부100(3배수)/1단계40+면접60 [면접: 11/2(일)]	국수과(1)합 6	미충족 (3개 합 8)
차의과대	교과	CHA 학생부교과	약학대학	8	교과100(5배수)/1단계70+면접30 [면접: 11/29(토)]	국수영탐(평/절사) 중 수학 포함 3개 합 6	충족 (3개 합 5)
충남대	교과	일반전형	약학과	6	교과100	국수(미/기)영과(평) 중 수학 포함 3개 합 5	충족 (3개 합 5)

인원/전형방식/면접일/수능최저 등은 반드시 각 학교별 요강 체크하기!

위 표는 실제로 올해 수시 상담을 진행했던 학생의 사례다. 교과 성적은 1.1대로 경쟁력이 있으나 모의고사 대비가 부족하여 수능 최저 학력 기준에 대한 걱정이 있었다. 그래서 서울대 지역균형부터 약대 전형까지, 수시 최저 학력 기준이 비교적 낮은 대학 위주로 지원 전략을 세웠다.

이처럼 수시 지원 전략은 기본적으로 교과 성적이나 학생부 등 비교과 활동의 경쟁력도 중요하지만 수능 최저 학력 기준이라는 가능성까지 반드시 체크해야 한다. 무엇보다 의학계열을 포함하여 지원하는 경우에는 더욱 필수적인 포인트다.

수시 접수 전 마지막 체크 포인트

다음 표는 수시 지원 시 체크할 주요 포인트를 정리한 것이다. 수시 공통원서 접수 등록은 가장 기본이며, 그해 지원하는 학생들의 증가 혹은 감소에 따른 경쟁률을 참고해 지원해야 한다. 보통 수시보다 정시에서 '눈치 싸움'이 많은 편이다.

2026 수시 접수 전 체크 포인트 ('어디가' 입결 맹신 금지 – 지원학교가 우리 학교 뽑아 주나? 체크)

- 수시 공통원서접수(통합회원가입, 공통원서접수 가입만 해 놓으면 접수 수월)
- '학교장 추천' 받은 학생들 포기 가능? 추가 받을 수 있는지 체크(기간 끝났다고 가만히 있지 말고 담임 확인)
- 경쟁률 체크는 교과, 논술이 우선이고 종합전형은 대부분 변경이 덜 함(면접일, 입결 등 고려)
- 그런데도 교과, 논술에서 던진다면 추가 합격 있는 과(선발인원 많은 학과, 인기학과 등 추합 있음)
- 어디가 입결만 보고 지원 조심(특히 종합전형, 입결과 성적이 맞으면 무조건 합격하는지? 선배 사례 체크)
- 경쟁률 블라인드 타임을 오해하지 말 것(마감 전 경쟁률이 최종 경쟁률?)
- 단순히 면접 날짜만 메모하지 말고, 1단계 발표일 등도 모두 메모(연세대 활동우수? 성균관대 자율전공? 가천대 의대?)
- 대학별 면접 방식 반드시 체크(제출 서류 기반, 제시문, 다중미니면접(MMI) 등)

교과·학생부종합전형·논술·특기 등 전형별 특성도 참고해야 한다. 학생부종합전형 및 논술전형은 졸업생도 다수 지원하여 상대적으로 변수가 많기 때문에 합격선만 맞춘다고 해서 안심할 수 없다. 교과 전형은 고3 재학생들의 지원이 많고, 추가 합격이나 중복 합격도 많아 이를 고려해 지원할 필요가 있다.

무엇보다 작년 합격선만 믿고 지원하는 것은 금물이다. 자사고·특목고 포함 여부를 고려해야 하며, 대학 포털 사이트보다 아무래도 입학처 공식 자료를 기준으로 판단하는 것이 정확하다.

면접이나 논술이 있는 전형에 지원할 때는 면접 방식이 본인에게 유리한지, 또 면접이나 논술이 수능 전에 실시되는지 후에 실시되는지도 확인하자. 수능 준비와 면접 및 논술 준비를 병행할 수 있는지 고려하여 대비해야 한다.

정시 파이널 핵심 포인트 짚고 가기

수능을 보고 나면 많은 학생들이 최종적으로 정시에서 승부를 봐야 한다. 정시는 수시와 달리 지원 기회는 단 3장이기 때문에 마지막으로 각종 변수를 고려하여 어떤 전략으로 지원할 것인지 고민이 필요하다. 오랫동안 준비해 온 수능에서 최적의 시나리오를 뽑아내고, 자칫 허무한 실수로 기회를 놓치지 않도록 핵심 포인트를 하나하나 점검해 봐야 한다.

정시 합격선과 지원 라인 체크하기

2026학년도 수능이 11월 13일에 치러지고 나면, 가채점 결과를 바탕으로 자신이 어느 정도 정시 라인에 위치하는지 먼저 확인해야 한다. 일단 수시에 합격하면 정시 지원이 불가능하기 때문에,

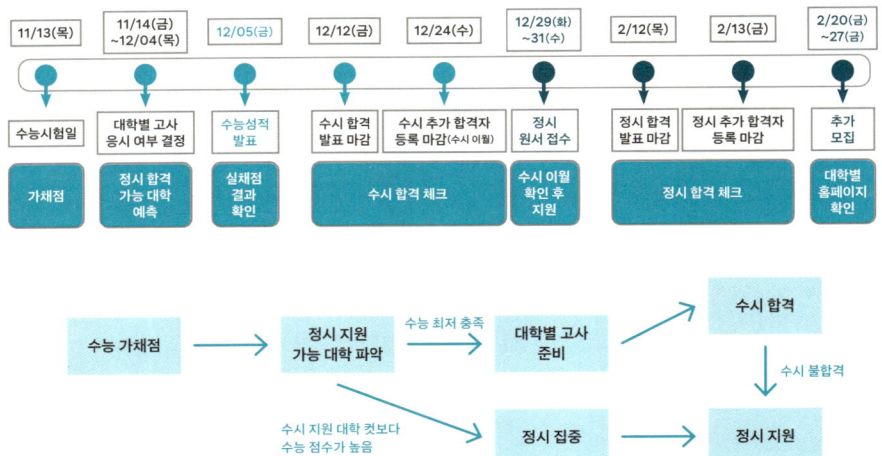

수능 가채점 기준으로 수시 지원했던 학교보다 정시 합격선이 더 높게 나온다면 전략을 바꿀 필요가 있다. 수능 후 대학별 고사나 논술, 면접이 있는 전형을 지원했을 경우 이에 응시하지 않고 정시로 전환해야 하기 때문이다.

또한 수시 지원했던 대학에 수능 최저 학력 기준이 있다면 입시 업체에서 공개하는 과목별 등급컷을 고려해 최저 충족 가능 여부도 반드시 확인해야 할 것이다. 예를 들어 고려대 학업우수전형의 경우, 문·이과 일반학과는 4과목 합 8(탐구 1과목 반영) 기준이 있으며 이를 충족하지 못하면 1단계 면접에 합격해도 무조건 불합격 처리가 된다.

정시 합격선은 해마다 변동이 있을 수 있으나 대학 입결 라인은 학교 서열에 따른 단순 백분위 라인으로도 일차적 참고 기준으로 삼는 데는 무리가 없다. 물론 실제 지원 시에는 대학별 환산 점수, 가중치, 과학탐구 2과목의 가중치, 탐구별 환산 점수에 변수가 많이 발생할 수 있다. 국수탐 백분위 기준을 참고하되, 영어는 절대평가이지만 연세대의 경우 영어 1등급 아래로는 리스크가 크다. 이처럼 영어 가산점 변수가 있는 대학들은 단순히 백분위만 고려할 것이 아니라 영어의 변별력도 꼼꼼히 체크할 필요가 있다.

정시 3회 지원 시나리오

정시에서는 총 3회 지원이 가능하며, 가·나·다군 각각 1장씩 지원할 수 있으며 과학기술원은 이 횟수에 포함되지 않는다. 따라서 정시 지원은 각 군별로 지원 시나리오를 세우는 것이 가장 중요한 변수 중 하나다. 보통 가군(연세대·고려대)과 나군(서울대·서강대)에 주요 대학이 배치되어 있고, 다군(서강대·성균관대·한양대)은 자유전공 등의 선발이 진행되고 있다. 의학계열도 군 배치는 대부분 동일하지만 일부 대학은 학과별로 군 선발이 다른 경우가 있으니(한양대 의대는 가군, 경희대 의약은 나군에서 선발) 유의해야 한다.

일반적으로는 가와 나군에서 상향이나 소신 지원을 하고, 다군

구분	언어매체	미적분	영어
원점수(추정)	95	96	-
표준/백분위	134/98	137/99	-
등급	1	1	1
구분	생명과학1	지구과학1	한국사
원점수(추정)	44	44	-
표준/백분위	64/94	67/96	-
등급	2	1	1
군별	가군	나군	다군
학교	연세대	서울대(지균)	가톨릭관동대
학과	전기전자공학	공과대학(광역)	의예과

은 소신 또는 하향 지원으로 고려하는 경우가 많다. 아무래도 주요 대학이 배치된 가와 나군에서 좀 더 상향 지원 전략을 세우는 것인데, 다군에서 상향 지원하는 케이스도 없지는 않다. 실제로 작년 정시에서 한 학생이 가군 연세대, 나군 서울대, 다군은 의대로 상향 지원했던 사례가 있었다.

백분위 점수가 국어 98%, 수학 99%, 생물Ⅰ 94%, 지구과학Ⅰ 96%로 국어와 수학에 비해 탐구가 상대적으로 약세를 보였음에도 연세대와 서울대에 모두 최초 합격했다. 그리고 다군은 일명 '던지기'식 지원으로 모든 입시 업체의 정시 프로그램 기준으로 불합격이 예상되었으나, 의대 증원 효과로 추가 합격이 71명까지 크게 늘어 예비 95번으로 합격하는 극적인 결과를 얻었다. 이 경우는 가군 하향, 나군 소신, 다군은 우주 상향으로 지원한 시나리오라고 볼 수 있다.

이처럼 세 장의 지원 카드 내에서 안정성을 확보할 것인가, 이미 어느 정도의 안정 카드와 소신 카드를 확보했을 때 한 장 정도는 우주 상향을 할 것인가에 대한 선택에 따라서도 전략은 달라진다. 결국 정시 세 장 지원은 일관적인 정답이 있다기보다는 자신의 점수와 상황을 냉정하게 분석하고 원하는 방향성과 변수를 고려하여 최대한 손해 없이 유리한 방향을 설계하는 것이 핵심이다.

정시 접수 전 마지막 체크 포인트

정시는 수시보다 지원 가능한 횟수도 적고, 학생부 등 신경 쓸 만한 요소가 수시보다는 덜한 편이다. 그래서 비교적 지원 시 주의해야 할 부분이나 실수할 만한 부분이 적지만 수십 년째 정시 상담을 하다 보니 최종 지원 시 아쉬웠던 포인트들도 있다.

보통 정시는 입시 업체의 모의 지원, 내 점수나 등수의 합격컷 등을 고려하여 지원하게 된다. 그런데 상담 때 적정한 가·나·다군 배치를 고려해 최종적인 전략을 세우고 나서도 막판에 마음이 바뀌어 지원 시나리오를 전면 수정하는 경우가 있다. 모의 업체의 점수만 보고 혹시나 하는 마음에 전략을 뒤집었다가 결국 모두 불합격하는 일도 생긴다.

물론 정시 상담을 통한 전략이 절대적인 기준이 되는 것은 아니지만, 최소한 전문가를 통해 조언받은 시나리오를 참고해서 큰 틀은 벗어나지 않는 것이 좋다. 꼭 변경하고 싶더라도 가·나·다군 중에서 한두 군데만 변경하고, 핵심적으로 조언받은 카드는 그대로 유지하는 것이 안전하다.

또 은근히 자주 발생하는 실수 중 하나가 정시 지원 마감 시점을 넘겨 버리는 것이다. 수시는 학교 선생님들의 조언을 받고 학과가 겹치지 않도록 소신 지원하는 경우가 많은데 정시는 아무래도 학교의 개입이 없다 보니 마지막까지 혼자 고민하다가 마감 시간을 넘기는 일이 적지 않게 발생한다. 가장 기본이지만 실수가 생기기 쉬운 부분이니 각별히 주의가 필요하다.

입시의 답, 합격 초중고 공부 로드맵

초판 1쇄 발행 2025년 11월 12일

지은이　　오재성
펴낸이　　박영미
펴낸곳　　포르체

책임편집　김찬미
마케팅　　정은주 민재영
디자인　　황규성

출판신고　2020년 7월 20일 제2020-000103호
전화　　　02-6083-0128
팩스　　　02-6008-0126
이메일　　porchetogo@gmail.com
인스타그램　porche_book

ⓒ 오재성(저작권자와 맺은 특약에 따라 검인을 생략합니다.)
ISBN 979-11-94634-62-1 (13370)

- 이 책은 저작권법에 따라 보호받는 저작물이므로 무단전재와 무단복제를 금지하며, 이 책 내용의 전부 또는 일부를 이용하려면 반드시 저작권자와 포르체의 서면 동의를 받아야 합니다.
- 이 책의 국립중앙도서관 출판시도서목록은 서지정보유통지원시스템 홈페이지(http://seoji.nl.go.kr)와 국가자료공동 목록시스템(http://www.nl.go.kr/kolisnet)에서 이용하실 수 있습니다.
- 잘못된 책은 구입하신 서점에서 바꿔드립니다.
- 책값은 뒤표지에 있습니다.

여러분의 소중한 원고를 보내주세요.
porchetogo@gmail.com